KB274590

보험세일즈,
자긍심으로
무장하라

존경하는

_______________님께

드립니다

보험세일즈, 자긍심으로 무장하라

전하경 지음

서두르지 말고 과정을 따르라

Insurance
sales

자긍심의 가치는 인생에서 매우 소중한 것이다. 자신이 원하고 바라는 인생 성공을 위해서는 엄청난 노력이 수반되어야 하며 자긍심을 갖는 일은 성취를 위해 매우 중요한 가치이다. 자긍심은 성공을 가져다주는 희망인 것이다.

세창미디어

보험세일즈,
자긍심으로 무장하라

초판 발행　　　2010년 12월　1일
초판 2쇄 발행 2010년 12월 10일

지은이　전하경 ｜ **펴낸이**　이방원

편집　김명희 · 손소현 · 안효희 · 채지민 ｜ **마케팅**　최성수

펴낸곳　세창미디어 ｜ **출판신고**　1998년 1월 12일 제300-1998-3호
주소　120-050 서울시 서대문구 냉천동 182 냉천빌딩 4층
전화　723-8660 ｜ **팩스**　720-4579
이메일　sc1992@empal.com
홈페이지　http://www.scpc.co.kr

ISBN　978-89-5586-118-1　13320

ⓒ전하경, 2010

값 13,000원

잘못 만들어진 책은 바꾸어 드립니다.

보험세일즈, 자긍심으로 무장하라 / 전하경 지음. ― 서울 : 세창미디어, 2010
　　　p. ;　cm

ISBN 978-89-5586-118-1　13320 : ₩13000

보험 영업[保險營業]
보험 판매[保險販賣]

328.04-KDC5
368.002-DDC21　　　　　　　　　　　　　　　　CIP2010004230

머 리 말

　　보험영업은 설계사, 대리점, 보험중개사 등의 전통적인 모집채널 중심에서 2000년 이후 Tele Marketing, Cyber Marketing, TV Home Shopping, Bancassurance 등 다양한 신 채널이 등장하였다. 이는 IT산업의 발달과 소비자의 니드에 부응하는 모집채널의 변화가 지속적으로 추진되어 왔기 때문이다. 이러한 모집채널의 변화에 따라 각 보험회사는 핵심사업 부문에서 실현가능한 최대성과를 창출하면서 모집채널의 다각화 전략을 통하여 점진적으로 영업력을 확장하고 경쟁우위 확보를 목표로 수익성을 수반한 지속적인 성장을 위해 모든 역량을 집중하고 있다.

　　전통적인 주부 설계사 조직이 줄어드는 가운데 대형GA의 탄생과 TM, 방카슈랑스가 늘어나고 있어 채널별 포트폴리오의 구성이 점차적으로 언밸런스 현상이 나타나 향후 보험회사의 재무구조에 부담을 줄 것으로 예상된다. 그러나 다행인 것은 대형 생명보험회사들이 뒤늦게나마 수익성 위주의 성장영업을 선언함에 따라 설계사 영업력 강화와 생산성을 높이기에 적극 나서고 있다는 점이다. 각 회사는 자율영업을 기초로 한 수익성 위주의 성장영업을 선언함에 따라 우수설계사

마케팅 방법과 이익 중심의 점포전략과 효율개선으로 이익영업을 강화하고 있다.

요즈음 화두로 떠오르고 있는 불완전판매를 줄이기 위해서는 잘 교육된 설계사와 대리점의 대면 모집채널의 지속적인 증대가 절대로 필요하다. 보험판매의 주도적 역할을 위해서는 채널별 고능률화가 필요하며, 나아가 보험영업조직의 근간인 보험설계사의 증가와 더불어 고능률 우수설계사 확보가 필수적이다.

필자가 35년간 보험회사에 근무했던 경험을 통해 얻은 결론은 보험회사의 지속적인 성장은 수익성을 수반한 수입보험료의 증대라고 생각한다. 보험 상품은 미래에 보험금을 지급하여야 하는 특성이 있어 양호한 재무건전성을 유지하고 있다는 믿음이 전제되어야 고객이 그 회사의 보험상품을 구매할 것이다. 필자는 보험영업의 핵심은 리크루팅과 교육에 있다고 단언해 왔으며 보험회사의 리크루팅과 교육은 운명이자 영원한 숙제이기도 하다. 보험설계사 리크루팅은 물론, GA채널은 대리점 유치, TM채널은 우수 텔러를 유치, 방카채널은 금융기관 유치 등 채널별로 리크루팅에 전력을 쏟아야만 회사가 지속 가능한 성장을 할 수 있을 것이다.

오늘도 수많은 세일즈맨들이 영업전선에서 치열하게 뛰고 있다. 그러나 이 치열한 경쟁 속에서 살아남기 위해 보험세일즈맨들은 확고한 마음가짐, 리크루팅기법, 세일즈기법 등 자기만의 차별화된 독특한 노하우를 가져야 한다. 현재의 위치를 생각하면서 경쟁을 두려워하지 않고 도전 정신과 승부욕이 강하고, 명확한 꿈이 있고, 인내심 및 자기계발에 강한 보험세일즈맨들의 정상 도전으로 가는 길에 이 책이 구심

점이 되어 주었으면 하는 바람이다.

어떤 분야에서든 정상은 쉽지 않지만, 정상이라는 자리가 한정되어 있기에 더욱더 도전할 가치가 있는 것이다. 우리가 갈구하는 성공은 추상적인 개념이 아니다. 성공에 이르기 위해서는 무수한 시련을 극복해서 자기만의 창의적인 노력으로 얻는 값진 결과인 것이다. 지금껏 보험영업에서 성공한 설계사들은 여러 번 넘어졌으나 다시 일어서서 정상에 오르는 것을 옆에서 보아 왔다. 필자는 오랫동안의 보험회사업무와 영업분야의 경험을 토대로 영업조직의 마음자세, 리크루팅, 교육, 영업관리자의 역할에 대해 중점적으로 기술하였다. 이 책은 보험영업의 전략서는 아니다. 보험영업에 임하는 모든 분들의 기본적인 마음가짐과 보험영업의 기본 핵심을 서술한 것이다.

이 책의 집필을 마치면서 아쉬운 점도 있지만, 지금까지 경험했던 필자의 보험업계의 진솔한 경험을 나름대로 서술하여 보았다. 이 책의 내용이 보험회사에 몸을 담고 있는 영업본부장, 지점장과 영업매니저 (SM, RM) 그리고 설계사 및 대리점대표님들, 그리고 앞으로 보험영업을 하고자 하는 예비보험인들에게 조금이라도 도움이 될 수 있으면 큰 기쁨이겠다.

우리아비바생명보험 임직원과 세창미디어의 관계자 여러분, 그리고 이 책을 집필하는 데 큰 도움을 주신 주위 분들과 지금까지 적극적인 내조를 아끼지 않은 아내에게도 진심으로 고마운 마음을 전하는 바이다.

2010년 11월
법현 전 하 경

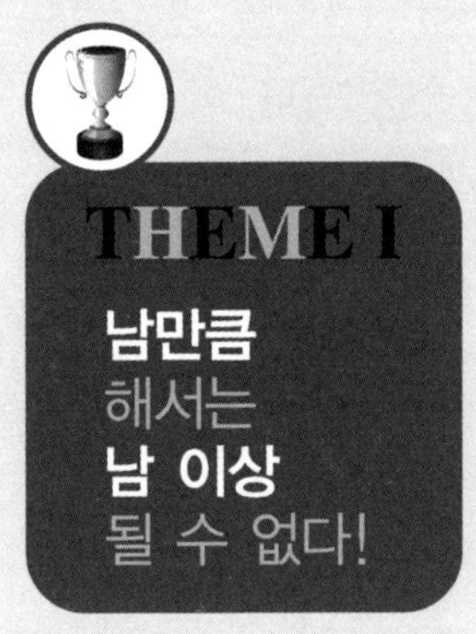
THEME I
남만큼
해서는
남 이상
될 수 없다!

THEME II
최상의
보험영업은
소개영업
이다

THEME Ⅲ
보험은
교육에서
시작되고
교육으로
끝난다

THEME IV
리크루팅이
보험사업의
기본이다

THEME V
성공의
성취감을
마음껏
누리자!

THEME I

남만큼 해서는 남 이상 될 수 없다!

한국인의 특수한 정 문화(情文化)

한국인은 무엇으로 사는가?

한국재활복지대학 이성록 교수는 한국인의 특수한 정문화에 대하여 다음과 같이 언급하였다. 많은 국학 연구자와 심리학자들은 한국인의 심리적 특성을 "정情"이라고 지적한다. 한국인의 정에는 사랑과 미움이 모두 녹아 있어 고운 정도 있지만 미운 정도 있다. 정이란 사랑이라는 감정과 달리 오랫동안 맺어온 인간관계로 나타나는 독특한 마음의 움직임이다.

한국인의 인간관계를 표현하는 방법 중에 "그놈의 정이 뭔지?"라는 말을 많이 한다. 미우면 미울수록 정이 들고, 싸우면 싸울수록 정이 붙는 것이 바로 한국인의 인간관계인 것이다. 그래서 비 온 뒤에 땅이 굳는다는 속담이 있고, 가장 친한 사이를 나타낼 때 "미운 정 고운 정 다 든 사이"라고 말하지 않는가!

외국인들도 한국인들의 독특한 심성을 말할 때면 "정情"을 지목한다. 근세조선에 선교 활동을 했던 프랑스 선교사들은 한국인의 정情에 대하여 이렇게 적고 있다. 한국인들은 "아는 사람이건 모르는 사람이건 밥 때 밥을 주지 않고 잠잘 때 잠자리를 주지 않는 것을 수치스러운 일로 여긴다. 길가에서 새참을 먹고 있는 가난한 농사꾼도 행인을 굳이 붙들고 모자라는 밥을 나누어 먹인다. 또한 크고 작은 잔치가 벌어지고 있으면 생면부지라도 백년지기처럼 융숭하게 대접을 한다. 그러기에 한국 사람은 여행을 떠날 일이 있을 때 노자나 준비물이 필요 없다. 지팡이와 담뱃대, 그리고 갈아입을 옷가지만 꾸러미에 구겨 담고 나서면 숙식은 인정人情이 해결해 준다."라고 적고 있다.

혼례나 상례 같은 대사가 닥칠 때 한국 사람들은 제각기 일을 당한 집의 일을 돕는 것을 의무로 여긴다. 어떤 사람은 장보는 일을 맡고, 어떤 사람은 음식 장만하는 일을 맡는다. 아무것도 도울 여력이 없는 사람은 멀리 사는 친지들에게 통지하는 일을 자청하기도 한다.

어떤 집이 불에 다 타버렸다면 이웃의 어떤 사람은 돌을, 어떤 사람은 나무를, 어떤 사람은 짚을 가져와 제 밥을 먹어가며 사나흘씩 무료 봉사도 마다하지 않는다. 더구나 타관 사람이 그 마을에 정착하러 오면 그를 도와 조그만 집을 지어 준다. 병을 앓게 되면 도움을 청하기 전에 약을 갖다 주는 것이 한국인들의 상식이고 정情이다.

이러한 더불어 사는 삶의 풍속은 정情이 한국사회를 지배하고 있는 지상지고至上至高의 가치관이 있기 때문이다. 지난 평화의 댐 건설시 어린아이들이 저금통까지 내놓고, IMF 시절 장롱 속에 있는 금 모으기와 서해안 기름 유출 사고 시 온 국민이 모두가 자비自費를 들여 내 집

앞마당을 치우듯이 기름 닦기에 자원하기도 하는 등 이런 한국인들의 아름다운 심성에 대하여 세계인들이 놀랄 수밖에 없을 것이다.

따라서 일선에서 영업을 하고 있는 영업본부장은 산하 지점장들을 제1고객으로 여겨 한국인 특유의 정情으로 관리를 해야 하고 지점장은 산하 영업매니저들을 제1고객으로 삼고 정으로 관리해야 할 것이며 영업매니저는 영업소의 설계사와 대리점대표님들을 제1고객으로 여겨 정으로 관리해야 할 것이며 설계사와 대리점대표님들은 밖에 있는 예비계약자들을 제1고객으로 정성을 다하여 모셔야 할 것이다. 이렇게 정으로 정성을 다하면 자연히 한 가족처럼 서로 위함으로써 발전을 약속받을 것이다.

어느 보험회사의 지점이든지 매월 마감을 한 후에는 점포장들을 격려하는 차원에서 마감회식을 하는 것이 통례였던 적이 있다. 주로 술을 곁들인 저녁 식사 후에는 노래방을 간다든지 하여 한 달 동안의 피로를 풀어주게 된다.

일 년 열두 달의 마감 회식을 여기저기 음식점을 다니다 보니 거의 같은 음식에 질리기도 하고 경비도 아낄 겸 다른 방법을 택하게 되었다. 그래서 아내에게 일 년에 봄과 가을에는 집에 초대하여 우리의 사는 모습을 그대로 보여 주고 음식을 장만하여 나누어 먹으면 어떻겠냐고 상의하였다. 필자의 생일이 음력으로 정월이라 생일이 든 그달 마감 후와 가을 추석 명절이 있는 달 마감 후에는 무조건 집에 초대하여 회식 하는 방안을 택하게 되었다. 지점장이 영업소장들에게 따뜻한 "정情"으로 대하는 것이 우수 지점으로 가는 한 방편이라고 아내를 설득하여 시작한 초대 회식이 본부장을 그만 둘 때까지 계속되었다. 영

업소장들뿐만 아니라 지점운영에서 주축이 되고 있는 주임들과 대리
점대표님까지 초대하여 잔치를 벌이곤 하였다. 이렇게 정으로 시작된
회식이 영업 독려 차원에서 상당한 효과를 가져왔으며 지점장을 중심
으로 직원과 전 조직 간의 단합이 이루어져 지점이 한 발짝 더 도약하
는 계기가 되었다.

　이런 것을 보면, "역시, 한국인들은 정으로 살아가는가 보다." 하
고 생각하게 된다.

진실한 "진심(盡心)"을 다하라

우리가 흔히 말하는 진심眞心은 "거짓이 없는 참된 마음"으로 내가 타인과 대화를 할 때 진심 없이 딴생각을 한다면 타인은 즉시 알아차리고 시큰둥해할 것이다. 그 이후로는 상대방 역시 진심 없는 말을 할 것이며, 나아가 상대방으로부터 진심을 잃을 수도 있을 것이다.

나는 "진심眞心"이라는 말보다는 "진심盡心"이라는 말을 좋아한다. 그래서 나는 항상 "진심盡心보다도 더 큰 무기는 없다."고 누구에게나 말한다. 국어사전에 진심盡心은 "마음을 다 기울여 씀" 또는 "마음에 고유한 본연의 덕성을 다하여 이것을 천명함."이라고 해석되어 있다.

맹자께서 말씀하시길 "그 마음을 다한 자는 그 성품을 아는 것이니 그 성품을 알면 하늘을 알게 된다."고 하였다. 마음을 다한다는 것은 마음을 비운다는 것이다. 타인의 말을 듣거나 다른 사물을 볼 때, 혹은 무엇인가를 만질 때 마음을 없애고 사물과 접촉한다면 자신이 가진 떨림이 그대로 사물에 전달된다. 그러나 마음에 무엇인가 남아 있다면 남아 있는 그것이 떨림의 전달을 방해하여 타인과 원활한 커뮤니케이션을 가질 수 없다.

"진심盡心"은 "진심眞心"과 다르다. 사람이 거짓되지 않고 참된 마음을 가지는 것은 아주 중요하다. 그러나 우리는 굳이 참마음을 가질 필요가 없다. 왜냐하면 누구나 사람들을 대할 때 진심으로 대한다고 생각하지만 그러한 진심이 자기중심적인 마음이기 때문에 스스로 진실을 말하고 있다 하여도 상대의 마음에 와 닿지 않을 수도 있기 때문이다.

반면에 진심盡心은 단지 진심眞心에서 더 나아가 나의 마음을 다하여 참되고 진실한 마음을 상대에게 전달해 준다. 그러므로 고객에게 사랑을 표현하고 실천할 때에 '진심眞心을 품은 진심盡心으로 내 마음을 전할 수만 있다'면 고객은 고객으로서만 머물지 않고 진정한 협력자로서 우리들의 영업활동에 도움을 줄 것이다. 오직 진심盡心만을 가진다면 누구와도 소통할 수 있는 것이다.

사람들은 소통하기 위하여 말이 필요하지만 정말 마음을 다하는 사람끼리는 말이 필요가 없다. 오직 정성을 다한 마음만 있으면 모든 것을 전달할 수 있는 것이다. 그것을 바로 사랑이라고 말하지만 진심盡心은 사랑의 차원을 넘어서는 것이다.

진실한 진심盡心은 세상과 사람을 움직이는 원동력이다. 진심은 진심을 낳고 진심끼리 서로 통한다. 내가 보여 주는 진심이 바로 상대방에게 통하지 않을지라도 나중에는 상대방이 진실한 진심은 알게 되고 결국은 상대방도 진심으로 대하게 마련이다. 진심은 어떠한 대가도 바라지 않고 내가 진심을 보여주지 않으면 상대방도 나에게 진심을 보여

주지 않는다. 상대방이 무엇을 잘못했을 경우에도 진심으로 꾸짖으면 결국 상대방도 이를 받아들이게 되는 것이다.

"신기록 제조기"와 "살아 있는 전설"로 불리며 세일즈에 관한 각종 기록을 경신한 TV 홈쇼핑의 "이고운영"씨는 오늘에 이르기까지 그에게는 성공에 대한 목마름으로 힘들었던 젊은 날이 있었다. 그리고 그 과정은 "진심盡心"의 기록이었다. 그는 서울예술대학 방송연예과를 졸업한 후 1990년 평화방송 성우 1기로 입사했다. 1998년 LG홈쇼핑 쇼핑호스트를 거쳐, 2004년부터 현재까지 현대홈쇼핑 쇼핑 호스트로 활동하고 있다.

학벌이나 외모, 재능 어느 것 하나 내세울 것 없는 그가 하루 매출 128억 원, 일 년 매출 2,800억 원의 초유의 기록을 세울 수 있었던 것은 진심盡心이 있었기 때문이다. 진심이란 단어에는 여러 뜻이 있지만 이 중에서 그는 마음을 "다하는 진심盡心"을 가장 높이 평가하였다. 연애도, 사랑도, 일도 누군가와의 만남도 결과에 연연하지 않고 먼저 진심을 다하였다. 그는 가끔씩 자신에게 진심을 다하고 살고 있냐고 묻곤한다. 진심盡心 없이 사는 삶은 불행하다고 생각했다. 어느 정도 성공하고 나니 사람들은 그에게 물었다.

"어떻게 해야 당신처럼 물건을 잘 팔 수 있습니까?"

"어떻게 하면 그렇게 많은 연봉을 받을 수 있습니까?"

그는 그때마다 진심盡心을 다했다고 말했다. 하지만 사람들은 쉽게 믿지 않는 눈치였다. 많은 사람이 그의 성공 비결을 궁금해하지만 정작 그가 이렇게 비상하기 위해 준비한 시간에 대해서는 묻지 않는다.

성공은 결과보다 진심盡心을 다하는 그 과정을 즐기는 일이다.

"하느님, 결코 도와주지 않으셔도 좋습니다. 방해만 하지 마십시오!"라고 기도한 적도 있으며 계속되는 실패와 좌절 속에서도 끊임없이 자신을 믿고 성찰함에 따라 그는 눈앞의 성공이 아닌 미래의 진정한 성공을 이루기 위하여 자신에게 무엇이 필요한지를 발견하게 되었다. 그것은 바로 무엇인가를 향해 진정으로 마음을 다하는 것, 즉 "진심盡心"이었다.

그에게 있어서는 고객을 향한, 그리고 자기 자신에 대한 진심이 있었다. 예로, 그는 언제나 공장에서 바로 나온 제품이 아닌 가치가 담긴 상품을 파는 사람이었고, 단 한 순간도 고객이 아닌 다른 사람을 자신의 사장이라고 생각해 본 적이 없었다. 그리고 그를 알아주지 않을 때에도, 단돈 몇십만 원으로 한 달을 버텨야 할 때에도, 32살에 또 다른 인생을 시작하려 할 때에도 자신의 삶에 대해 진심을 다함으로써 결국 그는 세상을 자신의 편으로 만들었다. 그는 비데를 팔기 위해 3주 동안 매일 2시간씩 비데에 앉아 있는가 하면, 보험을 팔 때 말보다 우선적으로 자신이 가입한 보험가입증명서를 보여주곤 했다. 또 현대홈쇼핑에서 러닝머신을 팔기 위해 방송 2시간 내내 뛰다가 주저앉기를 계속하며 죽기 살기로 뛰었다.

그의 진심盡心은 일에 국한되지 않는다. 연봉 협상 대신 야구팀 설립을 요구해 야구팀 감독을 맡는가 하면, 날마다 시를 읽을 만큼 여유와 일상의 행복도 놓치지 않음으로써 자기 삶에 대한 진심 어린 적극성도 남달랐다. 그리고 그는 무수한 상품을 접하면서 쉽사리 "안 돼"라고 결정지은 적은 없었다. 그 상품이 지닌 "미래가치"를 보려고 노력했고, 그것은 현재에만 연연하지 않겠다는 그의 삶의 철학이 반영된 것이다. 그는 과거를 통해 현재를 읽고, 현재를 통해 미래를 내다보려는 자세로 상품을 팔고 사람을 만났는데, 그의 성공 노하우는 자신이 고객에게 진심盡心을 보이고 고객이 진심眞心으로 감동하면 되는 것이었다. 연애도, 사랑도, 일도, 누군가와의 만남도 결과에 연연하지 않고 진심盡心을 다해야 한다.

보험이야말로 이러한 진심盡心이 가장 절실히 요구되는 업종 중의 하나라고 생각한다. 워낙 보험사기가 만연하다 보니 보험에 대해 부정적인 시각도 많이 있지만, 보험 산업은 국민의 건강과 노후생활 등에 없어서는 안 될 중요한 산업이다. 진심이 없는 사람은 상품을 판매할 때 자기의 성과에만 관심이 있고, 고객에게 잘 보이기 위해서만 신경을 쓴다. 비록 고객이 자신을 알아주지 않더라도 괘념하지 말아야 한다. 오직 고객이 만족하고 즐거워하면 우리도 만족하는 것이다. 이러한 진심盡心을 통해 보험영업을 하면 기대하지 않았던 기회의 문이 열리고 삶은 더 향기로워질 것이다.

사장은 임원에게, 임원은 지점장에게, 지점장은 영업매니저에게, 영업매니저는 설계사와 대리점대표님에게, 설계사와 대리점대표님은 고객에게 '당신이 있으므로 내가 존재한다'는 고객 제일주의 정신을 바탕으로 "진실한 진심盡心"으로 대한다면 고객이 감동하고 보험업계가 더욱 건전하게 발전할 것이며 보험에 대한 일반인들의 인식도 바뀔 것이다.

진심을 다한다는 것은 자신의 마음을 비우는 것이다. 타인의 말을 듣거나 다른 사물을 볼 때, 혹은 무엇인가를 만질 때 마음을 없애 사물과 접촉한다면 자신이 가진 떨림이 그대로 타인이나 사물에 전달된다. 그러나 마음에 무엇이 남았다면 그것은 떨림의 전달을 방해한다. 그리하여 타인과 나는 원활한 커뮤니케이션을 가질 수 없다.

"진심盡心"은 모든 것과 통한다. 더 이상 무엇이 필요할 것인가?

자존심은 버리고 **자긍심**을 가져라

내가 지점장 시절에 겪은 자존심과 관련된 좋은 예가 있기에 여기서 소개하기로 한다.

지방 C도시에 있는 모 손해보험회사 지점에 소속된 설계사인 그녀는 그 지방의 비교적 명문인 C여고 출신으로 주위 사람들로부터 어느 모로 보나 양가의 규수와 같다며 상당히 좋은 평가를 받고 있었다.

여고 졸업 후 성실히 가사를 돌보다 25세가 되어 같은 도시에 사는 공무원에게 시집을 가서 평탄한 가정을 꾸려 왔는데 남편이 건강이 좋지 못하여 직장을 그만 두어야 하는 지경에 이르렀다. 아이들이 한창 커가는 때인지라 가정의 생계를 책임질 각오로 여러 곳의 직장을 알아보았지만, 인문계 여고를 졸업한 그녀에게 조그만 지방에서 마땅한 직장을 찾기에는 정말 하늘의 별 따기만큼 어려웠다.

남편의 치료비며 생활비며 이것저것 쓰다 보니 모든 것이 아쉬워 아이들을 위하여 오랫동안 저축한 적금을 해지하였다. 이후 그것도 부족하여 보험 계약을 해약하고자 보험회사에 방문하게 되었다. 이렇게 손해를 감수하면서 꼭 해약해야만 하느냐는 영업소장의 말에 머뭇거리다가 지금 처한 상황을 설명하였다. 설명을 다 들은 영업소장의 적극적인 권유로 보험 해약은 뒤로 미루고 설계사 시험을 보게 되었다.

설계사 생활을 시작하여 교육받은 대로 이를 악물고 열심히 일한 결과 그런대로 보험영업이 순탄하게 잘 되어왔다. 약 3년이라는 세월이 흐른 뒤 보험영업이란 것이 계속하여 잘 되리라는 법은 없었다. 워낙 자존심과 책임감이 강한 사람이라 친인척이나 여고 동창회에 가서도 아주 가까운 두어 사람에게만 보험영업을 한다고 얘기했을 뿐 다른 이들은 그녀가 보험영업을 하고 있다는 것을 전혀 눈치채지도 못했다.

어느 날 그녀는 자신과 제일 친한 여고 동창을 만나 이야기하던 중 "이달 마감을 어떻게 하냐?"라는 투로 막막함을 넋두리하게 되었다. 친구는 우리 동창생 중에 시집을 잘 가서 사장님 사모님으로 아주 떵떵거리는 동창이 있으니 그 동창생에게 가서 보험을 권유하는 게 어떠냐고 하였다. 그러나 그 동창생은 처음 듣는 이름이라 전혀 기억도 없다고 했더니 부잣집으로 시집을 가서 가끔 동창회에 나와 남편 자랑을 하고 한턱을 낸다고 했다.

그녀는 반에서 2~3등 이하로 내려가 본 적이 전혀 없는 아주 얌전하고 우수한 학생이었기에 친한 친구 몇몇 외에 여러 학생과는 학창시절을 보낸 기억이 거의 없었던지라 그런 학생이 있었나 하고 전혀 생각이 나질 않았다.

그렇지만 어떡하겠는가? 속는 셈 치고 친한 친구를 대동하고 그 동창생 집을 처음 방문하게 되었다. 이런 저런 얘기 끝에 어렵사리 보험 이야기를 하였더니 우리 남편에게 보험 만기가 언제인지를 알아보겠노라고 대답을 얻게 되었다.

며칠 뒤 연락하였더니 공장 화재 보험이 다음 달 만기가 되니 찾아오라고 하여 그 동창생 덕분에 5년 만기 장기화재보험을 체결하였다. 그 당시만 해도 지로GIRO나 자동이체가 일반화되질 않아 초회 보험료뿐만 아니라 계속보험료도 매월 방문 수금을 하여 수기영수증을 발급한 후 입금하는 것이 관례였다.

매월 25일만 되면 보험료 수금을 위하여 과일이나 빵, 과자 등을 사 가지고 방문 수금을 하였는데 갈 때마다 정말 들리기 싫은 곳을 들리듯 어쩔 수 없이 들리곤 하였다. 지난주엔 남편과 유럽 어디 어디를 다녀왔느니, 또 하와이를 갔다 왔느니, 이 진주와 다이아몬드를 선물을 받았느니 하며 자랑을 해대니 스스로 주눅이 들 뿐만 아니라 자존심도 몹시 상하기도 하였다. 김장철에는 김장을 도와주고 대소사가 있으면 좋든 싫든 가서 도와주며 친구나 동창생이 아닌 계약자 대 설계사로서 몇 년을 보냈다.

그러나 인생 만사를 새옹지마라 했던가? 그렇게 잘되던 공장이 하루아침에 화재로 잿더미가 되어 공장 전체가 전소하고 말았다. 사고 수습 후 지급된 보험금이 무려 당시 50억 원이었다.

그 일이 있고 난 뒤 계약자이자 동창생이던 그녀가 지금까지 네가 여기 오면 네 생각은 전혀 하질 않고 내 자랑만 하고 나도 모르게 오만하게 너를 대해 왔는데 이렇게 네가 우리 가족을 살리고 우리 공장을 살리고 우리 종업원들 모두를 살렸으니 우리 가족의 은인이라면서 무릎에 엎드려 밤새 울고 정말 미안하다며 자기 집에서 자고 가라고 하였다. 비 온 뒤에 땅이 굳어진다 하질 않았던가? 그 이후로 그녀는 계약자나 동창생의 관계를 넘어 또 한 명의 진정한 친구가 되어 서로가 도와 가며 지금까지 우애를 나누고 있다고 한다.

그제야 보험설계사 시험 볼 때 받은 교육이 생각이 났다. "ONE FOR ALL, ALL FOR ONE(한 사람은 불행한 만인을 위하고, 만인은 불행한 한 사람을 위하여)"이라는 보험의 근본 원리가 생각이 난 것이다. 보험은 그 어느 금융업보다도 공공성과 사회성이 짙은 사업이라는 것을 그제야 다시 인식하게 되었다.

자신이 이제까지 이렇게 훌륭한 일을 하고 있는데 왜 그렇게 옹졸하게 자존심을 상해가며 일을 해왔는지 다시 한 번 되새겨 보게 되었다. 이젠 절대로 자존심 따윈 생각하지 말고 엄연한 공익사업을 하는 한 명의 건실한 보험인으로서 자긍심을 갖게 되었다.

자녀의 교육도 보험회사에서 일하였기에 가능하였고, 이후 자녀 셋을 모두 출가시키고 진정한 사회인으로서 자긍심을 가지며 지금까지 60세가 넘은 나이에도 불구하고 열심히 영업 일선에서 활동하고 있다. 무엇을 얻을까 하는 생각보다는 무엇을 베풀까를 생각하는 것이 얼마나 중요한지 헛된 자존심을 버리는 게 얼마나 중요한지를 잘 보여주는 일화이다.

자존심을 버린 MDRT

보험업계에서는 연봉 1억 원 이상의 소득을 올리는 보험설계사들만이 가입할 수 있는 "백만 불 원탁회의(MDRT: Million Dollar Round Table)"라는 보험영업인들의 "명예의 전당"이 있다. MDRT 협회는 1927년 미국 테네시 주의 멤피스에서 시작된 보험재정상담사들의 모임이다. 오늘날에는 전 세계 79개국, 475개의 생명보험회사에서 활동하는 35,000명의 회원으로 구성된 세계적인 단체이다.

생명보험 판매 분야에서 명예의 전당으로 여겨지고 있다. MDRT 협회는 생명보험 판매 서비스의 질적 수준을 높이고 각 회원사들의 전문성을 고취하기 위하여 많은 강연을 준비하는 한편, 회원 서로의 세일즈 아이디어와 노하우를 교환할 수 있는 전 세계적 규모의 연차 총회를 매년 개최하고 있다.

특히 2010년에는 미 MDRT 협회가 주최하고, 한국의 보험일보사가 "Asia Insurance Review지"와 함께 미디어 파트너로 참여하는, 세계 보험인들의 축제 「2010 MDRT Experience(MDRT경험회)」가 3월 11일부터 3일간 일산 킨텍스에서 개최되었다. 세계 보험인들이 한자리에 모이는 "MDRT경험회"는, 한국 보험 역사상 최초, 최대 규모의 행사로 지난 1998년 싱가포르, 2004년 홍콩, 2006년 방콕, 2008년 일본 치바(5,000여 명 참가)에서 개최된 바 있다.

MDRT 관계자는 한국 내 참가자만 3,000여 명에 달하고, 미국, 일본 및 아태지역을 비롯해 세계 각국 보험인들까지 포함하면 약 65,000여 명 이상이 참가하여 역대 최대 규모로 치러졌다. 이 경험회에는

MDRT회원 및 비회원이 모여 MDRT의 비전을 공유하고 서로의 선진 세일즈 기술을 교환하는 그야말로 규모와 행사의 질적인 측면에서 보험업계의 EXPO라고 볼 수 있었다.

한국에는 많은 설계사가 MDRT 요건을 갖추었음에도 MDRT 멤버로 가입하지 않아 이번 기회로 한국 내 보험인들 모두가 MDRT정신을 공유, 가치와 비전을 함께 경험할 기회가 되기도 하였다.

MDRT회원은 크게 정회원과 준회원으로 구성된다. 정회원은 성적자격회원(Qualifying Member), 성적자격 종신회원(Qualifying and Life Member), 그리고 종신회원(Life Member)의 3종류가 있다. MDRT 회원이 되기 위해서는 신계약에 따른 수수료가 65,000달러를 달성해야 하기 때문에 설계사 실제 소득이 1억 원 이상 되어야 한다.

2008년 기준으로 국내 MDRT 회원은 2,800명이며 보험설계사 상위 1% 이내에 들어야 가입할 수 있다. 이들은 할 수 있다는 자신감 하나로 무無에서 유有를 창조하는 사람들이다. 자신을 "행복을 파는 수호천사"라 칭하며 남다른 영업전략과 까다로운 고객을 만족하게 하는 뛰어난 재정 설계 능력을 갖추었다. 하나같이 최고라는 자부심에 가득 차 있다. 상위 1% 이내에 드는 프로 세일즈맨들인 만큼 이들은 설계사 중의 설계사, 프로 설계사의 꽃으로 통한다. 이 자리에 한번 오르는 것 자체가 대단한 영광이기 때문에 설계사라면 누구나 MDRT 회원이 되기를 꿈꾼다.

푸르덴셜 생명의 김태준 씨는 1997년부터 연속적으로 MDRT 회원으로 뛰고 있다. 그는 영업전선에서 MDRT 회원의 신인도를 적극적으로 활용한다. 고객들에게 "재정설계 능력을 인정받은 MDRT 회원에게 도움을 청하면 최고 수준의 컨설팅을 받을 수 있다."고 확신을 심어준다. 김태준 씨는 서울대 경영학과를 나와 한국투자신탁, 동양매직, 동부건설 등 여러 회사에서 금융, 부동산, 마케팅 분야 등에 대해 다양한 지식을 쌓았다.

그는 1996년까지만 해도 이런 지식이 자신에게 도움이 될 것이라고는 생각하지 않았다. 보험설계사가 되리라고는 전혀 생각조차 못해봤기 때문이다. 1996년 그의 장모가 갑작스레 쓰러졌다. 죽음을 앞둔 장모 앞에서 그가 할 수 있는 일은 아무것도 없었다. 그저 기도만 할 따름이었다. 바로 그 무렵 푸르덴셜 생명을 알게 됐다.

"보험은 경제적인 죽음에 대한 구원이다."라는 말이 그의 마음을 움직였다. 그래서 그는 보험업계에 발을 내디뎠지만, 막상 뛰어들고 보니 길은 여간 험난하지 않았다. 예전이나 지금이나 대부분의 사무실마다 "잡상인 출입금지"라고 쓴 종이가 붙어 있다. 바쁘게 일하는 회사원들에겐 보험설계사도 잡상인과 다를 바 없었다. 자존심이 볼품없이 구겨지는 순간이었다. 그러나 그는 특유의 뚝심으로 2001년에 푸르덴셜 생명 연간 최다 판매 건수 489건을 기록했고, 현재 1,650명의 고객을 확보하기에 이르렀다.

그는 "성공하려면 자존심을 버리세요."라고 자신 있게 말한다.

이렇듯 지나친 자존심은 자신을 불행하게 만든다. 자존심은 자아를 보호하려는 생존의 언어, 자신의 인격과 품위를 지키고 높이는 마음,

자신을 고결하게 지탱하는 정신, 자신을 교주로 하는 1인 종교이다.

그러나 지나친 자존심은 스스로 마음의 상처와 스트레스를 만들고, 행동이 위축되고, 상처받은 자존심이 공격적 대응을 하면 남의 마음을 찌르고 긁어서 결국은 사람을 잃게 된다. 더불어 살아야 하는 현대인이 지나친 자존심의 덫에 걸리면 실리와 순리, 행복과 행운마저 잃는다. 자존심은 자기 속으로 타는 불꽃이지, 겉으로 내놓고 태우면 예민한 감정이 일어나 사람과 행복을 잃게 된다.

인생이라는 무대에서는 자존심은 버려라

우리가 사는 세상은 내가 아무리 신중해도 건드리는 사람이 있고 피자파이와 같아서 한 사람이 욕심을 내면 한 사람이 손해를 보게 된다. 한 사람이 자존심을 뾰족하게 부리면 그로 인해 누군가는 찔리고 아파해야 하고, 기준이 없이 서로 얽혀 있는 세상은 내가 아무리 정성과 노력을 투자하고 진실한 행동을 해도 몰라주며 때로는 이해관계 때문에 무시당하기도 한다.

자기의 의지와 반대로 간다고 자존심의 창칼로 싸운다면 자신도 불행의 피를 흘려야 한다. 행복을 완성하고 세상을 서로 공존하는 공간으로 만들려면 지나친 자존심을 스스로 다스려야 할 것이다. 자기 생각과 다른 사람을 만나거나 부당한 대우를 받을 때마다 자존심을 세우면 세상 속에서 공존할 수 없다.

들길을 걸어가 보라. 향기로운 들꽃도 있지만, 잡초도 있고, 퍼진 쇠똥도 있고 풀숲에 사는 독사도 있으며, 뾰족한 돌부리에 걸려 넘어지기도 하고, 퇴비가 썩는 악취도 맡아야 한다. 마음에 들지 않는 대상이 있다고 하여 불평하고 싸우면 얼마나 피곤하겠는가? 들길을 걸어가면서 내가 보고 겪은 것도 선택이 아니라 운명으로 복잡한 사회에서 사람 때문에 겪는 고통도 운명으로 받아들여야 한다.

"지금 내가 이분을 만나는 것은 피할 수 없는 운명이다. 기쁘게 받아들이자!"라고 위안하면 자존심이 몸 밖으로 튀어 나가지 않으며 모든 것이 이해되고 용서된다. 그러나 일그러진 자존심이 몸 밖으로 튀면 다툼이 된다. 진정한 자존심은 들꽃의 향기처럼 홀로 고고하고, 재 속에 불씨를 품는 화로처럼 가슴에 열정을 담아두어야만 한다.

자존심을 건드리면 자긍심(자신감)으로 대응하라

모든 생명체는 그 자체로 존엄한 가치를 지키며 살기를 희망한다. 지렁이도 밟으면 꿈틀거리고 꽃도 꺾으면 아파하며, 동물도 학대를 받으면 저항한다. 특히 누가 시비를 걸고 내면의 존엄한 뿌리를 건드리면 자존심이 상한다. 자존심이 상한다고 바로 대응하면 자존심만 더 다치게 마련이다.

인간 누구나 자존심을 가지고 태어난다. 그러나 자존심만을 가지고 상대방을 대하면 상대방도 자기만의 자존심으로 대응하기 때문에 서로가 바라는 바에 이르기 전에 마음만 다치고 아무 소득도 없이 인간관계만 더 나쁘게 만드는 길로 들어서게 된다.

자존심에 경고등이 들어오면 자긍심(자신감)으로 대응해야 한다. 자긍심이나 자신감이 있으면 자존심을 건드리는 삐딱한 상대를 제압

할 수 있다. "넌 나보다 한 수 아래다. 싸울 상대가 되질 못한다."라고 위안을 삼으면서 자신을 지켜야 한다. 인간 세상은 법이라는 도구에 의해 어느 정도 약자가 보호를 받을 수는 있지만, 법이 자존심까지 지켜 주지 않는다. 스스로 힘을 갖추고 자긍심과 자신감을 키워야 한다.

자존심은 자기를 지키려는 고고한 본능이기에 버릴 수 없지만 잠시 유보할 수는 있다. 꿈이 있는 사람은 자존심을 상할 일이 있어도 꿈을 이룬 뒤로 자존심 발동을 유보한다. 스스로 자존심이 상한다고 한탄하면 한탄하는 만큼 상대방에게 지고 들어가는 것이다. 그만큼 나 또한 무시하고 대하면 내 마음도 편해지고 불필요한 오기를 부릴 필요도 없다. 지나치게 자존심이 강한 사람은 상대방을 아프게 하면서 끝내는 자신도 불행하게 하는 결과를 초래한다. 중국 한나라의 한신 장군이 젊은 시절 불량배 앞에서 무릎 끊고 가랑이 사이를 기어갔다는 일화를 보더라도 꿈이 있는 자는 자존심을 현재에서 구하지 아니하고 먼 미래에서 찾는다는 것을 알 수 있다.

그럼, 자긍심은 무엇인가?

국어사전에 자긍심은 "믿는 바가 있어 자기 스스로 자랑하는 마음"이라고 해석되어 있다.

빈민가 제재소에서 일하는 홀어머니 밑에서 자라는 한 소년이 있었다. 그 소년은 불행히도 일곱 살 되던 해에 시력을 잃어버렸고, 이 때문에 소년은 빈민촌의 거지로 전락할 수 있는 상황이었다. 이를 안 어머니는 강인하게 자립심을 가지고 자라나도록 소년에게 자긍심을 불어넣어 주었다.

어머니는 항상 소년에게 "너는 비록 눈은 멀었으나 바보는 아니다. 네가 잃은 것은 시력일 뿐이다. 네 정신을 잃은 것은 아니다. 내가 언제까지나 널 도와줄 수는 없다. 그러니 너는 혼자서 뭐든 할 수 있어야 한다."라고 가르쳤다. 소년은 용기를 내서 열심히 스스로 살아가는 법을 배우고 자긍심을 키우며 어머니의 가르침대로 스스로 생활하는 법을 익혀 나갔다.

그는 앞은 못 보지만 집 안 청소, 음식 준비, 때로는 장작을 패는 일까지 해냈다. 그런데 또 불행이 닥쳤다. 어머니마저 여덟 살에 돌아가시고 말았다. 그는 상실감에 이주나 눈물을 흘리다가 다시 어머니의 가르침을 생각하며 용기를 내어 일어났다.

그리하여 열여섯 살이 되어서는 시골의 순회악단에서 노래를 부르고 피아노를 치며 스스로 생활하였다. 비록 하룻밤에 고작 3~4달러를 벌었으나 그에겐 더 큰 꿈이 있었다. 일생을 음악을 사랑하며 훌륭한 음악가가 되어야겠다고 생각했던 것이다.

그리고 10여 년의 세월이 흐르자 그는 흐느끼는 듯한 호소력을 지닌 영혼이 담긴 목소리의 주인공이 되어 전 세계를 감동시켰다. 빈민가의 눈먼 한 소년이 위대한 아티스트로 탄생한 것이다.

그가 바로 "프랭크 시나트라"가 천재로 꼽은 가수 "레이 찰스"이다. "레이 찰스"는 유명해진 후에도 소년 시절의 안식처가 되어 주었던 고향의 작은 교회를 잊지 않고 찾아가 영혼의 노래를 부르곤 하였다.

삶의 폭풍우가 우리를 일시적으로 불행의 벼랑으로 떨어뜨릴 수 있을지는 몰라도 꿈과 자긍심을 잃지 않고 믿음 가운데 살아가는 사람의 행복과 성공을 영원히 앗아갈 수는 없다.

탄생 100주년을 맞는 호암 이병철 회장은 평생 모은 소장품 1,167점을 호암미술관에 기증, 1980년부터는 일반인에게 공개하도록 하였다. 이 가운데는 국보 7점과 보물 4점도 포함돼 있었다. 심지어 일본에 밀반출된 고려청자(국보 133호)를 당시 3,500만 원을 주고 다시 사들인 일도 있었다. 호암은 평소 민족문화를 지키기 위해 문화재를 수집해 왔다고 말했다. 문화재가 외국에 밀반출되는 현실을 통탄해 하기도 하였다. "긍지 없는 민족은 얼굴 없는 민족과 같다. 긍지를 버린 민족은 자기를 버린 민족과 같다. 문화재는 바로 그 민족, 그 국민의 얼굴이며 마음이다"라는 것이 그의 소신이었기 때문이다.

이렇듯 자긍심은 무한한 노력으로 자신감을 가질 수 있도록 정신적인 무장이 되어야만 생기는 것으로 "나는 왜 이러지, 남들보다 잘하는 것이 없어, 내가 하는 일이 무슨 의미가 있을까? 등 자기회의와 자기비하에 빠지게 되면 절대 자긍심을 가질 수 없을 뿐만 아니라 패배자가 되고 말 것이다.

이 세상에서 태어나서 자신의 재능이나 하고 있는 일에 대한 자긍심이 가득한 사람은 참으로 행복하다. 이런 사람은 일 할 때마다 신바람이 나고 흥이 절로 나서 일 능률이 높게 나타난다.

자긍심은 훌륭한 일을 하거나 높은 지위에 있는 사람들만이 갖는 것은 아니다. 비록 보잘것없는 작은 일이라도 자신이 좋아하고 재능을 발휘할 수 있다면 자긍심을 가질 수 있다. 자신의 재능이나 능력을 발휘하여 어떤 프로젝트를 완성하게 되면 보람을 느끼게 되며 보람을 찾으면서 열심히 노력하다 보면 스스로가 자긍심을 갖게 되는 것이다. 자긍심은 느껴본 사람만이 그 가치를 아는 것이며 단 한 번도 자긍심을 느껴보지 못한 사람은 그 가치를 제대로 알 수 없다.

자긍심의 가치는 인생에서 매우 소중한 것이다. 자신이 원하고 바라는 인생의 성공을 위해서는 엄청난 노력이 수반되어야 한다. 자긍심을 갖는 일은 성취를 위해 매우 중요한 가치이며 성공을 가져다주는 희망인 것이다.

보험세일즈맨들이여! 자존심은 휴지통에 버리고 자긍심을 갖고 자신 있게 고객에게 밀고 나가자.

> **"누가 시키는 일만 하는 사람은 노예이고 누가 시키기 전에 하는 사람은 자유인이다."**

사전적 의미에서의 자유란 남에게 얽매이거나 구속받지 않고, 자기 마음대로 행동하는 일, 또는 법률이 정한 범위 안에서 자기 뜻대로 할 수 있는 행위를 일컫는다. 진정한 자유는 자기가 가지고 있는 것에서 벗어나야 한다. 물질적이든, 정신적이든 소유로부터 벗어나야 한다.

지난 3월에 열반하신 "법정" 스님은 "크게 버림으로써 크게 얻을 수 있다. 크게 버리지 않고는 결코 크게 얻을 수 없다. 적게 버리면 적게 얻을 수밖에 없다."라고 말하고 있다.

세상 어느 사람이 오늘날에 누구의 노예로 살고 싶을까? 그러나 가만히 주위를 살펴보라! 자신은 자유인으로 살고 싶은 마음이 있으나 이를 실행에 옮기지 못하여 현대의 노예 아닌 노예로 사는 사람들이 어디 한둘인가?

　훌륭한 사회인일수록 어릴 때부터 부모가 시키기 전에 스스로 일을 찾아서 하며 노력한 사람들이다. 시키는 일도 제대로 하지 않은 사람들이 아직도 노예근성을 버리지 못하고 남에게 의지하면서 살아가고 있다.

　“누가 시키는 일만 하는 사람은 노예이고, 누가 시키기 전에 하는 사람은 자유인이다.” 이렇듯 모든 것이 나의 필요에 의해서 스스로 의지를 가지고 일을 해야지 누가 시켜서, 시키는 일만 하면 너무 힘이 들고 또 그렇게 할 일은 아니다.

　일본의 자동차업체 빅3 중 하나인 혼다의 리더십 스타일을 살펴보기로 한다. 「혼다이즘」을 한 마디로 설명하자면 “자유롭고 창조적인 장인정신”이라고 할 수 있다. 이것은 창업주 “혼다 소이치로”로부터 비롯된 전통이라고 할 수 있다. “남이 만드는 것은 만들지 않는다. 독창성 있는 고유의 기술을 가져야만 경쟁에서 살아남는다.”라는 명언은 그가 중요시하는 기술제일주의를 잘 말해주고 있다. 그런 면에서 소니와 혼다는 비슷한 점이 많으며 소니 설립자인 “이브카 마사루”와 혼다 설립자인 “혼다 소이치로”가 친형제 이상의 둘도 없는 친구였다는 사실은 전혀 이상한 일이 아니다.

　혼다 장인정신의 몇 가지 비결을 살펴보자.

　“꿈”을 추구하라. 단순히 경쟁사를 이기려는 상대가치보다 과거에 없었던 상품에 도전하여 만든다는 절대가치를 추구하는 것이 혼다정신이다. 그러기에 “혼다 소이치로”는 직원들에게 “몰상식이 아닌 불상식, 불성실이 아닌 비성실하게 일하라!”라는 것을 요구한다. 이는 창업 초기부터 스스로가 실천하였던 사항이기도 하다. 걸음마 수준에서 시작하여 엔진회전수를 현재보다 3배 이상 늘려야 한다는 불가능에 도전한 끝에 6년 만에 오토바이(모터사이클) 레이싱 올림픽에서 1위부터 5위까지를 혼다 오토바이가 휩쓰는 기적을 창조하기도 했다.

인간의 진실한 삶은 거창한 것이나 멀리 있는 것은 아니다. 매 순간의 주어진 삶을 열심히 일해 부족함이 없도록 하고 거짓 없이 항상 평안을 유지하며 올바른 이치로 하늘을 우러러 당당한 자유인으로 사는 것이다. 사람들이 의문을 가지는 것 중 하나가 '물론 이러한 삶이 이해되고 좋기는 하지만 현실의 욕망과 집착을 떨쳐버릴 때 사회에서 도태되거나 무기력한 인생이 되지 않을까?' 하는 점이다.

여기에 커다란 사유思惟의 오류가 있다. 사람들은 진리에 따른 밝고 확신에 찬 삶을 생각해 본 적이 없기 때문에 얼핏 생각하기에는 참된 삶이 힘들 것 같아도 그렇지 않다. 진리에 따르는 삶은 좋은 인연과 올바른 이치를 실현하는 것외에는 더는 바라는 것이 없으므로 항상 밝고 용기가 넘쳐나며 평안과 여유가 가득하다. 이것이 자유인의 삶이다.

누구나 성공하고 싶다는 욕망이 있다. 하지만, 이 세상에서 정작 성공하는 사람은 3%에 지나지 않는다고 한다. 무슨 이유일까? 성공학 전문가들은, 그들에게서 유사한 공통점을 발견했다. 모두가 뚜렷한 목표가 있다는 것. 그들은 그 목표를 달성하기 위해서 노력하는 까닭에 매사가 즐겁고 의욕이 난다고 한다. 비록 중간에 장애물이 나타나도 이를 뛰어넘는 용기가 다른 사람들보다 5배 이상 강하다고 한다.

목표 없는 인생은 과녁 없이 나는 화살과 같다. 인생에서 비극은 목표를 달성하지 못하는 데 있는 것이 아니라, 달성할 목표가 없다는 것이 더욱 크다. 즉, 우리 모두가 구체적인 목표를 세우고, 정진해 나가야 할 것이다.

그러므로 성공한 사람들은 일상에서 앞날을 생각하고 지각을 가지고 목표의식을 지닌 채 아래와 같은 좋은 습관을 지니고 있다.

첫째, 시간이 있을 때마다 서점이나 도서관에 가는 것을 생활화한다.

서점에 가면 많은 새로운 책들을 접하게 된다. 많은 책 중에는 현재의 사회, 경제, 정치, 문화 등 각 분야의 현상을 대변하고 미래를 예측할 수 있는 책들이 있다. 책은 지식을 습득할 수 있으며 미래를 예견해 보는데 무척이나 큰 힘이 되기 때문이다. 따라서 주변 사람들에게 한 달에 가능하면 4권의 책을 읽을 것을 권하곤 한다. 서점이나 도서관에 한 달에 한 번 정도 일정한 날짜를 정해 놓고 아이들의 손을 붙잡고 나가면 더욱 좋을 것이다. 아이들에게 서점이나 도서관을 자주 접하게 하는 것은 참으로 좋은 공부가 되기 때문이다. 정해 놓은 날짜 이외에도 시간이 날 때마다 비정기적으로 서점이나 도서관에 들러 둘러보는 것을 습관화하라는 것이다.

둘째, 강연회나 세미나에 참석을 취미로 삼고 습관화하는 것이다.

세상의 많은 경험이나 지식을 스스로 체험하거나 습득하는 것은 거의 불가능한 일이다. 이때 우리가 할 수 있는 일은 다른 사람의 지식과 경험을 간접적으로 획득하는 것인데 그것이 바로 강연회와 세미나에 자주 참석하는 것이다. 신문을 자세히 보면 무료강연회도 많다. 아니 돈이 좀 든다고 하더라도 자기에게 필요한 것을 습득하기 위해서 많은 강의나 강연을 듣고 세미나에 참석하는 것은 매우 효과적이다.

셋째, 많은 미팅을 통해 벤치마킹하면서 자신을 연마하라는 것이다.

우리는 미팅 문화에 특히 약하다. 어려서부터 주로 주입식으로 교육을 받았기 때문이다. 토의하고 토론하면 많은 것을 느끼고 배우는 기회가 된다. 다양한 사람들과의 미팅은 넓은 시각을 갖게 해주고 다양한 간접지식을 습득할 수 있게 되어 사회생활을 하는 데 큰 도움이 되는 것이다. 혼자서 생각하는 것보다 많은 모임에 나가서 여러 사람들의 생각을 듣고 벤치마킹을 하는 것이 경쟁력을 높이는 데 유용하다.

넷째, 일상생활을 통하여 사회구조와 변화를 파악하라는 것이다.

일상의 모든 생활 속에는 사회 구조와 변화를 이해하기에 충분한 정보가 있다. 내가 구매하는 물건 하나하나가 어떤 유통구조를 거쳐서 내 손에 오게 되는지를 진지하게 연구하고 생각하면 사회구조를 이해할 수 있게 된다는 것이다.

반면에 이 사회에서 성공하지 못하는 사람들은 아무런 생각 없이 오늘만 편하면 되고 먼 미래는 걱정도 하지 않고 그럭저럭 살아가는 다음과 같은 경향이 있다.

첫째, 명확한 꿈이 없다.

대충 어떻게 되겠지 하는 안일한 생각이 실패의 원인이다. 강력한 꿈이 있고 간절히 바라는 게 있어도 그것이 환상적이라면 이루려는 욕망이 퇴색되기 때문이다. 꿈은 가지되 명확한 자신의 꿈을 가져야 한다.

둘째, 더 나아지려는 의욕이 없다. 꿈을 가졌다면 이루기 위한 결심이 필요하다. 결심했으면 의욕적으로 행동하라. 대부분 꿈을 가졌어도 이루고자 하는 의욕의 부족으로 힘들 때 포기하게 된다. 의욕적으로 생각하고 행동하여야만 성공으로 갈 수 있다.

셋째, 주위 사람과 닮아 간다.

대부분 여러분의 주위에는 크게 성공한 사람이 없다. 만약 크게 성공한 사람이 있다면 이미 당신도 크게 성공하였거나 성공으로 진행 중일 것이다. 사람들은 주위 환경에 따라가게 되어 있다. 당신의 친구들이 운동을 좋아하면 당신은 운동하고 있을 것이고 당신의 친구들이 노름을 좋아하면 당신은 그 친구들과 노름을 하고 있을 것이다. 만약 당신이 게임을 즐긴다면 당신은 게임을 좋아하는 친구들과 사귀고 있을 것이다. 성공하고 싶다면 새로운 사람과 만나라. 성공하려는 사람과 성공을 한 사람과 만나라.

넷째, 자기 훈련과 노력이 부족하다.

대부분 실패의 가장 큰 원인은 자신에게 있다. 훈련된 군인이 장애물을 쉽게 넘듯이 훈련된 사람은 어떠한 상황에도 대처할 수 있다. 인생에서 항상 좋은 상황만 있는 것은 아니다. 자신의 힘든 상황을 이겨낼 수 있는 훈련을 함으로써 당신은 극복할 수 있다.

다섯째, 인내심이 부족하다.

자기훈련이 부족함으로써 인내심이 부족하게 된다. 대부분의 결과는 인내심의 부족으로 좌절하는 경우가 많다. 마라톤 경기를 보자. 어떤 것이든지 목표 도달에 가까이 갈수록 더욱 힘들어진다. 에베레스트 등정에서 얼마나 많은 사람이 정상의 문턱에서 좌절하고 물러났던가? 물론 의지와는 다른 자연적인 힘에 의해서 무너질 수도 있지만 인내만 있다면, 뼈를 깎는 아픔을 참아낸다면 그 결과는 엄청나다는 것을 깨달아야 할 것이다.

누군가 진정한 자유인이 되고자 한다면 죽는 순간까지 자기성숙의 긴장을 놓지 말아야 할 것이다. 그러나 그것은 쉽지 않은 일이다. 그래서 많은 사람은 모두 쉬운 길을 택한다. 단 한 번밖에 오지 않는 소중한 삶을 어떻게 꾸려 갈 것인가?

그것은 당신에게 달렸다. 자유인이 될 것인가? 아니면 노예로 그냥 살 것인가?

남만큼 해서는 **남 이상** 될 수 없다

어느 보험회사나 신규 지점 개설 시에는 항상 축하 화분이나 금일 봉을 전달하는 것이 관례화되어 있다. 그러나 최근 일 년 전부터 나는 축하 화분이나 금일봉 대신에 액자를 증정하고 있다. 그 벽걸이 액자 에는 "남만큼 해서는 남 이상 될 수 없다."라는 글귀가 담겨 있다.

지점장과 전조직원에게 활력을 불어넣기 위하여 『남만큼 해서는 남 이상 될 수 없다.』라는 글귀를 오픈 기념식 말미에 증정하면서 모든 참석자를 일어서게 한 후 다 같이 큰 소리로 복창하게 한다. 그리고 어 떻게 하여야 지점이 성공할 수 있는가를 간단하게 언급한다.

그리고 지점 내에서 가장 잘 보이는 벽면에 걸게 하여 일상적인 아 주 평범한 글귀이나마 매일 보면서 마음에 되새기게 한다. 우리가 일 상에서 큰 의미 없는 듯 여기는 평범한 말이나 글들이 우리들의 인생 을 뒤바뀌게 하는 경우를 여러 번 체험하였기 때문이다.

프랑스의 "가브리엘 샤넬"은 "샤넬CHANEL"이라는 상표가 붙었다는 이유만으로 소비자의 지갑을 기꺼이 열도록 하는 세계적인 디자이너이다. 대문호 "앙드레 말로"는 그녀를 "드골", "피카소"와 함께 20세기 프랑스의 가장 위대한 인물의 반열에 올려놓았다. 나치 전범 이력 등의 논란에도 불구하고 그녀가 존경받는 인물에 꼽히는 것은 옷에 관한 뛰어난 능력만이 아니다. 남다르고 독특한 그녀의 철학과 디자인 때문이다. 겹겹이 차려입고 허리를 조이는 거추장스러운 옷을 입어야 했던 당시 20세기 초의 여인들에게 샤넬은 우아하면서도 격식 없는 실용적인 옷차림을 제안해 여성들에게 자유를 주었다. 또한 가방에 어깨 끈을 처음 사용하고 주머니를 만드는 등 그녀의 감각은 당시로써는 가히 혁명적인 것이었다. 이런 감각은 그녀가 "대체할 수 없는 존재가 되려면 항상 달라야 한다"라고 말한 것과 일맥상통한다. 즉, 남과 항상 달라야 한다는 것이 그녀의 성공 비결인 셈이다.

뭔가 남들과는 분명히 달라야 한다

선박 엔진 기술이 이미 세계적인 수준에 올라 있고 최근 호화 유람선을 수주 받아 발주에 성공한 STX중공업의 공장 한쪽에는 이런 플래카드가 눈에 띈다. 『남들만큼 해서는 남들 이상 될 수 없다.』 후발업체인 STX중공업이 단기간 내에 세계 최고 수준의 제품을 생산해 낼 수 있었던 원동력을 여기서 엿볼 수 있다.

STX그룹에서는 엔진은 STX중공업, STX엔진, STX엔파코라는 3개 회사에서 각각 제작하고 있다. STX중공업에서는 대형 선박 엔진을,

STX엔진은 중형 선박 엔진과 발전용 엔진을, STX엔파코에서는 소형 선박용 엔진과 부품을 생산한다.

이처럼 엔진사업을 3개 회사에서 나눠 제작하는 이유는 각 회사가 가진 특성을 살려 그 회사만의 장점을 특화시키고 그룹 내 계열사 간의 시너지를 극대화하려는 조치이다.

한편, 건물에 대형 태극기를 내걸어 화제가 되었던 주성엔지니어링은 건물 곳곳에 『교육 없이 혁신 없고 혁신 없이 1등 없다.』와 『남만큼 해서는 남 이상 될 수 없다.』라는 캐치프레이즈 아래 1등 기업을 향한 기업의 노력을 단적으로 보여 주고 있다. 글로벌 장비업체를 지향하는 주성엔지니어링의 대표 슬로건은 "World's Best People, World's Best Products, World's Best Company."이다.

산소탱크 "박지성" 선수(29. 맨체스터 유나이티드)가 2010 남아공월드컵을 앞두고 자서전을 출간했다. 2006년 첫 번째 자서전 「멈추지 않는 도전」에 이어 「더 큰 나를 위해 나를 버리다」이다.

누구도 밟아 보지 못한 땅을 스스로 개척하고 있는 박지성, 그의 이야기는 대한민국 청년들에게 희망을 선물한다.

까까머리에 말라깽이에 불과했던 고등학교 시절이었다. 수십, 수백 명의 학생 중에서 계산 빠른 프로축구단의 감독이나 스태프의 눈에 들려면 뭔가 남들과는 분명히 달라야 했다. 키가 크거나 체격 조건이 좋거나, 그것도 아니면 공격이건 수비건 여하튼 특별히 잘하는 장기라도 있어야 하는데, 그는 그런 조건 중에서 하나도 맞아떨어지는 것이 없었다. 게다가 외모도 평범하고 성격도 내성적이라 좌중을 휘어잡는 스타성마저 없었으니 그들이 탐내지 않는 것은 당연한 일이었다. 대학 팀에서도 사정이 다르지 않아 관동대, 동국대 할 것 없이 다 퇴짜를 맞았다. 그러다 우여곡절 끝에 명지대학교 김희태 감독의 눈에 들어 어렵사리 대학에 진학했다. 그때까지 그의 인생은 늘 그랬다. 남들 눈에 띄지 않으니 깡다구 하나로 버티는 것이었고, 남이 보든 안 보든 열심히 하는 것을 미덕인 줄 알고 살았다.

초등학교 때인가 중학교 때 축구부 감독님이 술에 취해 제정신이 아닌 상태로 선수들에게 자신이 올 때까지 팔굽혀펴기 하라고 지시하곤 휑하니 가버린 일이 있었다. 다른 선수들은 대충 상황을 파악하고 해가 뉘엿뉘엿 지면 집으로 돌아가 버렸을 때도 그는 감독님이 오시기를 기다리며 자정이 넘도록 팔굽혀펴기를 하기도 했다. 비록 술에 취해 한 말일지언정 감독님의 지시라 따라야 한다는 고지식한 성격에다 어디까지 할 수 있나 나 자신을 시험해보고 싶은 오기가 생겨 했던 일이었다.

이렇듯 극히 평범한 선수이기에 남보다 더 열심히 더 많이 노력하는 동기가 되기도 했다. 한 가지 덧붙이면 그는 평발이다. 한 병원 의사는 그의 발을 보고 평발인 선수가 축구를 하는 것은 장애를 극복한 인간 승리라고 말하기도 했다.

그는 그렇게 보잘것없는 그의 조건을 정신력 하나로 버텼다. 그러나 어느 누구도 눈에 띄지 않는 정신력 따위를 높게 평가하지는 않았다. 당장 눈에 보이는 현란한 개인기와 테크닉만을 바라보았다. 그런데 "히딩크" 감독은 아무도 알아주지 않는 여드름투성이 어린 선수의 마음을 읽고 있기라도 한 듯 "정신력이 훌륭하다"라고 칭찬하고 그의 정신력을 높게 평가하여 반드시 훌륭한 선수가 될 것이라 예상하였다. 그 말은 다른 사람이 열 번, 스무 번 축구의 천재다, 신동이다 하는 소리를 듣는 것보다 더 기분을 황홀하게 만들었다. 어려서부터 칭찬만 듣고 자란 사람은 칭찬 한 번 더 듣는다고 황홀감에 젖지 않을지도 모르지만 그는 그 칭찬을 듣는 순간 머리가 쭈뼛 설 만큼 자신이 대단해 보였다. 그리고 월드컵 내내 그날 감독님이 던진 칭찬 한마디를 생각하며 매 경기에 임하였다.

이렇듯 프로 정신을 가지고 끝까지 최선을 다하여 자기만의 목표 달성을 위해 노력하며, 일을 통해 즐거움을 찾고 그 분위기를 회사로 이어지게 하는 현명한 사회인이 되어야 할 것이다. 따라서 철저하게 준비하는 자만이 성공 할 수 있다. 남들이 하는 방식에 안주하거나 기존 시장의 흐름에 나를 태우고 가는 자는 결코 성공하기 어려울 것이다. 무한 시장에서 성공할 수 있는 길은 남과 차별성을 가지고 남보다 더 부단히 노력하는 길 이외에는 없다.

노력하면 꿈은 뭐든 이루어진다고 하지만, 언제나 그런 것은 아니다. 노력하면 이루어지는 꿈도 있지만 아무리 노력해도 이루어지지 않는 꿈도 무수히 많다. "워런 버핏"과 행복한 동행자인 "찰스 T. 멍거" 부회장은 냉철한 현실주의자가 되라고 했다. 자신이 잘할 수 있는 일이 무엇인지를 아는 것이 성공의 결정적인 포인트라고 했다. 누구나 남보다 더 잘할 수 있는 분야가 있게 마련이다. 그 분야를 제대로 알고 발전시켜야 승리자가 될 것이다.

영국의 "스티브 잡스"로 불리는 "제임스 다이슨"

영국 산업계의 이단아, "영국의 스티브 잡스"로 불리는 "제임스 다이슨"(James Dyson, 63세)은 요즘 전 세계 기업가들이 가장 만나고 싶어 하는 사람 중 한 명이다. 그의 이름을 단 청소기는 비싼 가격(국내 판매가 65만~100만 원)에도 불구하고 유럽과 북미시장에서 1등을 달리고 있다. 그가 히트시킨 먼지 봉투 없는 청소기 덕분이다.

최초의 현대식 진공청소기는 1901년 영국 발명가 "부스Booth"가 개발했다. 그 뒤 일렉트로룩스나 후버 같은 대형 가전회사들이 100년 가까이 전 세계 가정에 수억 대의 진공청소기를 팔았다. 하지만 그 100년간 변하지 않은 것이 있었다. 바로 먼지 봉투이다. 미국과 유럽에서 판매해 온 진공청소기는 먼지 봉투로 공기에서 먼지를 거른 뒤 봉투째 버리는 방식이었다. 그러나 먼지가 봉투의 작은 구멍을 막기 때문에 금세 청소기의 흡입력이 떨어진다.

여기에 분노한 남자가 있었다. 바로 "제임스 다이슨"이다. 그는 1979년 집에 딸린 낡은 창고에 들어가 5년간 5,127개의 프로토타입prototype을 만들었고, 마침내 세계 최초의 먼지 봉투가 필요 없는 청소기를 개발했다. 원심분리기처럼 빠른 속도로 회전시켜 먼지를 분리해내는 방식이었다.

그의 사무실 출입문에는 보라색 스티커가 여기저기 붙어 있다. 그 중 하나에 이렇게 쓰어 있다. "전기를 이용한 최초의 선풍기는 1882년 발명됐다. 날개를 이용한 그 방식은 127년간 변하지 않았다." 이 회사의 창업자 "제임스 다이슨"은 선풍기에 날개가 있어야 한다는 고정관

넘을 깼다.

그는 엔지니어들에게 질문을 던졌다. "왜, 선풍기에는 꼭 날개를 써야 하지? 돌아가는 날개 때문에 바람이 중간마다 끊기고 날개를 청소하기도 어렵잖아, 더구나 아이들은 손가락을 넣고 싶어 위험하잖아."

100년을 넘게 이어져 온 선풍기의 틀이 깨지는 데는 4년이 걸렸다. 높이 50cm 크기의 프로토타입(시제품)을 시작으로 개발을 거듭한 결과였다. 2009년 타임스지에서 선정한 "올해의 발명품" 가운데 하나인 "에어멀티플라이어" 선풍기는 가운데가 뻥 뚫린 동그라미 안에서 마술처럼 바람이 나오는 모습은 쉽게 믿기지 않는다.

작년 영국에서 판매를 시작하자마자 인기를 끌기 시작한 이 제품은 겨울에도 구하기 어려운 초 인기 상품이다. 한국에는 이르면 올겨울에나 들어올 예정이다.

그가 기자와의 인터뷰에서 가장 많이 쓴 단어는 "다른different"이다.

예를 들면 이런 식이다. "우리는 예전과 다른 환경에서 남과는 다른 일을, 다른 방식으로 하길 원합니다(We want to do something different, do it differently, in a different environment)."

어느 분야에서든지 성공하기 위해서는 『남만큼 해서는 남 이상 될 수 없다.』는 것은 실천이 핵심이다. 실천이 없이 우유부단한 사람들은 지식과 실천 사이에서 틈이 생긴다. 아는 것과 실천하는 것 사이에는 엄청난 차이가 존재하기 때문이다.

매일 아침 아프리카에서는 가젤이 눈을 뜬다. 그는 사자보다 더 빨리 달리지 않으면 죽으리라는 것을 안다. 매일 아침 사자 또한 눈을 뜬다. 그 사자는 가젤보다 더 빨리 달리지 않으면 굶어 죽으리라는 것을 안다. 당신이 사자이건 가젤이건 상관없이 아침에 눈을 뜨면 질주해야 한다.

고로, 『남만큼 해서는 남 이상 될 수 없다.』결코.

직업에 따라 보험설계는 당연히 달라야 한다

모든 사람에게 보험은 필요하다. 매일 운전을 해야 하는 현대인들은 자동차보험의 가입 없이는 불안해서 운전 할 수 없다. 그래서 흔히 보험료는 안심료라고들 한다. 자동차를 소유한 사람마다 자동차보험 가입 기준이 각기 다르듯이 직업과 생활 여건에 따라 보험 설계는 서로 달라야 한다. 가입자 직업에 따라 다가올 위험의 형태가 다르기 때문에 이에 따른 위험관리도 다르다.

우선 자산이 많은 부자를 생각해 보자. 부자는 돈이 많으므로 굳이 보험에 들지 않아도 될 것처럼 생각할지도 모르겠다. 불의의 사고나 질병이 생겨도 지금 갖고 있는 자산만으로 치료비나 부양가족의 생계비를 충분히 감당할 수 있기 때문이다. 하지만 자산가들에게 보험은 다른 금융상품과는 또 다른 장점으로 다가간다. 우선 보험에 들면 자녀에게 재산을 남겨줘야 한다는 부담감과 상속세 걱정을 덜 수 있다. 자녀가 보험금을 타면 상속 효과도 있으면서 동시에 상속세를 낼 수 있는 재원으로 활용할 수 있기 때문이다.

의사나 변호사, 공인회계사 등 전문직에 종사하는 사람도 돈을 많이 벌기 때문에 보험이 별로 필요하지 않을 것으로 생각할 수 있다. 하지만 전문직 종사자들은 본인에게 문제가 생겨 일할 수 없으면 바로 수입에 영향을 받는다. 예를 들어 슈퍼마켓의 경우, 주인이 사망하면 가족 가운데 다른 사람이 비교적 쉽게 대신 운영을 할 수 있다. 그러나 병원은 의사가 죽을 때 누구도 병원을 대신 운영할 수 없다. 따라서 전문직 종사자들에게도 뜻하지 않은 재해와 질병에 대비해 충분한 보장을 받을 수 있는 장치가 필요하다.

자영업자는 하루하루의 사업 성패에 신경을 많이 써야 하므로 스트레스가 많다. 또한 직업 특성상 사업 성패에 따라 월 소득 수준이 바뀔 수 있어 경제적 상황도 불안정한 편이다. 게다가 거래처 접대, 성공을 향한 강박 관념 등으로 대부분 건강관리에 소홀하다. 여기에 사업자금 조달을 위해 다양한 대출을 시도한 탓에 가계 재정 구조가 매우 불안정하기까지 하다. 이런 경우 예기치 못한 사고와 질병이 생기면 빚을 갚아야 할 의무가 가족에게 넘겨져, 가족들의 불안감이 매우 높아진다. 따라서 자영업자의 보장금액은 일반인보다 훨씬 높아야 하며 특히 사업자금대출이 있으면 그 금액만큼 보장을 추가해야 한다. 다시 말해 대출만큼 보장을 더 늘려야 한다는 것이다.

이에 비해 월급 생활자들은 소득 증가 속도가 더디고 자산구조도 다른 직업에 비해 매우 취약한 편이다. 따라서 이들에게 보험은 어느 정도의 자산이 모일 때까지 안정적인 소득을 지켜주는 파수병 역할을 한다. 예를 들어 30살에 사회생활을 시작한 가장이라면 자녀 교육이 끝날 때까지 약 30년 동안은 소득을 꾸준히 유지해야 한다. 본인과 배우자의 노후자금을 마련해야 하는 책임도 있다. 월급생활자들은 자산 형성 시기까지 소득 중단에 대비한 보장 계획을 수립하는 것이 필수적이다. 아울러 이들에게 보험은 쌈짓돈을 마련하기 위한 저축으로서도 가능해야 한다. 샐러리맨에게 쌈짓돈은 노후자금의 재원이 되기 때문이다.

성공한 보험설계사들

오늘날 25만여 명의 보험영업인들이 영업전선에서 치열하게 뛰고 있다. 그들 중에서도 눈에 띄는 실적과 고객서비스를 통해 보험영업의 꽃이라고 할 수 있는 연도대상을 차지한 이들이 있다. 어떤 분야에서든 정상을 차지하고 싶은 마음은 누구나 마찬가지다. 하지만 정상이라는 자리는 한정되어 있기에 더욱 매력적이고 도전할 가치가 있는 것이다.

이들은 단순히 높은 실적을 넘어서 남과는 분명히 다른 생각과 행동으로 보험을 승화시켜 보험으로 철학과 사랑을 전파하는 보험영업의 명인들이다. 그렇기에 한 사람, 한 사람의 고객들을 모두 자신의 가족처럼 대하고 긴밀한 관계를 지속적으로 유지해 나갈 수 있었다. 그들에게 보험이란 진정 무엇이며, 그들이 고객에게 인정받고, 신뢰받고, 사랑받는 비결이 무엇인지 들여다보면 공통점이 있다.

그것은 정직을 기본으로 고객을 내 가족처럼 여기는 마음이다. 그리고 그들은 보험을 단순히 상품으로 여기지 않고 사랑을 전파하는 도구로 생각한다. 그런 보험사랑이 있기에 그들은 고객들에게 꾸준히 사랑받고 있다.

특히 일 잘하는 설계사에게는 회사에 따라 임원급 대우도 아끼지 않고 있다. 보험사들이 영업조직 역량강화에 중점을 두고 우수설계사 인력확보에 총력을 기울이고 있는 가운데, 이들에 대한 각 회사의 지원사격도 남다르다. 보험업계에 따르면, 각 보험회사들는 우수설계사를 집중육성하고 자부심을 고취하기 위해 전용클럽 개설과 재무관련 교육, 자녀 학자금 지원 등 투자를 아끼지 않고 있다. 그야말로 보험회사 부럽지 않은 대우를 해주고 있다.

삼성생명은 우수설계사들만이 가입이 가능한 "First Club"제도를 도입하여 멤버십 카드를 지급하고 연간 1회 왕복 항공권, 삼성의료원 건강검진, 호텔 식사권 등 다양한 서비스를 제공하고 있다. 삼성생명은 최근까지 24,000여 명 중 약 1,800여 명의 우수설계사가 가입되어 있다. 아울러 이들의 역량강화를 위해 지난 2006년부터 중앙대 MBA 과정도 개설했다.

대한생명 역시 "Ace Club"을 운영하고 있으며, 우수설계사 전담 언더라이터를 배치하여 신계약 심사관련 업무를 먼저 처리해 주고 있다. 2010년 2월 현재 약 800여 명의 우수설계사가 가입됐으며 최고의 경쟁력을 갖출 수 있도록 "AMP(최고경영자대학원)"의 진학을 지원하고 있다.

교보생명의 경우, 지난 2004년부터 매년 13차월 이상 신임 설계사 중 우수설계사를 선발하여 자녀의 어학연수를 제공하고 있는바 2010년에는 우수설계사 약 150명 중 자녀 123명이 선발되었다.

우리아비바생명도 고능률 FC 우대 제도로 "우리 Ace 클럽"을 시행하고 있다. 스페셜 명인등급, 명인등급, 슈퍼등급 및 기타등급으로 건강검진, 상조지원, 유류지원, 품위유지비, CEO와의 오찬 등 우대 혜택이 주어진다.

손해보험사들도 우수설계사 확보에 열을 올리기는 마찬가지다. 삼성화재는 전년도 실적우수자만 가입 가능한 "Anycar Membership Club"을 통해 정회원 인증서 발급, 인센티브, 해외 선진 사업 밴치마킹 참석 기회, 사업부별 세미나, 건강검진 서비스를 제공하고 있다. 동부화재는 매년 최소 월 소득 200만 원 이상의 설계사들에게 자녀 학자금을 지원하였으며, 메리츠 화재도 우수설계사를 위한 다양한 지원제도로 사기진작을 도모하고 있다. 메리츠 화재는 우수설계사의 등급을 월별 실적 기준에 따라, "S-5 ~ S-1"로 나누고 생수, 장제용품, 자녀학자금, 금융자격 수당지급, 장기근속 고능률 조직시상 등을 지원해 주고 있다.

보험업계 관계자는 "우수설계사에 대한 관리능력이 곧 경영능력으로 인정받고 있다"며 우수설계사들에게 차별화된 혜택을 제공하는 것은 많은 설계사들에게 활동의욕과 도전의식을 심어주고 있어 더욱더 확대될 전망이라고 내다보고 있다. 오랜 기간 영업에 정진, 많은 경험을 토대로 영업노하우를 깨우쳐 성과를 이룬 최고의 영업인이 있는 반면에 영업시작 후 얼마 되지 않아 단번에 정상의 위치까지 오른 영업 달인들도 있다. 보험업계에서 「남만큼 해서는 남 이상 될 수 없다!」라는 것을 실제 몸으로 실천하여 어제와 오늘의 정상에 우뚝 선 영업 고수들을 만나 보기로 한다.

⚽ "VIP 마케팅의 달인" — 삼성생명 배양숙 님

생명보험 업계의 전설적인 인물인 삼성생명의 예영숙 님은 지난해까지 10년 연속 대상을 차지하면서 명예롭게 은퇴한 후 후배들에게 길을 터 주었다. 이 자리를 차지한 설계사는 테헤란로지역단의 FC 배양숙 님이다.

그녀는 이 회사 846명의 실적 우수자 중 최고의 영예인 챔피언에 윤인숙 방배지역단 FC와 안순오 강남지역단 FC 등과 함께 올랐다.

경주와 부산을 거쳐 지난 2008년 6월에 서울로 활동무대를 옮긴 지 2년 만에 높은 금융지식을 활용한 VIP 마케팅을 통해 최고의 자리에 등극했다. 처음 서울에 왔을 때 전혀 기반이 없었던 그녀는 세미나를 통한 개척영업으로 시장을 파고들었다. 동료들은 그녀를 "VIP 마케팅의 달인"이라고 부른다.

그녀는 1996년 처음 보험에 발을 내디딘 이후 그 동안 각종 세미나와 포럼 등에서 수집한 금융정보를 꾸준히 VIP에게 제공하며 최고의 금융전문가로 확실하게 자리매김했다.

⚽ "재테크 디자이너" — 대한생명 정미경 님

대한생명 울산지원단 다운브랜치 정미경 님은 대한생명 2만 3천여 명의 설계사들 중 가장 우수한 실적을 거둬 설계사 최고 영예인 연도상 "여왕상"을 받았다. 그녀는 놀라운 실적에도 불구하고 고객만족도를 나타내는 13회차 유지율도 99%에 달한다.

8살, 2살 두 딸을 가진 그녀의 나이는 만 33세로, 지난 2008년 만삭의 몸으로 대한생명 역사상 최연소 보험여왕에 올라 화제가 되었던 "재테크 디자이너"이다. 그녀는 울산을 비롯해 대구, 부산 지역에서는 최고의 인기 재테크 강사로 통한다. 현재 그녀의 고객은 약 700여 명, 특히 그녀의 고객 중에는 전문직 종사자들이 많다. 200여 명이 넘는 중소기업 CEO, 의사, 약사, 학원장 등이 종합 금융자산 관리 서비스를 그녀에게 전적으로 맡기고 있다.

그녀는 보험영업에 대해 "고객에게 가장 잘 어울리고 잘 맞는 옷을 디자인하듯이 고객의 인생에서 가장 적합한 종합 재무설계를 제공하는 것이라고 생각한다."고 말했다.

고객들이 그녀를 전폭적으로 신뢰하는 이유는 이처럼 책임감을 수반한 전문성과 성실성 때문이다. 그리고 그녀는 고객들에게 보험 상품만을 추천하지는 않는다. 단기자금은 수익증권이나 머니마켓펀드(MMF) 등 유동성 있는 상품을 권유하고 중장기 자금은 변액보험 등을 추천하기도 한다. 이 외에도 목적자금 마련을 위한 주식 및 부동산 투자에 대한 정보도 제공한다.

특히 그녀는 3~6개월마다 고객들에게 재무상태의 변화와 투자수익률 등 재정흐름을 한눈에 알아볼 수 있도록 현금 흐름표, 손익계산서, 재무제표 등의 재무 검진 서비스를 제공한다. 이를 위해 재무관리와 서비스제공을 담당하는 비서를 고용했을 정도다.

이런 이유로 그녀는 보험은 물론 펀드, 예·적금, 부동산 등 어려운 금융상품들을 재미있고 쉽게 설명하는 것으로 알려졌다.

⚽ 완벽한 유지율은 철저한 "고객만족"에서 — 교보생명 지연숙 님

"99%의 고객 만족이란 없다. 단, 1%의 불만이라도 있다면 만족한 것이 아니다. 그래서 항상 고객 만족 100%를 이루기 위해 노력한다." 2009년 교보생명 보험왕에 오른 서대문 중앙F P지점 지연숙 님은 지난 20년간 "고객의 성공이 곧 나의 성공"이란 마음으로 뛰어왔다. 그러다 보니 본인도 모르는 사이 성공한 재무설계사 자리에 올라 있었다고 수상소감을 밝혔다.

그녀는 지난 2007년 이어 두 번째로 보험왕을 차지했다. 특히, 올해는 재무설계사를 시작한 지 20년을 맞이하는 해라 더 뜻깊다고 한다. 지난해 수입보험료는 74억 원이 넘는다. 13회 차 계약유지율은 몇 년째 100%를 유지하고 있다. 이를 바탕으로 지난해에는 역사상 뛰어난 업적을 일군 재무설계사를 기리기 위한「고객 만족 명예의 전당」에 얼굴을 새기기도 했다.

그녀의 뛰어난 실적과 완벽한 유지율의 비결은 "고객만족"에 있다. 지금까지 단 한 번도 목표를 채우기 위해 고객에게 계약을 강요한 적이 없다. 고객의 상황에 맞는 보험 상품을 권하고 보험의 가치를 깨닫고 가입할 수 있도록 도우니 계약유지가 잘 되는 건 당연하다.

현재 그녀의 고객은 1,000여 명이 넘는다. 고객 이름은 물론 특징 하나하나까지 기억할 정도로 고객관리에 정성을 쏟는다. 3명의 비서가 고객관리업무를 돕고 있지만 매달 고객에게 편지 쓰는 일만큼은 직접 하고 있다. 10년 전 IMF 후유증으로 주 고객이던 동대문시장 자영업자들의 해약이 크게 늘면서 어려움을 겪기도 했다. 마음이 힘드니 몸이 아팠고 설계사 활동을 접기로 마음을 먹었다. 마지막이란 생각으로 연도대상 시상식에 참석한 자리에서 20년 만에 보험왕이 됐다는 대상 수상자의 프로필을 듣고 순간 그녀는 다시 일어설 용기를 얻었다. 그 때 만든 이메일 주소 아이디가 "JYS-2010"이다. 보험왕 달성의 해를 2010년으로 잡고 카운터다운 한다는 의미를 담았다. 기존 고객에 대한 서비스를 강화하는 한편 새로운 고객층을 확보하는 데도 힘을 쏟았다.

이후 2003년부터는 매년 시상식에서 상위권에 이름을 올렸다. 그리고 10년 전 자기와의 약속이 올해 현실이 되었다. "나이가 들어 더 이상 활동을 못 할 때쯤엔 재무설계사들을 위한 전문양성기관을 만들고 싶다."며 몸으로 부딪혀 얻는 노하우, 지혜를 후배들과 함께 나누는 일도 매우 즐거울 것 같다면서 웃었다.

⚽ "CEO 컨설턴트" — 미래에셋 강정미 님

미래에셋 플러스 III 지점의 연도대상을 받은 강정미 님은 마산과 창원지역에서 "CEO 컨설턴트"로 불린다. 지역 경제를 이끌어 가는 중견기업 대표들이 그녀의 주된 고객층이기 때문이다.

한때 유치원을 운영했던 그녀는 최고의 설계사로 성공할 수 있었던 비결에 대해 주된 고객층이 기업대표들인 점을 꼽았다.

그녀는 CEO들은 사회직 역량이나 인맥이 넓어시 향후 고객집점, 확대에 큰 도움이 된다고 말했다. 눈앞의 이익보다는 신뢰를 바탕으로 지속적인 인간관계를 유지하려고 노력한 결과 보험가입은 물론, 이제는 지인들까지 소개해 주는 관계가 되었다는 설명이다.

특이하게도 강정미 님은 "고객"이라는 호칭을 사용하지 않는다. 그녀에게 고객은 단순히 보험상품을 파는 상대가 아니라 인생의 파트너로 여겨지기 때문이다. 그녀는 "상담을 요청하시는 분들에게 가장 먼저 드리는 말씀이 함께 고민하고 답을 찾자."라고 말한다. 그녀에게 고객이라는 호칭은 왠지 "갑"과 "을"의 관계 같은 수직적 관계를 의미하는 것 같아서 사용하지 않는다고 한다. 그녀는 함께하는 파트너로서 서로 믿고 존중할 때 최고의 결과를 얻을 수 있다고 강조했다.

그녀의 좌우명은 "성공을 두려워하는 사람은 결코 성공할 수 없다."는 것이다. 이 같은 평범한 진리를 가슴에 품고 생활하는 그녀는 자신을 "명품 설계사"라고 표현하는 데 주저하지 않는다. 스스로 명품이 되어야만 고객들에게 신뢰를 받을 수 있다고 굳게 믿기 때문이다. 이처럼 자부심과 자신만의 확고한 영업철학으로 무장한 그녀에게 회사에서는 상무급 대우를 해주고 있다. 회사도 그녀의 능력과 철학을 인정한 것이다.

⚽ 고객의 수호천사 — 동양생명 경진수 상담원

동양생명 경진수 상담원은 2007년 연도대상 수상자이다. 그녀는 전화 통화로 한 해 동안 총 513건의 보험계약을 이뤄내고 매월 1,250만 원의 보험 판매 실적을 올렸다. 공휴일을 제외하면 매일 2건 이상의 보험 계약을 체결한 것이다. 고객들을 직접 만나는 대면 설계사들은 이틀에 한 건 정도 보험 계약을 하면 많은 계약을 한다고 하니 4배 정도의 계약 건수이다.

그런 그녀의 영업 노하우는 다름 아닌 유머와 밝은 목소리라고 한다. 실제로 보험뿐만 아니라 각종 대출 상담 등 판매 전화가 부쩍 늘고 있는 요즘, 전화받는 고객들 대부분이 처음에는 시큰둥하거나 바쁘다며 화를 낸다고 한다. 그럴 때 그녀는 "고객님 혹시 머리털이 없지 않으세요?"라고 대뜸 묻곤 한다. 공짜를 좋아하는 사람은 머리털이 없다는 의미에서 다양한 공짜 서비스를 받을 수 있는 기회를 놓치지 말라는 은유적 표현이라고 설명한다. 이렇게 한번 웃음을 주고 나면 아무리 딱딱한 사람이라도 보이지 않는 불신의 장벽이 제거돼 좀 더 편안한 상담을 할 수 있다는 것이다.

이런 그녀도 동양생명에 입사 면접을 볼 때 면접관이 "너무 어린 목소리 때문에 걱정이다."라는 말을 들었다고 한다. 금융상품의 특성상 고객에게 신뢰감을 주는 목소리가 중요한데 그렇지 못하다는 우려였다. 실제로 그녀는 40대답지 않게 어린 목소리를 갖고 있다.

특히 경진수 님의 고객들은 젊은 층이 많다고 한다. 그녀는 "월보험료 3~5만 원 정도의 상대적으로 저렴한 보장성 보험이 다이렉트 보험의 대표적인 상품"이라며 "이런 상품에 관심이 많은 층이 미혼의 젊은 고객들이고 이들에게 딱딱한 설명보다는 재미있는 설명이 중요하다"고 강조했다. 그녀의 유머 있는 말투와 밝고 젊은 목소리가 보장성 보험 가입을 희망하는 미혼 고객에게 어필했던 것이다.

⚽ DM 발송을 통한 친화력 제고 — 신한생명 김숙영 님

"성공의 비결은 정성과 열정입니다. 매일 아침마다 고객에게 직접 작성한 감사편지를 보내고 하루를 시작합니다." 2010년 신한생명 설계사부문 대상을 차지한 김해지점 김숙영 님의 대상 소감이다.

실내 인테리어 회사에서 근무하다가 지난 2006년 세일즈 매니저로 보험사에서 먼저 활동 중인 동생의 권유로 김숙영 님은 입사하게 되었다. 인테리어 작업 성격상 일하기 쉬운 군복과 군화를 즐겨 입고 신어 정장을 제대로 입었던 적이 없었는데 동생이 정장 한 벌을 사주며 입사세미나에 초청한 것이 입사 동기이다. 이 세미나를 통해 또 다른 인생의 출발점에서 그녀는 도전과 열정을 갖게 되었다. 결국, 동생이 사준 정장 한 벌이 그녀의 인생을 바뀌게 하였던 것이다.

설계사 활동을 시작할 때 교육을 받으면서 그녀 자신만의 새로운 목표를 정하였다. 새 출발점에서 성공하지 못하면 누구도 나를 인정하지 않을 거라는 생각에 열심히 해서 꼭 여왕의 자리에 오르겠다는 원대한 목표를 항상 가졌다. 그리고 이 꿈을 이루기 위해 그녀만의 장점들을 최대한 활용해 영업 활동에 적용하였다. 동생과 한팀에서 팀워크를 이루어 세 차례 팀 분할에 성공함으로써 그녀는 보험영업으로, 동생은 매니저로 이번 시상식 무대에 함께 올랐다.

2년간 노력한 결과 영업대상 시상식에서 우수상을 받았고 대상을 받는 모습을 그려보며 더 큰 도전을 다짐하였고 그녀는 목표를 이루었다.

매일 아침 7시에 출근해 10명 이상의 고객에게 자필로 작성한 편지를 발송하고 10명 이상의 고객을 방문하는 것을 목표로 삼고 활동하였다. 일명 "10-10전략"으로 이것은 일에 대한 열정과 성실함이 있었기에 가능하였다. 처음에는 늘어나는 DM을 감당하기 힘들었다. 그러나 일찍 나와 남보다 많은 DM을 발송한 것이 고객들과 친화력을 높일 수 있기에 지금까지도 실천하고 있다.

많은 고객 중에 기업체 임원으로 있으면서 그녀에게 많은 용기와 도움을 준 고객이 가장 기억에 남는다고 했다. 친구의 소개로 첫 방문한 뒤 몇 개월간의 노력 끝에 단체보험을 체결하였다. 첫 과정은 힘들었지만 만남이 이루어지고 나서는 둘도 없는 막역한 사이가 되었다. 매주 수요일이면 회사에 방문해 인테리어 경력을 살려 사무실 환경도 밝게 바꾸어 주고 바쁠 때는 은행 업무 등의 일손을 도우며 가족과 같은 사이가 되었다. 고객이 성공해야 나도 성공할 수 있다는 신념으로 자기 사업같이 생각했던 것이다. 그 고객은 큰 목표를 갖고 도전하는 그녀를 끝까지 신뢰해 주면서 단체보험은 물론 월납보험료 2,500만 원의 고액계약을 해 주었다. 목적자금 마련을 위해 자신의 재무설계를 맡겨 준 고객 덕분에 더 좋은 결과를 얻을 수 있었다고 환하게 웃었다.

⚽ 신뢰·믿음바탕, 7년 연속 보험왕 — 우리아비바생명 최선희 님

7년 연속 대상의 영예를 차지, 보험업계의 유망주로 떠오르고 있는 우리아비바생명 서울지점 최선희 님은 다음과 같이 수상 소감을 밝혔다. "영업은 겸손입니다. 앞으로도 항상 감사하는 마음, 겸손한 마음으로 고객에게 진정 필요한 상품만을 권하겠습니다."

2010년 3월 5일 서울 그랜드 힐튼호텔 컨벤션홀에서 열린 우리아비바생명 "2010 연도상 시상식"에서 대상을 수상, 2010년 역시 최고의 보험왕의 자리에 올랐다.

1999년 신인 여왕상을 첫 수상한 이후 지난해까지 7년 연속 1위를 놓치지 않았다. 그녀는 특히 작년 한 해 정산보험료 6,000만 원, 계속 보험료 56억 원을 기록했을 뿐 아니라, 13회 차 정산유지율도 타의 추종을 불허하는 98.9%라는 놀라운 지표를 이루어 "보험영업에서의 양과 질"을 모두 충족시키는 발군의 성과를 보였다. 또한 그녀는 탁월한 재테크 감각과 재무설계 능력을 지닌 재무설계사로 정평이 나 있다. 그도 그럴 것이 이는 무엇보다 고객에 대한 신뢰와 믿음을 원칙으로 한결같은 영업활동을 펼쳐왔기 때문이다.

그녀는 7년 연속 징상에 오른 비결에 대해 주저 없이 "고객에 내한 이해, 존경심을 바탕으로 개개인에게 맞는 꼭 필요한 상품만을 권유한 결과"라고 답했다. 스쳐 가는 사소한 만남을 소중히 여긴 것은 물론, 기업 강연회, 음악회, 세미나 등 각종행사에 적극적으로 참여한 점 역시 비결이라면 비결이라고 말했다.

보험 상품을 판매하기보다는 자신의 신용과 신뢰를 판매한다는 생각으로 활동하면 유망고객 확보에 반드시 성공할 수 있다는 신념을 지키고 있다. 그래서 체면치레로 억지로 관심을 보이는 고객은 사양한다고 덧붙였다. 필자는 2009년 연도대상 1위부터 20위까지의 수상자들을 모시고 7박8일의 포상해외여행으로 터키를 다녀온 적이 있었다. 항상 그녀의 흐트러지지 않은 몸과 마음가짐으로 자신감 있는 속삭이는 듯한 말투는 어느 누구에게나 듣는 이로 하여금 신뢰감을 갖게 해 주는 아주 특별한 재능이 있음을 발견하였다.

그녀는 보험업계에 발을 들여놓은 순간부터 지금까지 계약을 유지하고 있는 고객은 물론 계약이 성사되지 못한 고객들과도 여전히 인간관계를 유지하고 있다고 한다. 그녀에게 고객이란 서로를 이해해 주고 존경해 주는 파트너이자 협력자이기 때문이다.

"제가 이 일을 하며 가장 크게 얻은 건 겸손한 마음입니다. 그리고 능력만큼의 보수, 자유로운 활동, 일에 대한 자부심, 고객으로부터 느끼는 보람 등등 제게 있어서 보험영업은 상상 그 이상입니다."라고 힘주어 말한다.

⚽ 성공의 비결은 "정직"과 "신뢰" ― 푸르덴셜 생명 조인배 님

푸르덴셜 생명 부산 Agency 조인배 님은 지방 출신으로 쟁쟁한 경쟁을 뚫고 2009년 연도대상을 받았다. 그는 "Agency와 팀의 동료들과 성공하고 싶어 지난 2년간 후배 설계사들을 독려하며 함께 목표를 위해 나아갔던 것이 지금의 저를 만들어준 것 같다."라며 수상 소감을 말했다. 10년 전에 푸르덴셜 생명에 입사해 1년에 300분의 고객을 모시겠다고 다짐하며 노력했고 10년차가 돼 그 결실로 1,500여 분의 고객분들을 모시며 달성한 자리이기에 더더욱 영광되고 기쁘다고 했다.

그는 성공의 비법이라는 말은 좋아하지 않지만, 굳이 꼽으라면 "정직"과 "신뢰"를 든다. 있는 그대로의 모습을 솔직하게 다 보여주고 마음으로 다가서면 상대방도 믿고 따라와 주었다. 지나온 10년을 바탕으로 앞으로의 10년도 정직과 성실로 고객을 위한 보장 도우미가 돼드릴 것이다. 또 스스로는 물론이고 고객과의 첫 약속을 끝까지 지키기 위해서라도 반드시 롱런해야 한다고 생각한다.

가장 힘들었던 부분은 자신과의 싸움이었단다. 목표와 실적관리, 자기관리 등 힘들 때마다 나 자신과 타협하면서 나태해지고 게을러진 적도 있다. 그러나 기다리는 고객들이 있기에 항상 다시 가방을 들고 영업전선으로 나섰다는 그에겐 고객들이 원동력이다. 요즘은 업계에서 "경기가 좋지 않아서 열심히 해도 잘 안 된다."는 말을 자주 듣는다. 하지만 그런 사람들을 자세히 살펴보면 "과연 진짜 열심히 하는 것이 맞는가?" 하는 의문이 든다. 영업 중에도 가장 어려운 영업이 보험이고 아직도 많은 고객 분은 보험의 진짜 소중한 필요성을 잘 못 느끼는 것이 사실이다.

돈이나 명예를 위해서가 아니라 고객 분을 지켜 드리기 위해서라도 "배수진을 치고 못하면 죽는다."라는 각오로 일해야 한다고 그는 생각한다. 자신의 의지와 타협하지 말고 초심을 잃지 않는다면 가까운 미래의 성공은 모두에게 보장돼 있게 마련이다.

⚽ "설계사는 나의 천직" — 동부생명 정석명 님

동부생명 대구지점 정석명 님은 입사 2년 만에 2009년 연도상 대상을 수상해 새로운 스타 탄생을 알렸다. 그는 FY2009 총 97건의 신계약을 통해 월초보험료 3,400만 원의 실적을 올렸다.

20대 후반 다양한 직업을 가져본 탓에 사람 만나는 일은 누구보다도 자신 있다고 자부했지만 단 한 번도 보험영업의 길은 생각해 보지 않았기에 처음 설계사라는 일을 같이 해보지 않겠냐는 권유를 받았을 때 그는 망설였다. 그런 그가 "설계사는 나의 천직"이라는 생각이 들었던 건 입문교육 시 생명보험에 대한 공부를 시작하면서부터였다.

누구에게나 불확실한 미래를 설계하고 보장해 주는 일이기에 보람을 느낄 수 있을 것 같았다. 또 끊임없이 연구하고 공부해야 하는 일이라는 점도 자극이 되었다.

고객을 만날 때마다 "진정 이 보험 상품이 고객을 위한 최선의 상품인가?"라는 질문을 항상 자신에게 건네면서 재무컨설팅에 주력한다는 그는 지난해 가장 주력으로 판매했던 상품은 종신보험과 변액보험이었다. 금융위기가 채 안정되지 않은 상황 속에서 투자형 상품인 변액상품 판매가 일시적으로 위축될 수도 있었지만 "위기는 기회"라는 역발상을 통해 남들과 다른 영업 전략을 세우고 고객층을 넓혀왔다.

새로운 고객을 만나 마음을 열고 쉽게 흔들리지 않는 인간관계를 쌓아 가는 게 즐겁다는 그의 고객층은 20~30대이다. 100명 정도의 고객 대부분이 갓 사회생활을 시작한 탓에 계약액이 크거나 상품포트폴리오가 다양하지는 않다. 하지만 고객들이 세월이 흘러 가족을 이루고 삶의 폭이 넓어지는 가운데 그 시간만큼 서로에 대한 신뢰가 쌓인다면 가족 전체를 대상으로 한 재무컨설팅을 제공함으로써 그 고객들과 함께 자신도 성장할 수 있다고 믿어 의심치 않는다.

고객층이 좀 더 넓어지고 스스로 부족하다고 느끼는 부분에 대해 완벽하게 공부를 한 후 자산가들을 상대로 한 리치마켓(Rich Market)에 본격적으로 진입해보고 싶다는 그는 요즘 새로운 시장 개척을 위한 마케팅 기법 연구에 몰두하고 있다. 설계사 입문 2년 만에 설계사들의 꿈인 MDRT 회원으로 가입한 그는 매일 다음날 스케줄을 미리 정하고 무슨 일이 있어도 하루 2명의 예비 고객을 만난다. 좀 더 빨리 설계사라는 직업을 접하지 못한 게 후회되기에 그만큼 더 열정적으로 하루하루를 보낸다.

⚽ "보험은 이 땅 최고의 휴머니즘이다." — ING 생명 윤한팔 님

10여 년간의 노동운동가로 노동자 해방만이 최고의 휴머니즘인 줄 알았던 그는 ING생명과의 인연은 일상생활에서 휴머니즘을 실현할 수 있는 가장 아름다운 일이 보험영업이라는 것을 자각했다. ING Cup Convention FC 부문 챔피언 자리에 우뚝 선 윤한팔 님은 지난 2000년 3월 입사한 이래 7년 연속 COT회원, 3년 연속 TOT회원 달성으로 10년 연속 MDRT 자격유지의 종신회원이기도 하다. 2009년 최우수상을 수상과 함께 ING생명의 최고 등급인 Royal Lion을 취득한 그는 도전과 열정으로 2010 챔피언의 영예를 거머쥐었다.

그는 "최고의 설계사는 최고의 고객을 만난다."라는 최고를 향한 뜨거운 열정은 끊임없는 자기계발을 지속하게 했고 이것이 바로 시장 개척의 원동력이 됐다고 밝혔다. 그의 하루는 남들의 1년처럼 산다는 그 자신과의 약속을 지켜가는 것이다. 그 버팀목에는 보험은 이 땅 최고의 휴머니즘이라는 영업철학이 있었고 "불행한 챔피언보다는 행복한 2등의 길을 간다."는 깨뜨릴 수 없는 정도영업의 고수였다.

보험 일을 하는 데 있어 가장 중요한 것은 진정성이다. 그 자신의 삶과 보험에 다가가는 참된 모습이 고객의 마음에 전달되어 고객과의 신뢰 구축에 결정적인 역할을 한다고 믿고 있다. 고객은 나를 통해 전체를 보려고 하고, 즉 내 생각과 행동에 따라 고객이 되기도 하고 고객이 떠나기도 한다. 정도 영업의 원칙은 보험을 통한 휴머니즘을 실현하는 데 필연적인 약속이고 철저한 자기관리와 일에 대한 집중력을 높이는 큰 에너지원이다.

완벽에 가까운 고객감동창출은 결혼기념일, 생일 등을 잊지 않고 다양한 서비스를 제공하는 일부터 미래에 대한 창조적 가치를 함께 공유하고 만들어감으로써 새로운 고객의 창출도 가능하다고 본다. 고객감동의 철저한 애프터서비스는 기존고객 관리를 통한 신규고객의 창출로 자연스럽게 연결된다고 그는 강조했다.

⚽ 보험 사랑 전도사 — 현대해상 최윤곤 님

39년 동안 외길을 걸어오면서 각별한 보험사랑으로 두 아들에게까지 보험영업을 권유한 설계사가 연도대상 3관왕의 영예를 차지해 업계의 주목을 받은 적이 있다.

그 주인공은 현대해상 연도대상을 받은 최윤곤 님으로 연간 매출액만도 웬만한 중소기업 규모인 50억 원을 훌쩍 뛰어넘는다.

　　1970년 보험회사 영업사원으로 시작해 영업소장, 지점장을 거쳐 지금까지 보험영업의 외길을 걸어왔다. 잠깐 학원을 경영한 적도 있으나 자신이 운영하던 학원이 보험에 가입하고도 사고로 다친 원생의 이름을 누락시킨 사소한 실수로 인해 보상을 받지 못하는 뼈저린 아픔을 경험하기도 하였다. 이후 자신과 같은 피해자가 다시는 발생해서는 안 된다는 사명감을 갖고 본격적으로 유아교육기관 전문보험 연구에 뛰어들며 보험업계로 돌아왔다.

　　평소 "보험은 사랑의 실천이자 우리의 행복을 지켜주는 사회적 제도"라는 신념으로 보험 전도사 역할을 해 온 그는 보험 사랑이 유별나다.

　　2003년 안정된 직장생활을 하고 있는 큰아들을 사회에 공헌하는 보험 산업의 밝은 전망을 주지시키며 지속적으로 설득함으로써 보험영업에 뛰어들게 하였다. 이듬해에는 사업하고 있던 둘째아들에게도 적극적으로 권유해 가업으로 이어갈 정도로 보험업을 천직으로 삼고 있다.

　　최윤곤 님은 "앞으로도 고객들에게 보험의 가치를 전파하기 위해 더욱 노력해 고객이 믿고 찾을 수 있는 보험 명인으로, 더불어 대를 잇는 보험명가로 대한민국 보험업계에 우뚝 서겠다."라고 포부를 밝혔다.

　　새벽 4시에 기상해 묵상으로 하루를 시작하는 그는 매일 컴퓨터 앞에 앉아 고객들에게 메일을 보내며 고객과 소통한다. 그는 보험영업에서 성공하려면 평소보다 고객이 어려움에 부닥쳐 있을 때 만족스러운 보상서비스를 제공해야 한다고 말한다. 이를 위해 60대 후반에도 불구하고 법률적인 식견을 키우는 등 최고 전문가로 거듭나기 위해 끊임없이 노력하고 있다.

⚽ 고객의 성공 파트너 ― 동부화재 방순옥 님

동부화재 방순옥 님은 대한항공 승무원 출신으로, 보험영업을 시작한 지 15년 만에 처음으로 보험판매왕이 되었다. 결혼 후 평범한 가정주부였던 그녀는 남편이 경영하던 회사가 직원의 화물차 전복사고를 곁에서 지켜보면서 보험의 필요성에 대해 절실히 느끼게 된 후 보험설계사의 매력에 빠지게 됐다고 한다.

그녀는 고객의 가정 내 위험을 분석, 설계하고 고객 스스로 가정을 지킬 수 있도록 조력자의 역할을 하는 것이 설계사의 의무이자 목적이라고 강조했다. 방순옥 님은 "도전적인 정신과 무한 책임감으로 고객에게 친밀하게 다가가려 한 것이 오늘의 영광을 안겨 주었다"라고 말했다. 그녀는 "보험 가입 초기에 위험 분석 설계부터 소홀하기 쉬운 사후 처리까지 고객은 모두 자신의 가족이라는 생각으로 최선을 다했다"라고 설명했다.

이어 그녀는 "누구나 인생의 목표를 크게 잡고 목표를 향해 땀 흘리고 노력하다 보면 최고의 자리에 오를 수 있다"라며 "짧은 시간에 성급히 승부를 걸려고 하지 말고 장기적인 목표를 갖고 남보다 조금 일찍, 남보다 조금 늦게, 남보다 하나만 더, 꾸준히 목표를 실천해 나가면 반드시 가슴 벅찬 성공을 맛보게 될 것"이라고 조언했다.

⚽ 보험왕과 리크루팅왕을 동시에 석권 ― 메리츠화재, 박초순 님

메리츠화재 서광주지점 목포영업소 박초순 님은 보험왕과 더불어 리크루팅왕까지 2관왕을 차지하였다. 그녀는 비단 실적뿐만 아니라 보험계약 유지율, 민원 평가 등 고객만족지표에서도 우수한 성과를 거두었다. 15년이 넘는 긴 세월 동안 꾸준히 찾아가는 영업활동을 통해 농촌지역의 한계를 극복하고 보험왕에 등극한 것이다. 농어촌 지역에서 활동하다 보니 서민층 고객을 위한 보장성 보험이 주를 이룰 정도다.

박초순 님은 한해 농사를 설레며 준비하고, 비바람을 견디는 농부의 마음으로 매사에 임했다. 그녀의 주된 활동지역은 농촌 지역으로 경제적으로 풍요롭지 않은 서민 계층이 많기 때문에 더욱 이 같은 영업방식을 고수할 필요가 있었다. 그녀의 영업철학은 자신과 가족들이 보험에 가입한다는 마음으로 상품을 설계하였다. 또한, 계약 이후에도 계속보험료 납부나 보험금 지급 등 계약 만기까지 지속적으로 접촉을 통한 고객관리가 중요하다고 했다.

⚽ 철저한 계획표로 기업시장 공략 — 우체국보험, 박선희 님

호탕한 웃음이 매력적인 김해우체국 박선희 FC. 지난 2000년 우체국 입사 이래 현재 관리고객 4,000명, 총 5만 8천 건 계약성사 등 화려한 프로필을 자랑하는 그녀는 김해우체국의 자랑이자 마스코트다.

지난해 경기침체에도 한 달 평균 150건 이상의 계약을 성사시킨 그의 영업 비결은 무엇인가? 바로 "기업시장 개척"이었다.

김해 시내에는 타 보험사들이 많이 자리를 잡고 있었기에 그들의 손길이 닿지 않는 외곽지역을 돌아다니며 시장을 개척해 나갔다. 그녀는 전적으로 기업마케팅을 지향했다. 여기에는 우체국 입사 전 약 10년간 중소기업의 경리로 근무했던 경험이 주효했다.

"우선 김해에 있는 모든 기업을 조사했다. 그리고 방문할 기업을 분류하고, 매일같이 찾아갔다. 그 결과 실적의 90% 이상이 기업 내에서 이루어진 것이었다. 특히 기업 직원들의 휴식시간과 식사시간까지도 일일이 체크해 방문하는 센스도 발휘하였다.

기업 시장 개척은 한두 달에 그치지 않고 총 3년에 걸쳐서 꾸준히 진행되었다. 박선희 님은 여장부라고 통할 정도로 평소 서글서글하고 털털한 성격을 자랑한다. 하지만 보험영업을 할 때는 누구보다도 꼼꼼하고 철두철미한 성격으로 변모하는 특징을 가지고 있다.

매달 25일 이후에는 영업이 아닌, 청약서 재확인과 다음 달의 영업 계획을 세우는 것으로 대신할 정도로 완벽한 스케줄 관리를 하고 있다.

또한 지난 10년간 단 한 번의 결근도 없을 정도로 빈틈없는 자기관리의 일인자다.

한편 그녀는 정도 영업을 위하여 자신만의 3가지 철칙을 공개했다.

- 고객과 사적인 만남 자제.
- 긍정적인 마인드 정립.
- 실적을 위한 보험설계는 하지 말 것.

그녀는 "우체국 보험영업을 하는 게 매우 즐겁고 신바람 난다. 또 이러한 즐거움을 고객에게 전달하는 것에 큰 보람을 느낀다. 제 모든 고객을 즐겁고, 유쾌하게 만들기 위해서, 앞으로도 자신만의 3가지 철칙을 반드시 지켜나갈 것"이라고 힘주어 말했다.

'글로벌 스탠더드' 정신을 가져라!

지구상에서 천연자원이 풍부한 나라들이 잘살 것 같으나 그렇지 못하고 빈곤에서 헤매고 있으며 오히려 천연자원이 빈약한 나라들이 아주 잘살고 있음을 여기저기서 볼 수 있다. 잘살기 위해서, 성공하기 위해서는 주변에 있는 1등을 벤치마킹하라는 이야기가 있다. 즉, "모방도 경쟁력이다!" 1984년 미국 '애플'을 세계적인 기업으로 일으킨 스티브 잡스도 1981년 제록스의 "그래픽 모드(WIMP: window, icon, menu, pointing device)"를 보고 더욱 발전(Added a drop-down menu bar and drag & drop manipulation of objects)시켜 이룩한 것에 불과하다.

이처럼 그 시대에 기준이 되는 글로벌 스탠더드 정신은 세계가 인정하는 가치관으로 시장성과 투명성과 다양성이 포함된 가치, 제도, 규범을 말한다. 글로벌 스탠더드 정신에 입각한 대내외 개혁을 지속함으로써 세계 경제의 떡을 키우고 실용적으로 각국끼리 서로 교류를 함으로써 다문화시대인 오늘날 자국의 이익을 위하여 노력함으로써 서로의 부를 가져온다.

1866년 7월 미국 상선 제너럴셔먼호가 대동강을 거슬러 올라왔다. 승무원 23명 가운데 흑인도 5명 있었다. 그 흑인을 조선 조정의 문건은 "조귀자(鳥鬼子: 까마귀 귀신새끼)"로 적고 있다. 뿐만 아니라 제너럴셔먼호의 마스트에 펄럭이는 성조기가 미국의 국기라는 사실도 몰랐고, 다른 나라의 국기를 훼손하면 그에 상당한 응징을 받게 된다는 상식도 없었다. 그때 제너럴셔먼호는 조선의 개항을 요구한 것이 아니라 상행위를 요구한 것인데도 세계정세를 읽을 수가 없었던 평양시민들은 화공火功으로 제너럴셔먼호를 수장水葬시켰다. 이때의 평양감사가 조선의 개화사상을 이끌어 갈 박규수朴珪壽였다는 사실에서 당시의 외국문물에 대한 인식과 정보를 읽을 수 있는 능력이 어느 정도의 수준인가를 짐작하게 한다.

사회진화론에 의한 서구제국의 동진東進은 마침내 중국땅에 이르러 1840년 아편전쟁을 발발하게 함으로써 약육강식弱肉强食, 약자도태弱子淘汰, 적자생존適者生存의 길을 열었고, 1842년 남경조약의 체결로 조선이 그토록 상국上國으로 떠받들던 청나라는 망국의 길로 들어서게 되었다.

이때부터 제너럴셔먼호가 대동강에 닻을 내리게 되는 24년 동안 조선의 사신은 몇 번이나 연경北京을 다녀왔을까? 1년에 4차례가 통상이라면 무려 1백 번은 다녀온 셈이다. 사신은 정사政使, 부사副使, 서장관書狀官으로 구성된다.

다시 말하면 장, 차관, 국장급의 고위관리가 1백여 번이나 남경조약 이후의 청나라를 다녀오면서도 청나라가 망국의 길로 들어서고 있다는 보고서 한 장 제출하지 않았다면 해외정세를 읽을 수 있는 능력이 전혀 없었거나, 국가라는 개념을 모르고 있었다고 보아도 무방하다. 해외정세를 읽을 수 있는 능력이 없었던 것은 꼭 청나라에 국한된 것은 아니었다.

1868년 명치개원明治改元을 선언하고 이른바 새로운 유신정무를 발족한 일본국이 변화된 시대를 이끌어갈 국교를 교섭하는 데도 조선조정은 끝까지 왜구의 준동으로 얕잡아볼 정도로 인접국가에 대한 정세조차도 읽을 능력이 없었다.

1871년이면 명치개원이 이루어진 지 겨우 3년째 되는 해로 일본국의 국내정치가 혼돈(戊辰戰爭: 일본의 국내전쟁)을 거듭하고 있을 때다. 그러나 글로벌 스탠더드 정신을 일찍 깨우친 일본 유신정부의 리더인 이와쿠라 도모미岩倉具視는 정부를 이끌어 가는 핵심 참의(명치유신의 주역들)를 비롯한 요원 46명을 거느리고 미국과 유럽시찰에 나섰다. 이 시찰단에는 이등박문도 그 일원으로 참가하였다. 여기에 장차 일본국을 이끌어갈 유학생 59명이 포함되었으니 무려 105명으로 구성된 거대한 사절단이었다.

이들은 미국, 영국, 독일을 비롯한 11개국을 시찰하였고, 영국에서는 무려 120일, 독일에서는 66일을 체류하는 등, 총 1년 10개월 동안을 선진국을 둘러보면서 새로운 문물을 익히고 배웠다. 특히 영국은 그 당시 산업혁명이 마무리 시점으로 기차가 달리고 방적공장에서 군복기지가 생산되는 등 산업화에 박차를 가하고 있었다.

이들이 귀국한 후에 기술한 1,085권에 이르는 「특명전권대사 구미회람실기特命全權大使 歐美回覽實記」라는 방대한 기록이 일본의 정신적 · 물질적인 근대화를 이루는 기초가 되었다는 사실에 우리는 주목해야 한다.

그런데 우리는 어떤가? 정신적, 물질적 근대화가 나라의 발전과 정체성을 확립함에도 불구하고 광복 이후 오늘에 이르기까지 여덟 사람의 대통령이 무소불위의 권세를 누리면서 통치자로서의 이름은 남기고 있었지만, 그 누구도 우리의 정신적 근대화를 챙기고 이끌어온 사람은 없다. 그들이 때로 "역사 바로 새우기", "제2의 건국", "과거사 청산" 등과 같은 당연히 필요한 기치를 내걸면서도 그것을 국가적 치원이 아니라 정권적 차원으로 이용하려고 하였기에 우리가 지금껏 일본에 뒤쳐져 있다는 사실을 추정하기엔 조금도 어렵지 않다.

세계 2차대전 후 바닥에서 출발하여 세계2대 경제대국이 된 일본은 1980년대 미국을 집어삼킬 만한 부를 과시했다. 그러나 1990년대 초 버블 붕괴 이후 20년간 불황에 직면해서 일본은 점점 쇠락하고 있다. 최근 도요타자동차 리콜 사태, 일본항공(JAL) 파산, 전자회사들의 삼성전자에 대한 참패 등은 부도난 부잣집에 날아드는 빨간 압류 딱지처럼 보인다. 이는 일본이 세계 제일이라는 자만심과 아집으로 밖으로부터 문을 닫고 글로벌 스탠더드 정신을 계속하여 실천하지 않았기 때문에 스스로 자멸의 궁지로 들어서게 된 것이다.

그러나 일본은 이대로 몰락해 버릴 거라고 생각하면 오산이다. 일본은 아직도 무시하지 못할 부자 나라이고 재기할 능력도 충분히 갖고 있다. 특히 한국과 비교하면 더욱 그렇다. 일본의 1인당 국민소득(GNI)은 2008년 기준 3만9726달러로 한국(1만9231달러)의 딱 2배이다. 인구수를 곱한 전체 경제규모(GDP)는 일본이 4조9107억 달러로 한국(9287억 달러)의 약 5.3배이다. 한국이 많이 따라잡았다고 하지만 아직도 일본은 한참 앞에 있다. 일본이 완전히 성장을 멈추어도 한국이 지금부터 10년 동안 연평균 6%씩 성장을 해야 비로소 도달할 수 있는 간격이다. 일본이 기울어 가는 징조로 GDP의 200%를 넘는 선진국 최악의 국가 부채를 들 수 있다. 하지만 그 이면, 자산을 따져보면 이야기가 달라진다. 일본은 국가부채 860조 엔의 거의 2배인 1,500조 엔의 금융자산을 개인들이 보유하고 있다. 1970~80년대 고도 성장기에 벌어서 저축해 놓은 돈들이다. 일본 정부가 진 빚(국채)의 95%를 외국인이 아닌 국내 투자자들이 대줄 수 있는 능력은 여기서 나온다. 극단적으로 일본 정부가 채무불이행 사태를 맞아도 내부 수습이 가능하다는 얘기다.

게다가 일본은 중국에 이어 두 번째로 많은 외화 보유액(약 1조 달러)을 갖고 있다. 세계 최대의 대외 순자산(225조 엔) 보유국이기도 하다. 세계 금융위기가 터지면 한국의 원화 값은 폭락하지만 일본 엔화는 안전통화로 여겨져 되레 가치가 올라가게 된다.

도요타의 리콜 사태로 스타일을 구기긴 했지만 일본 제조업의 경쟁력은 여전히 세계 최고다. 부품 및 소재 분야가 특히 그렇다. 반도체와 LCD(액정표시장치)TV는 한국이 일본을 앞섰지만 거기에 들어가는 컬러필터나 편광판보호필름 등 핵심 부품은 일본이 세계시장의 70~80%를 장악하고 있다. 일본 부품 및 소재에 대한 의존도가 높은 한국이 수출로 돈을 벌면 꼬박꼬박 일정액을 일본에 갖다 바칠 수밖에 없는 이유이다. 노벨상 수상자도 일본은 물리, 화학, 의학, 문학 등 분야에서 15명을 배출했다. 한국은 아직 한 명뿐이다. 한국의 전체 연구개발(R&D) 투자 규모는 아직도 일본의 1/5이 안 된다. 이렇게 기초가 튼튼하기 때문에 일본은 쉽게 무너질 나라가 아니다.

2010년 새해를 들어와서도 오자와 이치로(小澤一郎) 일본 민주당 간사장이 중국을 방문하였을 때 의원들 140여 명을 데리고 갔다. 이들이 베이징 전역에 깔려서 중국측 정계 및 재계 인사들과 다각도로 접촉하고 친분을 쌓고 있었다. 1990년대 초 일본의 거품이 꺼졌을 때 한국은 "일본에서 더 이상 배울 게 없다."며 무시했다. 『일본은 없다』는 책이 베스트셀러가 된 건 1993년이다. 그러나 1997년 말과 2008년 말 한국이 외환위기에 직면했을 때 그래도 손을 벌린 곳은 이웃의 부잣집 일본이었다. 요즘 일본이 한국을 배우겠다고 나서지만 우리는 아직은 우쭐할 처지가 아니다.

우리 국내 정치가들은 4대강이나 세종시에만 논쟁을 벌일 게 아니라 해외로 눈을 돌려 이런 부분에 앞장서야 할 것이다. 의원들과 기업가들이 다각도로 중국 고위층과 접촉하고 교류한다면 기업에 큰 도움이 됨은 말할 나위도 없다. 최근에 세계화를 자주 말하는데 진정한 세계화는 모든 자원이 모든 나라에 평균적으로 가용한 것을 의미한다. 과거 농업사회나 산업사회에서는 자원, 자본, 기술, 인력 중 하나만 우위에 있으면 가능하였으나 오늘날 지식사회에서는 모든 나라가 자원, 자본, 기술, 인력을 서로가 교환하면서 가용하는 시대이다.

고 이병철 회장은 최소 10년 이상, 50년을 미리 내다보며 창조경영을 실천한 CEO였다. 외부 정보에 어두우면 새로운 기술을 개발하기 어렵다고 강조했다. 그래서 1960년대 말부터 연인원 1만여 명을 미국, 유럽, 일본 등 선진공업국에 파견하여 기업정보와 신제품 카탈로그 등을 수집하고 기술을 습득하도록 한 것이다. 1983년 반도체사업에 진출하면서 최신 정보를 얻기 위해 도쿄와 미국 실리콘밸리에 "정보센터"를 만들기도 하였다.

지금은 중국의 주요 2개국(G2) 부상 등 세계 질서가 일대 변화하며 패러다임 전환의 시대이다. 우리나라가 과거 선대의 오류를 범하지 않고 일대 성장을 위해서는 단일민족을 탈피하고 외국인을 포용하는 다문화를 인정하면서 EU를 비롯한 중진국 및 선진국과의 FTA를 체결하는 등 글로벌 스탠더드 정신을 가져야 할 것이다.

이제는 우리도 G20개국의 의장국이 된 만큼 이런 변화의 시기에 기회를 꼭 잡아야 하고 바로 지금이 그 적기이다. 따라서 영업에 종사하는 모든 프로세일즈맨들도 자기 자신을 안에만 가두지 말고 국내 타사의 좋은 점과 앞서 가는 외국 영업방법의 벤치마킹을 지속적으로해야만 자신의 발전을 기대할 수가 있음을 유념하여야 할 것이다.

초심을 잃지 말자

우리는 처음 그 마음, 처음 그 약속, 처음 그 각오를 얼마나 지키고 사는 걸까? 회사에 첫발을 내디딜 때만 해도 열심히 하겠다고 결심하지만 얼마 못 가 포기한다. 누구나 처음 마음먹은 것을 처음에는 잘할 것처럼 하다가 힘들면 엄살을 피운다.

"포기하고 싶을 때, 이곳에 첫발을 내디뎠을 때를 기억하라!"

인간은 누구나 최고가 되고 싶어 한다. 최고가 되면 돈도 많이 벌고 시간도 많고 여유로울 줄 알았는데, 최고가 된 사람들은 더 여유도 없고 밥 먹을 시간조차 없이 더 바쁘고 시간에 쫓기며 산다. 최고의 자리에서 내려오지 않으려고 최선을 다하며 살아가고 있다.

선한 사람들이 인정받는 사회, 열심히 일한 사람들이 보상받는 사회, 나보다 어려운 사람을 돕는 사회를 만드는 일은 바로 나 자신부터 시작해야 한다. 그래서 언제나 긍정적인 마음으로 살려고 한다. 그리고 내가 받은 사랑만큼 남에게 되돌려 주기 위해서는 초심을 잃지 말아야 한다.

수년간 한국 최고의 MC로 활동 중인 유재석의 비밀이 풀렸다. 안티 없는 청정 연예인, 국민MC, 남편감 1위 연예인인 품절남 유재석. 그는 어떻게 1위 자리에 올랐을까? 유재석 본인의 말처럼 개인기도 없고, 특별히 잘 생기거나 개그맨처럼 웃기게 생기지도 않았다. 오랜 시간의 무명 시절이 있었고, 비호감 개그맨이던 시절도 있었으나 이제는 명실공히 대한민국 대표 MC로 자리를 잡았다.

대한민국 평균 이하에서 연봉 10억 원 이상을 받는 사람이 되기까지 그만의 성공 비결이 있었다. 그것은 바로 배려심과 성실함, 그리고 초심을 잃지 않는 마음이었다. 유재석은 자기를 낮추고 게스트를 돋보이게 하는 MC라고 한다. 그래서 게스트들은 유재석 옆에 있길 원하고, 유재석 옆에 있을수록 돋보이게 된다. 그건 유재석이 게스트에 대하여 철저하게 분석하고 관심을 두고 연구하여 게스트의 장점을 최대한 돋보이게 하는 질문과 행동을 요구하기 때문이다. 그건 배려심과 성실함이 없다면 절대로 이루어질 수 없는 부분이다.

유재석은 주고 또 준다. 끊임없이 준다. 주는 것이 곧 받는 것이기 때문이다. 상대방에게 양보하고 상대방을 돋보이게 해주며, 상대방을 기분 좋게 해준다. 그것이 유재석이 안티가 없는 이유이기도 하다. 보통은 손해를 보는 기분이 들어 하지 못하는 일들을 기분 좋게 해낸다. 그리고 그것은 부메랑이 되어 자신에게 곱절로 돌아와 지금의 자리에 있게 된 것이다.

하지만 배려심과 성실함을 갖춘 사람들은 많다. 유재석 고유의 장점이라고 하기는 어렵다. 거기에 초심을 잃지 않는 겸손함이 더해지면서 유재석 고유의 장점이 된 것이다. 사람이라는 동물은 어느 정도 위치에 올라가면 어깨에 힘이 들어가게 마련이고, 거만해지고, 올챙이 적 생각을 하지 못하여 초심을 잃는 경우가 대부분이기 때문이다.

어떻게 초심을 그렇게 오래도록 유지할 수 있을까 생각해 보았지만, 쉽게 배우거나 터득할 수 있는 능력은 아니있다. 유재석은 일이 풀리지 않던 무명시절엔 간절히 기도했다고 한다. "내게 딱 한 번의 기회만이라도 주십시오. 만약 딱 한 번의 기회를 주셔서 성공하게 된다면 그 성공에 대해 절대로 조금이라도 내가 했다고 생각하지 않겠습니다. 혹시라도 그 기회로 인한 성공에 대해 내가 한 것이라고 한다면 세상에서 가장 큰 시련과 고난을 주더라도 절대로 나에게 왜 이렇게 가혹하냐고 원망하지 않겠습니다."

그리고 그에겐 긴 무명시절 끝에 단 한 번의 기회가 찾아왔다. 신은 그의 기도를 들어준 것이다. 그리고 유재석은 그 기회로 인해 성공하게 되었고, 지금의 위치에 올라오게 된 것이다. 그는 또 다시 말한다. "매주 한순간 한순간 모든 일에 최선을 다할 수밖에 없는 거죠." 그리고 그는 그것을 단 한 번도 자신의 능력이나 자신의 덕 때문에 성공했다고 생각하지 않았던 것이다.

자신을 내려놓고 자신을 믿는 신께 모두 돌렸기에 그는 초심을 잃지 않을 수 있었고, 초인간적인 길을 걸을 수 있었던 것이다. 그는 또한 지금의 자리에 언제나 있을 수 없다는 것을 알기에 마음의 준비를 늘 하고 있다. 남들은 어떻게 해서든 움켜잡으려 하는 것을 그는 언제든 놓을 준비를 하고 있다.

인간은 누구나 벼랑 끝에 몰렸을 때, 죽음의 목전에 있었을 때 진심 어린 기도가 나오게 되고, 그 기도는 간절함보다 더한 절박함으로 인해 이루어질 가능성은 크다. 또한 성공한 후에도 그 성공을 자신의 것으로 생각지 않으므로 매일 열심히 살 수 있었고, 초심을 잃지 않고 항상 누구보다 겸손할 수 있었던 것이다. 초심을 잃지 않는 능력은 무명시절 어긋나기만 하는 일상 속에서 간절함을 넘어 절박함으로 나아갔을 때, 좌절하거나 포기하지 않고 기도했을 때 나오는 것이다.

2010년에도 여전히 경제적 어려움으로 인해 좌절과 힘든 나날을 살아가는 사람들이 많다. 청년 실업은 더욱 심각해져 88만 원 세대는 77만 원 세대가 되어가고 있다. 물가는 상승하고, 수입은 줄어들고, 일자리조차 사라지는 요즘은 어찌 보면 절망의 시대이고, 좌절의 시대이기도 하다.

개인주의가 팽배하고 물질 만능주의와 외모지상주의가 판을 치는 겉치레 세상에서 인간소외는 더욱 심각해지고 있고, 우리는 고독 속에 살아가며 우울한 삶을 공유하며 살아가고 있다.

그러나 위기는 기회이고, 절박한 순간은 성공의 씨앗이다. 아무나 가질 수 없는 능력인 유재석의 초심을 잃지 않는 능력은 절박한 상황에 있는 모든 사람이 성공할 수 있는 계기가 마련된 셈이기 때문이다.

이우철 생명보험 협회장은 보험업계도 초심으로 돌아가 내실을 강화할 때라고 했다. 시기가 문제라고 하는 출구전략과 금리상승 기조는 더블딥double dip과 수신 경쟁 심화의 우려를 자아내고 있는 현실이다.

　　여기에 미국과 유럽의 금융감독 강화 추세는 앞으로 우리 보험 산업에 어떠한 영향을 미칠지 가늠하기가 쉽지 않다. 길을 잃으면 비록 먼 길을 왔더라도 처음 그 자리로 돌아가야 한다. 우리는 초심이라는 오래된 진리를 오늘의 화두로 삼아 인간존중과 가족 사랑이라는 생명보험의 초심, 그 근본가치를 기반으로 하여 다시 한 번 내실을 강화하고 이를 바탕으로 장기적 성장을 위한 동력으로 발전시켜야 한다.

초심을 잃지 않고 사는 지혜

우리가 아껴야 할 마음은 초심입니다.
훌륭한 인물이 되고 중요한 과업을 성취하기 위해서는
세 가지 마음이 필요합니다.

첫째는 초심, 둘째는 열심, 그리고 셋째는 뒷심입니다.

그중에서도 제일 중요한 마음이 초심입니다.
그 이유는 초심 속에 열심과 뒷심이 담겨 있기 때문입니다.
초심에서 열심이 나오고 초심을 잃지 않을 때 뒷심도
나오기 때문입니다.

초심이란 무슨 일을 시작할 때 처음 품는 마음입니다.
처음에 다짐하는 마음입니다.

초심이란 첫사랑의 마음입니다.
초심이란 겸손한 마음입니다.
초심이란 순수한 마음입니다.
초심이란 배우는 마음입니다.
초심이안 견습생이 품는 마음입니다.

초심이란 동심입니다.
피카소는 동심을 가꾸는 데 40년을 걸렸다고 말했습니다.
그래서 초심처럼 좋은 것은 없습니다.

가장 지혜로운 삶은
영원한 초심자로 살아가는 것입니다.

우리가 무엇이 되고 무엇을 이루었다고 생각할 때가
가장 위험한 때입니다.
그때 우리가 점검해야 할 마음이 초심입니다.
우리 인생의 위기는 초심을 상실할 때 찾아옵니다.

초심을 상실했다는 건 교만이 싹트기 시작했다는 것입니다.
마음의 열정이 식기 시작했다는 것입니다.
겸손히 배우려는 마음을 상실해 가고 있다는 것입니다.

초심을 잃지 않기 위해서

우리는 정기적으로 마음을 관찰해야 합니다.

초심과 얼마나 거리가 떨어져 있는지

초심을 상실하지 않았는지 관찰하여야 합니다.

초심은 사랑과 같아서 가꾸지 않으면 안 됩니다.

사랑은 전등이 아니라 촛불과 같습니다.

전등은 가꾸지 않아도 되지만

촛불은 가꾸지 않으면 쉽게 꺼지고 맙니다.

기본으로 돌아가라
(Back to the basic)!

"산에서 길을 잃으면 골짜기를 헤매지 말고, 높은 곳으로 올라가라!"라는 말이 있다. 높은 곳에 올라가면, 길이 보인다. 무슨 뜻인가? "기본으로 돌아가라!"는 말이다. 방향을 잃었을 때 북극성을 보듯이, 기본으로 돌아가면 길이 보인다.

어려울수록 기본으로 돌아가야 한다. 그래야 우리 후손들에게 빚을 물려주지 않는다는 것을 알아야 한다. 베스트셀러 "일 년만 미쳐라"의 저자 강상구 씨는 "어려울수록 기본에 미쳐라!"라고 역설하며, 어렵고 힘든 시대 속에서 성공으로 가는 지름길은 바로 기본이라고 했다. 위기 속에서 흔들리지 않는 진정한 성공의 비결이란 초심으로 돌아가 기본에 충실한 것임을 일깨워주고 있다.

그는 기본의 중요성을 강조하는 데 그치지 않고 "기본형 인간"이 되기 위해 갖춰야 할 실천 덕목 8가지를 구체적으로 풀어 놓고 있다.

긍정, 의지, 초심, 디테일, 습관, 노력, 반복, 인내에 대하여 다루며 언제 어디서든지 진정한 프로가 되기를 바란다면 기본에 미칠 것을 당부하고 있다.

기본은 입문이나 기초가 아니라 전부다

알맹이가 기본이고 기본을 알아아 프로가 될 수 있디. 기본을 일고 있어야 추월이 가능하고 허드렛일을 충실히 하는 것이 성공의 기본이다. 2002년 한·일 월드컵 4강 신화는 결코 우연이 아니라, 명장 히딩크의 철저한 기본 훈련, 즉, 체력 훈련과 패스 연습 그리고 우리 선수들의 정신력에 기인했음을 우린 이미 잘 알고 있다. 성룡(청룽)주연의 무협 영화를 보더라도, 이른바 도사들은 장작패기, 물 긷기, 빨래하기, 밥 짓기 등의 기본 훈련에 주력한 다음 무술 훈련을 시킨다. 투덜거리며 따라하던 성룡은 결국 무술의 달인이 되어 멋진 활약을 펼친다. 뛰어난 요리사의 성공 스토리를 살펴보아도 본격적인 요리에 입문하기전, 그들이 가장 먼저 하는 것이 설거지와 청소였다. 멋지게 붓글씨를 쓰기 위해서는 붓을 깨끗이 닦고, 벼루에 먹을 정성스레 갈아야만 할 것이다. 이런 것들이 바로 기본이다.

문제가 생겼을 때 기본으로 돌아가야 답이 보인다

기본이 바로 잡혀 있는지 점검해 보고 어려운 일이 닥칠수록 차분한 마음을 가져라. 복잡한 일에 빠졌을 때 우선순위를 정하여 빠져나

오는 훈련을 해야 한다. 짐을 잔뜩 실은 대형 트럭이 적재한 짐 때문에 지하도로에서 끼이고 말았다. 뒤따르던 차량이 모두 급정거하면서 교통 혼란이 발생하자 경찰이 출동했다. 차를 빼낼 방법을 궁리하고 있을 때 이를 흥미롭게 지켜보던 꼬마가 트럭 운전사에게 귓속말로 속삭였다. "타이어의 바람을 빼 보세요." 드디어 공간이 생기면서 사고 트럭은 무사히 지하도를 빠져 나왔다. 이렇듯 문제가 생겼을 때엔 기본으로 돌아가야 해결의 실마리와 답이 보이는 법이다.

기본을 건너뛴 자는 반드시 무너지고 만다

기본이 부족하면 곧 한계에 부딪히고 말로만 하는 안전제일의 끝은 비참해진다. 무심코 무시한 기본이 큰 화를 부르며 기본을 잃어버린 실수는 치명적이다. "사상누각"이라는 말이 있다. 말 그대로 모래 위에 지은 집이다. 모래 위에 지은 집은 쉬이 붕괴하게 마련이다. 이 말은 기초가 약하여 오래가지 못함을 뜻하는 사자성어이다. "허버트 하인리히"는 1920년대에 미국의 여행보험회사에 다니고 있었다. 그는 이 회사의 엔지니어링 및 손실 통계 부서에 근무하면서 업무 성격상 많은 사고 통계를 접하게 되었다, 그래서 실제 발생한 75,000건의 사고를 정밀 분석하였는데, 그 결과가 무척 흥미로웠다. 그는 산업재해에 대한 분석 결과물을 정리하여 1931년에 「산업재해 예방」이라는 책을 발간하였다. 이 책에서 재해에 의한 피해 정도를 분석해 큰 재해와 작은 재해 그리고 사소한 사고의 발생 비율이 어떠한지를 숫자상으로 명확히 밝혀냈는데, 그 비율이 바로 1:29:300이었다.

　"1대29대300" 법칙이 오늘날 "하인리히 법칙"이라 일컬어진다. 이를 자세히 살펴보자. "하인리히"는 산업재해가 발생하는 과정에서 큰 재해가 한번 발생한다면 그전에 같은 원인으로 발생한 작은 재해가 29번 있었고, 또 운 좋게 재해는 피했지만 같은 원인으로 부상을 당할뻔한 사건이 무려 300번이나 있었다는 것을 밝혀냈다.

　예를 들면, 비록 오래된 일이었지만 지난 1995년 6월에 발생한 삼풍백화점 붕괴 사건도 모두가 텅텅한 기본이 되질 않아 일어난 대표적인 대형 재해이다. 이 건물은 지어질 당시부터 문제가 많았다. 옥상에 76톤가량 되는 설비장치를 설치하여 원래 설계하중의 4배를 초과하였고, 마땅히 들어가야 할 철근이 무더기로 빠져 있었다. 이러한 부실시공과 더불어 허술한 관리가 추가되어, 천장에 금이 가거나 옥상 바닥에 치명적인 손상을 입히는 등 숱한 작은 징후들이 포착되었다(300의 잠재적 요소). 그 결과 붕괴 사고가 있기 전부터 에어컨의 진동 소리에 관한 고객의 신고가 들어오고 벽에 곳곳에 균열이 크게 늘어 붕괴 위험이 있다는 내부직원의 신고와 전문가의 진단을 숱하게 받았지만 별다른 대책을 세우지 않았다. 이런 잠재적 요소에 대한 무시는 결국 1,000명의 사상자를 낸 대형사고로 이어졌다. 따라서 어렵고 힘들수록 더욱 기본에 충실하여야 함은 두말할 나위도 없다.

　일본 동경 긴자 번화가의 뒷골목에 있는 라면 전문 식당 「테호쿠」는 외간상으로 보면 한국의 허름한 기사 식당을 연상시킨다. 카운터와 개인 의자가 10개 있고 테이블도 4개에 불과하지만 아침부터 저녁까지 손님이 끊이지 않는다. 점심과 저녁시간에는 30분에서 1시간을 기다려야 겨우 비집고 앉아 라면 한 그릇을 먹을 수 있다. 이 식당은 오래전 30대 초반의 장남 "히로시 도요마스"가 가업을 이어받았는데 그는 명문 게이오 대학을 졸업한 후 대기업에서 높은 연봉을 받던 장래가 촉망되는 인재였다. 그는 5년 전 직장을 그만둔 후 아버지로부터 조리법을 전수받았다. "라면은 국물이 생명인데 앞으로 10년은 더 공부해야 아버지가 냈던 국물맛을 낼 것 같다"라고 겸손해했다. 이 식당은 1802년 오사카에 처음 문을 열었으니 올해로 208주년을 맞게 된다. 장남은 이 식당의 21대 주인이다. 일본에서는 이 같은 200년 내지 심지어 300년이 된 우동집, 라면집들이 많다. 일본에는 100년 이상의 역사를 지닌 업소와 회사만도 5,000개가 넘는다고 한다. 이렇듯 오랫동안 가업을 이어받는 일본인들의 유별난 장인정신에는 기본에 충실한 그들의 변함없는 자세가 밑바탕에 깔렸기 때문에 가능하다.

지난해 PGA챔피언십에서 강력한 우승후보였던 "타이거 우즈"를 물리치고 역전 우승을 차지한 우리의 호프 "양용은" 프로는 외국 스포츠 기자들과의 인터뷰에서 기자들이 우승 비결을 묻자 간단명료하게 대답했다.

"기본에 충실했다!"가 "양용은" 프로의 주장이었다. 모든 스포츠에서 기본을 완전히 해놓지 않고 적당히 운동하면 다음 단계로 진전되지 않을뿐더러 세계적인 선수로 발돋움은 생각도 못 할 일이고 몸에 무리가 와 몸 전체를 망가트리는 결과를 가져온다. "양용은" 프로는 고질적인 훅을 고치기 위해 "김미현" 프로의 사부인 "브라이언 모그"에게 레슨을 받고 강하게 잡는 스트롱 그립에서 중간 정도의 뉴트럴

그립으로 바꾸면서 스윙이 부드럽고 일관성 있게 되었다는 것이다. 골프에서 그립의 중요성은 아무리 강조하여도 지나침이 없을 정도로 중요하다. 그립은 골프의 기본 중의 기본이기 때문이다.

"기본으로 돌아가라!" 이 말은 골프뿐만 아니라 우리의 세상사에도 통하는 진리라고 생각한다. 우리의 옛말에 "느린 것 같지만 지름길이다"라는 명언을 다시 한 번 음미해 볼 필요가 있다.

기본에 충실하기 위한 8가지 핵심지침

▨ 나를 사랑하는 것이야말로 인생의 기본이다. 〔긍정〕

당신의 생각과 노력을 현재에 집중하고 현재는 당신의 생각 속에서 잉태된 것이다. 고로, 당신만의 긍정적인 메아리를 만들고 당신은 구경꾼이 아니라 프로라고 생각하라.

▨ 나와의 타협에 적당히 익숙해지면 기본이 흐트러진다. 〔의지〕

당신과의 경쟁에서 이기고 삶의 원칙을 생각하며 자신만의 지켜야 할 룰을 가져라. 그리고 의지를 강하게 하고 자신과 타협하지 말 것이며 착각의 늪에서 빠져 나와라.

▨ 처음의 그 떨림, 그 긴장을 잃지 마라. 〔초심〕

항상 초심을 일깨우며 기간을 짧게 해서 천리마처럼 달려라. 그리고 초심을 수시로 기억하며 자만심에서 벗어나라.

■ 꾸준히 실천해야 습관이 된다. 〔습관〕

우선 일의 순위를 정하고 일과표를 만들어 낭비하는 시간을 줄이면서 하루를 반성하는 일기를 쓰는 습관을 지녀라. 책 속에서 기본의 길을 찾고 다양한 지식 함양에 게을리 하지 마라.

■ 일상의 사소함은 절대 사소하지 않다. 〔디테일〕

작은 일에도 정성을 다하고 매사를 잘 마무리하라. 약속시각 10분 전에 가서 기다리며 하루를 반성하고 책 속에서 기본의 길을 찾아라.

■ 힘들더라도 한 발자국만 더 뛰어라. 〔노력〕

이 세상에 땀 흘리지 않고 얻는 것은 없다. 노력하려면 방향을 정하여하고 안 되는 일에 대한 고민은 하지 마라.

■ 거듭된 연습과 훈련은 배신하지 않는다. 〔반복〕

연습은 전문가로 가는 기본이며 반복 연습에 미친 사람이 성공하고 최고가 된다. 그리고 훈련이라는 준비 단계를 철저히 하고 비로소 작은 훈련이 모여 큰 결실을 이룬다.

■ 서두르지 말고 차근차근 하나씩 완성해 가라. 〔인내〕

인내는 기다림이며 숙성의 기간을 거쳐야 한계를 돌파한다. 그리고 목표와 소망이 있는 사람이 성공하며 피할 수 없는 고통은 변화의 기회로 삼아라.

인간관계에서 내가 베푼 만큼 받게 마련이다. 주고받는 인간관계의 진리를 이해하고 언행을 일치하여 신용을 쌓아야 한다. 특히 영업에서 친절은 기본이다. 아무리 작은 고객이라도 충성을 다해야 한다. 주변의 사람들을 자신의 협조자로 생각하고 모든 사람을 자신의 성장 기회로 잘 이용하라. 항상 활동이 왕성한 사람에게는 기회가 오게 마련이며 그 기회를 놓치지 않으려면 기본에 충실한 준비가 되어 있어야 한다.

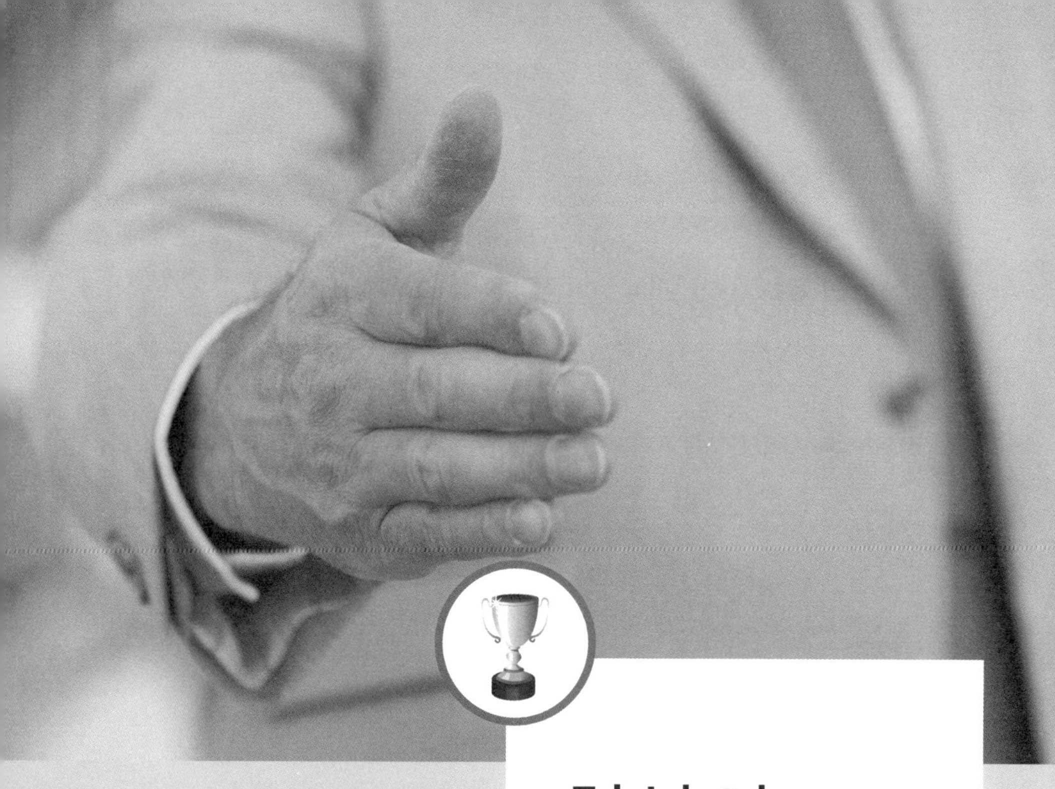

최상의 보험영업은 **소개영업** 이다

보험영업채널의 **변화**는 바람직한가 ?

　　보험회사의 영업은 과거에는 대면 채널인 설계사와 대리점 위주의 영업이었으나 최근에는 이와 더불어 TM, BANCASSURANCE, HOME SHOPPING, DM, CYBER MARKETING(인터넷 판매), 보험 SHOP(마트 슈랑스 등), 전화판매, 제휴판매 등 비대면채널로 다원화되었다. 최근에는 보험 모집 조직이 다원화됨에 따라 더욱 선진적으로 바뀔 필요가 있다는 지적이 나와 관심을 끌고 있다.

　　우선 영업채널의 다원화가 요구되고 있는 오늘날의 보험 산업 환경을 더듬어 보고 문제점과 가장 시급한 현안이 어떤 것이 있는지 살펴보기로 한다.

　　보험업계도 격동의 시기를 넘겼지만 앞으로도 계속하여 변화가 예상되며, 성장은 하겠지만 예년과 같지는 않으므로 각 보험회사 임직원들은 긴장의 끈을 놓지 말아야 할 것이다.

보험연구원은 FY2010 중 생명보험은 회복세가 가시화될 것이며, 손해보험은 두 자리 성장세를 지속할 것이라는 전망을 하였다. 우선 국내경제는 세계경제 회복에 따른 수출 증가와 민간소비 및 설비투자의 빠른 회복으로 FY2010에 5.3%의 성장세를 보일 것으로 예상했다.

금융연구원도 성장성과 수익성 모두 전년에 비해 개선되겠지만 그 폭은 제한적일 것으로 전망했다. 이에 따라 보험회사들은 새로운 성장 영역 발굴, 자산운용경쟁력 제고, 리스크관리 강화, 신뢰도 제고 등의 더욱 적극적인 대처가 필요하다고 밝혔다.

2010년 보험업계의 최대 관심사 중 하나가 퇴직연금이다. 2011년부터 5인 미만 사업장을 비롯해 모든 기업들이 퇴직연금을 의무적으로 도입해야 하기 때문에 늦어도 연말까지는 새로 연금에 가입하거나 기존 퇴직보험을 연금으로 전환해야 한다. 퇴직연금시장은 제도 의무 도입을 앞두고 급팽창이 예상되는데 금융권 간의 계약유치 경쟁이 더욱 치열해질 것이고 교차판매, GA, 방카슈랑스, TM 등 신채널의 비중은 올해도 증가세가 이어질 확률이 높다.

이에 따라 보험은 물론 은행, 증권 등 모든 금융권이 퇴직연금 시장에 역량을 집중하고 있어 치열한 경쟁이 예상되고 있다.

전통적으로 앞만 보고 설계사 신분에서 영업을 하던 많은 FC들이 수수료 수입이 나은 GA로 전환한다든지 최근에 와서 생명보험사들의 방카슈랑스채널 의존도가 70%에 육박하는 것은 크나큰 우려 사항이 아니라 할 수 없다. 기존 전속 대면 채널에 의존하던 것에서 벗어나 수입원을 다각화한다는 명분하에 방카채널의 비중이 지나치게 높아지는 것은 회사의 사업비 부담을 초래하여 언젠가는 독이 될지도 모르는 상황에까지 이르고 있다.

특히 방카의 의존도가 높은 회사를 살펴보면 카디프생명이 99.94%, 하나HSBC생명이 99.13%, KB생명이 98.0%, AIA생명이 88.32%, 알리안츠생명이 77.97%, 동양생명이 74.37% 등 생명보험사의 은행 예속화가 우려되고 있다.

한편 지난 FY2007년 방카비중이 삼성생명 7.25%, 교보생명 16.7%, 대한생명 18.1%에 불과하였으나 FY2010년에 들어와서는 삼성생명 32.29%, 교보생명 43.88%, 대한생명 32.25%로 점차 확대되어 가고 있다. 일부 생명보험사 관계자들은 월납초회보험료가 중요함을 인식하고 있지만 정책적으로 많은 자금이 필요할 시 저축성 일시납을 강하게 추진하기 때문에 일시납 계약에 대하여 크게 문제될 것이 없으며 큰 의미를 부여하지 않고 있다. 그러나 보험회사의 방카 의존도가 높을수록 사업비가 증가하고, 일시납의 과다 유치시 오늘날과 같은 저금리 시대에는 장래에 역마진이 예상되며 지급여력의 부담증가와 회사의 재무구조에 악영향을 끼칠 수 있기에 리스크 관리에 만전을 기하여야 할 것이다. 상품이나 고객의 특성에 맞게 다양한 채널을 이용하는 것이 아니라 지나친 외형 경쟁으로 새로운 위기를 자초할 수 있기에 보험사 간의 과열경쟁을 자제해 은행이나 GA 등과의 거래에서 공정성을 확보할 수 있는 상품과 제도를 시급히 마련하여야 하겠다.

한편, 금융감독원은 최근 보험이나 펀드 등 금융상품의 불완전판매로 세 번 이상 소비자 분쟁을 일으킨 보험세일즈맨들을 퇴출시키는 삼진아웃제도를 올해 안에 시행하겠다고 하였다.

2010년 4월부터 홈쇼핑, 전화, 컴퓨터 등 통신판매를 통해 가입한 보험의 철회 기간을 기존 15일에서 30일로 늘리기로 했다. 또 불완전판매 등 보험회사의 잘못이 있을 경우 소비자가 계약을 해지할 수 있는 기간도 3개월에서 6개월로 확대되었다. 이렇듯 고객의 신뢰확보 필요성과 판매자 책임 강화가 갈수록 크게 요구되고 있다.

그리고 최근 판매 채널을 확대하고 있는 보험사들이 앞으로도 이 같은 추세를 이어갈 것으로 보인다. 특히, 금융위기로 2009년 큰 폭의 영업실적 부진을 경험했던 생명보험회사들은 매출 증대를 위해 2010년부터 본격적인 영업을 펼치면서 다양한 채널을 운영할 것으로 전망된다.

보험회사의 각 판매채널이 거두는 실적은 상황에 따라 등락을 보인다. 따라서 안정된 판매량을 갖추기 위해서는 새로운 판매채널이 필요하고 이 같은 필요성에 따라 보험회사의 채널 다각화 전략도 확대되고 있는 추세이다.

그러나 신채널의 등장은 더욱 많은 불완전판매, 과도한 금리 경쟁 및 회사 간의 과당경쟁으로 부당한 지원과 변칙수수료 제공 등 문제점을 야기시키고 있는 현실이다. 따라서 필자는 지금까지 그래도 건전하게 성장 발전해온 우리나라의 전통적인 설계사 위주의 영업만이 보험회사의 장래를 보장할 수 있다고 믿었고 앞으로도 그럴 것으로 생각한다.

금융기관 보험대리점 허용 등으로 다양한 경제조직이 보험 모집에 참가하고 있다. 중소 규모의 대리점 통합, 대기업의 보험 모집 사업 진출, 금융기관 대리점의 확대 등에 힘입어 모집 조직이 대형화 및 독립화 경향이 두드러지고 있다.

그러나 모집조직의 다원화와 확충에도 대리점과 설계사들의 허위, 과장광고 등으로 소비자피해가 양산되고 있는 현실이다. 그리고 보수교육 미흡, 모집조직의 직접적 배상 책임 부재 등으로 인해 점차 확대되고 있는 비대면채널의 불완전 판매로 소비자피해 가능성이 증가하고 있다. 특히 보험설계사, 모집사용인 등에 대해서 보수교육이 자율에 맡겨 있어 제대로 이루어지지 못하며, 판매자의 윤리교육도 적절하게 이루어지고 있지 못하고 있는 실정이다.

한편, 보험회사 간 과도한 경쟁 등으로 선 지급 수당이 확대됨에 따라 일부 모집종사자는 보험료 대납, 경유처리 등과 같은 방법으로 모집질서를 어지럽히고 있다. 금융기관대리점이나 대형법인대리점은 배상 자력이 충분한데도 불구하고 직접적인 배상 책임이 없어 불완전 판매를 유발할 가능성이 큰 것도 오늘의 현실이다.

이 중에서도 우리나라 보험회사의 주력 판매 방법은 생명보험회사나 손해보험회사나 설계사 영업 조직과 대리점 영업 조직이다. 건전한 회사는 그 어떤 영업 채널보다도 설계사 위주의 영업채널이 건실해야 굴곡이 없는 탄탄한 회사로 발돋움 할 수 있다고 생각한다.

모든 설계사나 대리점대표님들이 처음 보험을 시작할 때면 그 누구도 영업에 자신 있는 사람은 없다. 보험을 권유할 만한 "고객도 없고, 갈 데도 없고", 경험이 없으므로 "판매기술도 없고", 더더군다나 "자신감도 없다"는 것이 대다수이다.

대다수의 설계사나 대리점은 초기엔 교육을 받은 후 교육을 받은 대로 개척영업을 하기보다는 연고계약에 매달리는 것이 상례이다. 과거엔 보험사들이 "대량증원" 그리고 "대량탈락"의 정책으로 이를 악용해 왔기에 아직 보험에 대한 부정적인 인식이 남아 있다. 한국은 본인이 필요에 의해 "보험 가입하는 것이 아니라" 알고 있는 사람이 보험영업을 시작하였다 하니 과거의 정리를 봐서 어쩔 수 없이 "보험을 들어 줬다"고들 한다. 이것을 불식시키지 않는 한 우리가 흔히들 말하는 "완전판매"는 이루어질 수 없으며 "불완전판매"로 인한 부실계약이 양산될 수밖에 없다.

프로세일즈맨의 특별한 성공법칙

러브셀링 — 세일즈는 고객과 하는 연애다

영업이란 사람을 얻는 일이요, 사람을 설득하는 일이다. 하지만 기본적으로 설득하겠다는 의지가 있어야 목표를 향해 도전할 수 있다. 그런데 대부분의 사람들은 이런 의지 자체를 꺼림칙하게 생각한다. 사람을 설득하겠다는 생각 자체가 올바른 것일까? 타인의 의지를 좌지우지하겠다는 생각이 윤리적으로 정당한 것일까? 고객을 연인으로 만드는 기술, 러브셀링(Love-Selling)은 이런 윤리적 차원의 망설임을 박차고 나오는데 그치지 않고 한 걸음 나아가 인간의 커뮤니케이션을 아마추어 수준에서 프로 차원으로 발전시키는 개념이다.

모든 인간은 커뮤니케이션을 한다. 인간은 누구나 올바른 사교법과 그릇된 사교법, 둘 중 하나를 터득하게 되어 있다. 다시 말해, 이 두

가지 형태의 능력은 습득되는 것이다. 그 말이 맞다면 커뮤니케이션 방법도 정식으로 배우고 직접 체험해 보아야 하는 대상이라고 생각해야 옳다. 사교성이 없는 사람들이 흔히 늘어놓는 변명이 있다. "나는 원래 그래! 태생이 그런 걸 어떡하라고!" 이런 말로 태도 변화의 가능성을 회피하려는 것이다.

하지만 커뮤니케이션 능력은 신이 내린 선물이 아니다. 자연이 만든 기적도 아니고, 유전적인 특권도 아니며, 순간의 날씨 탓은 더더욱 아니다. 따라서 남보다 떨어지는 커뮤니케이션의 능력은 배움을 통해 얻어진 잘못된 전략에 그 뿌리가 있다.

만약 고객이 영업사원의 충고를 받아들이지 않을 경우 영업사원은 이렇게 생각할지도 모른다. "정말 못 말리겠어, 사람 말을 못 알아듣는다니까." 하지만 고객이 영업사원의 충고를 거절한 진짜 이유는 영업사원이 사용한 커뮤니케이션 전략이 잘못되었기 때문이다. 이때는 전략을 바꾸어야 한다.

사랑에 빠진 연인들의 행동이 고객과 영업사원의 관계와 비슷하다고 생각해야 한다. 좀 더 쉽게 말하자면 영업사원 역시 사랑에 빠진 연인의 커뮤니케이션 방식을 고객에게 사용하여야 한다는 것이다.

고객과 사랑에 빠진 영업사원의 태도는 다음과 같아야 한다.

- 러브셀링은 고객에게 진심으로 다가가라고 요구한다.
- 러브셀링은 아이디어와 제품, 서비스로 고객의 마음을 사로잡는다.

- 러브셀링은 고객에게 계속해서 좋아한다고 말하는 것이다.
- 러브셀링은 고객이 느끼고 있는 미래에 대한 두려움을 덜어준다.
- 러브셀링은 긍정적인 미래의 비전, 신뢰, 신용과 안전을 제공한다.
- 러브셀링은 고객과의 관계에서 거듭 흥미로운 점을 발견하게 한다.
- 러브셀링은 계산이 끝난 후에도 고객에게 기쁨을 계속 선사한다.

프로세일즈 기법

**감정이
결정한다**

고객의 행동을 이해하려면 우선 인간의 의지가 형성되는 과정을 알아야 한다. 결국 영업사원의 제안을 받아들이겠다는 고객의 결정은 일종의 고객 의지의 표현이기 때문이다. 한 인간의 의지는 이성과 감정에서 나오는 것이다. 세일즈맨의 충고를 따를 것인지 말 것인지를 선택하는 고객의 결정은 5%의 이성과 95%의 감정에 의해 내려진다. 여기서 감정과 이성이 엄청난 불균형을 보인다는 사실은 특기할 만하다.

그러므로 고객의 합리적인 결정을 유도하기 위해 이성에 호소해야 한다고 믿는다면 큰 오산이 아닐 수 없다. 유능한 영업사원이라면 고객의 감정에 호소하는 법을 배워야 할 것이다. 대부분 고객은 상품이나 서비스의 품질을 파악하는 전문적인 자질이 부족하다. 그러므로 고객이 영업사원의 권유를 받아들이느냐 마느냐는 동기 유발, 즉 신뢰의 문제일 수 있다.

- 갑자기 기대하지 않았던 일이 일어날 때 강렬한 감정이 생긴다.
- 향수병처럼 여러 감각을 동시에 자극해야 강렬한 감정이 생긴다.
- 기다리던 소망이 충족되는 시점을 미루어야 강렬한 감정이 생긴다.
- 긴장을 연출해야 강렬한 감정이 생긴다.
- 손으로 직접 쓴 연애편지처럼 대하여 줄 때 강렬한 감정이 생긴다.

동기가 행동을 좌우한다

어떤 행동이 있기 위해서는 그에 합당한 동기가 있어야 한다. 인간의 행동에는 수많은 동기가 깔렸다. 그중에서 최고의 동기는 무엇일까? 아마도 인간이 가지고 있는 두려움, 즉 원초적 공포가 아닐까 한다.

인간은 태초부터 배고픔과 목마름과 머무를 집이 없는 것에 대한 두려움을 느껴왔다. 이런 3가지 원초적 공포는 인간 활동을 설명하는 밑거름이자 동기 유발의 기초라 할 수 있다. 3가지 원초적 공포는 인정과 존경을 받고 싶은 욕구, 안전을 보장받고 싶은 욕구, 호기심을 만족시키고 싶은 욕구, 의지할 곳이나 관계를 향한 욕구, 재산을 모으고 싶은 욕구, 사랑을 향한 동경, 안락함의 욕구, 건강 유지의 8가지 욕구로 세분할 수 있다.

인간이 어떤 물건을 사고 싶다는 욕구를 느낄 때는 그 물건이 추상적인 돈을 소유하는 것보다 많은 이익을 얻을 수 있다고 생각되는 경우이다. 하지만 이런 가상의 이익은 당장 깨달을 수 있는 것이 아니기 때문에 충분한 설명으로 그 이익을 납득시켜야 한다. 이렇듯 납득을 시키는 것, 그것이 바로 세일즈맨의 임무이다. 정확한 관찰을 통해 고객의 동기 유발 구조를 찾아내고 고객의 욕구에 맞는 표현법을 구사하도록 노력하라. 고객 개개인의 특수한 상황에 맞추어 활용할 수 있는 다양한 표현법을 갖추고 있다면 어떤 상황에서도 신속하게 대처할 수 있을 것이다.

자기중심적 언어를 피하라

언어와 행동의 중심에 고객을 세워야 한다. 프로 영업사원이라면 오늘부터 나와 관계된 말은 절대 사용하지 말아야 한다. 대신 고객을 앞세워야 한다. "나"라는 표현법 말고도 또 다른 자기 중심적의 표현법이 있다. 바로 "우리"라는 표현법이다. 영업사원의 "그건 우리가 보장하겠습니다."라는 말을 들으면 "우리"는 대체 누구일까? 라는 궁금증이 유발된다. 불분명한 "우리"라는 표현 대신 고객이 분명하게 알아들을 수 있는 구체적인 이름, 즉 회사의 이름이나 자신의 이름을 사용하면 된다. 어쩔 수 없이 "우리"라는 표현을 사용해야 할 경우에는 함께라는 표현을 사용하면 더욱 자연스럽다.

고객이 선호하는
감각을 활용하라　인간은 볼 수 있고, 들을 수 있고, 만질 수 있고, 냄새와 맛을 느낄 수 있다. 이런 감각은 사람에 따라 강도의 차이가 있다. 다른 사람에 비해 후각이 발달한 사람이 있는가 하면 남보다 상상력이 뛰어난 사람도 있다. 그런데 아주 중요한 점이 남았다. 한마디로 요약하면 언어는 귀만을 자극하는 것이 아니라는 것이다 우리가 듣는 모든 정보는 일단 귀를 통해 수신되지만, 그 이후에는 곧바로 다른 감각들과 연결되고 이 다른 감각들을 통해 가공되고 해석되며 가치가 평가된다. 하지만 메시지를 보내는 쪽이나 받는 쪽도 여러 가지 감각 중 특히 하나의 감각을 선호하는 경향이 있다. 이런 원리를 영업사원과 고객과의 대화로 연결해 고객이 메시지를 송신하거나 수신할 때 선호하는 감각을 파악해야 한다. 대화가 안 될 경우에는 오해의 소지가 있고, 대화가 잘 될 때에는 고객은 기분 좋은 호감을 표시할 것이다.

자기혁신을 통하여 고객을 설득하라

프로들은 자기관리와 혁신을 통하여 정신적 무장을 함으로써 스스로의 가치와 목표를 분명히 한다. 자신의 가치를 인식하고, 스스로 목표를 설정하지 못한다면 일선에서 영업활동을 할 수 없다. 그리고 자기가 알고 있던 연고영업이나 개척 영업을 포함하여 소개영업과 각종 세미나나 이벤트 등을 통하여 스스로의 고객을 발굴하고 개발해 나간다.

　그런 후 고객에게 접근하는 방법을 어렵고 난감하게 생각하면 더 어렵고 어려우니만큼 더욱더 친근감을 가지고 고객으로 하여금 나를 기다리도록 하여야 소개나 계약 과정에서 우위에 설 수 있게끔 유도해 나간다. 고객과의 계약 체결을 위한 단계로 접어들면 고객의 DNA를 파악하고 고객이 좋아하는 것이 무엇인지, 취미는 무엇인지, 기념일은 언제인지 등등을 챙겨 고객이 원하는 맞춤형 세일즈로 고객을 설득함으로써 성공 영업의 원동력이 되도록 한다.

최상의 보험영업은 소개영업이다

대부분의 설계사는 누구나 손쉽게 할 수 있는 연고영업이나 무조건 몸으로 부딪치는 개척영업을 해왔다. 그러나 가족들의 반대와 개척영업 부진으로 진통을 겪어 왔다. 그렇다면 이들의 성공마케팅의 비결은 무엇일까? 그것은 소개영업에 전력을 기울여야 한다는 것이다. 소개영업은 전 세계 TOP 세일즈맨들이 채택하고 있는 최고의 영업방식이다. 고객의 꼬리에 꼬리를 무는 세일즈 기법이 바로 소개영업이다. 누구든지 소개영업을 완벽하게 구사하면 험난한 세일즈 격전장에서 반드시 성공의 깃발을 휘날릴 수 있다.

미국 플로리다 주의 어느 한 연구기관에서 조사한 바로는 다른 사람으로부터 소개받은 사람 중 약 60~80%가 상품을 구매하였다고 한다. 그들은 잠재고객들보다 평균 25%를 더 많이 구매하였을 뿐만 아니라 또다시 다른 사람들에게 소개할 가능성이 예상고객들보다 4배 이상이나 더 높았다고 한다. 이처럼 다른 사람을 소개해 주었을 때 소개의 위력은 매우 크다. 시너지 효과 또한 그 어떤 마케팅 수단보다도 강력하다. 소개를 받아 내는 기술과 그 기법을 터득하여 필드에서 유효하게 적절히 활용할 줄 아는 능력이야말로 세일즈 성공을 보장한다.

소개 활동이란 고객이 상품을 구매했든 안 했든 간에 그간 친숙관계를 맺은 고객을 협력자로 만들어 그 중 영향력을 가진 충성고객Key-man을 통하여 다른 사람이 소개로 이루어지는 계약을 말한다. 소개방법에는 소개자가 동행하여 소개해 주는 동행 소개방법, 즉석에서 전화로 소개를 받는 전화 소개방법, 소개자의 명함이나 소개장을 소지하여 접근하는 방법, 친목회, 동창회, 동호회 등의 모임에서 협력자로부터 소개받는 방법이 있다.

난 항상 잘 아는 지인에게는 절대로 보험을 권유하지 말라고 단언해 왔다. 잘 아는 사람에게 보험을 권하면 현재의 형편을 고려했을 때 전혀 내키지도 않는데도 불구하고 아는 처지에 어쩔 수 없이 마음에도 없는 보험에 가입하고 이를 유지하기 위하여 보이지 않는 어려움 때문에 서로의 관계가 소원해질 수 있음을 자주 보아 왔기 때문이다.

본인이 알아서 보험이 필요해서 보험가입을 자청한 경우엔 예외이긴 하지만 지인에게는 보험을 권유하기보다는 그들이 알고 지내는 사람들을 소개해 달라고 부탁하는 것이 훨씬 효과적이라고 주장해 왔다.

먼저 하얀 A4 용지 한 장을 책상 위에 놓고 아무 생각 없이 지금까지 살아오면서 가장 나와 인연이 있다고 생각하는 사람 100명을 적어 보라. 그게 학연이든, 친척이든, 전 직장에서 만났던 사람이든 상관없다. 그렇게 생각나는 사람들을 5등급으로 구분하여 A, B, C, D, E급으로 분류한 후 방문 일정을 잡아 보험 가입을 권유하기보다는 그들의 주변 인물을 알아본다.

A등급으로 분류된 사람들은 나와 평소에 아주 밀접한 관계를 항상 유지하고 있는 사람으로서 개인적인 고민도 허심탄회하게 이야기할 수 있고 웬만한 부탁은 마다하지 않는 사이로 규정하자. B등급은 상당히 오랫동안 인연을 맺어 왔으나 아주 막역한 사이라고는 볼 수 없는 관계이며, C등급은 아는 사이이긴 하나 마음 터놓고 사적인 이야기를 하는 관계는 아닌 사람으로 생각하면 된다. D등급은 동창회나 각종 모임에서 명함만 주고받은 그냥 인사만 하는 그저 그런 사이이며, E등급은 지금까지 눈인사만 나눈 사이로 상대방의 이름과 직업 정도만 아는 사람으로 분류한다.

이렇게 분류한 사람들로부터 새로운 고객을 소개받기 위해서는 A등급보다는 B등급에 2배의 노력을 기울이고, B등급보다는 C등급에 3배 이상의 노력을 기울이고, C등급보다는 D등급에 5배 이상의 노력을 기울여야 할 것이다. 그리고 E등급은 아주 먼 장래의 잠재고객으로 남겨둔다.

무한연쇄 소개법은 한번 자신에게 계약을 체결해준 고객이나 체결은 하지 않았어도 호의를 나타낸 고객에게 계속 지인을 소개받는 방법이다. 즉, 설계사가 고객의 신뢰를 얻어 가망고객을 소개받고, 또 소개받은 가망고객이 다른 고객을 연쇄적으로 소개해 주는 릴레이식 소개방법이다. 마치 고리가 연결되듯 끊임없이 소개가 연결되어 유망고객을 발견하는 방법이다.

웬만한 사람들 모두 연고계약은 약 6개월이면 끝나 보험회사를 그만두어야 하는 상황에 직면하는 것이 일반적이다.

그러나 보험을 권유하지 않는 대신에 가까운 분 2~3명만 추천을 부탁하면 보험을 가입하지 않은 미안함 때문에도 여러 정황을 검토하여 보험가입이 필요한 가망고객들을 소개해 주는 것을 경험하였고 이런 소개방법으로 대성공을 거둔 사례가 아주 많았다. 소개받은 가망고객을 진정으로 모시면 그 가망고객은 또 다른 가망고객을 소개해 줄 것이며 또 다른 그 가망고객은 제2, 제3의 가망고객을 소개해 줄 것이다.

이들을 우리는 충성고객이라고 말하는데 고객이 고객을 낳고, 매출이 매출을 낳는 것은 바로 충성고객을 통해서이기 때문이다. 이러한 고객은 최소의 비용과 시간으로 최대의 효과를 가져 올 수 있다는 경영학의 기본 원칙에 가장 적합한 인물로 향후 영업인들이 지속적으로 적극 개발해야 할 최대 목표임엔 틀림없다. 각 보험회사의 연도대상을 받은 설계사들은 이와 같은 충성고객을 발굴하여 고객이 고객을 낳게 하는 선순환의 법칙을 가지고 있다.

성공학의 대가인 미국의 "지그 지글러Zig Ziglar" 박사는 세일즈에서 보편적으로 적용될 수 있는 황금률인 「250 법칙」을 착안해 냈다. 「250 법칙」이란 사람은 성인이 되면 대개 대략 250명 정도의 인맥관계를 형성한다는 통계학적인 수치를 바탕으로 만들어진 가망고객 계산법이다. 평균적으로 한 사람의 결혼식장이나 장례식에 250명의 하객과 조문객이 방문한다고 한다.

그런데 한 명의 고객 뒤에 감춰진 실제 가망고객은 이 숫자를 훨씬 능가할 수도 있다. 만약 한 사람이 2명을 소개하고, 그 두 사람이 각각

2명씩을 더 소개하고, 그 4명이 또 각각 2명씩을 더 소개하고, 그 8명이 또 2명씩을 소개하는 등 이 방법을 계속해서 10번을 반복 적용하게 된다면 자그마치 1,024명의 소개를 확보할 수 있다. 만약 이 소개 활동을 20번 반복한다면 무려 1,048,576명이라는 어마어마한 고객을 확보할 수 있다.

물론 이는 어디까지나 이론에 불과하지만, 만약 이렇게 해서 만나는 고객들로부터 신규 기망고객을 연쇄적으로 소개받아 모두 계약을 체결할 수 있다면 상상을 초월하는 성공을 이룰 것이다.

일반적으로 한국인은 정에 약한 국민성을 가지고 있기에 소개도 정을 바탕으로 부탁하면 상당히 잘 들어주는 편이다. 개척영업을 한답시고 설계사들이 그냥 사무실을 방문하면 잡상인 취급을 하며 아주 귀찮은 듯이 대하는 것이 보통이다.

그러나 누구누구의 소개로 방문하였다고 인사하면 따뜻한 차와 함께 인간적인 대화를 열 수 있으며 자연스럽게 다음 방문 약속을 한 후 보험 상품을 설명하고 계약이 이루어진 후에도 그냥 계약자로만 남을 게 아니라 다른 사람을 소개해 주는 협력자로 만들어야 할 것이다.

소개장의 위력

소개자의 서명이 들어간 소개장을 받아 본 사람은 소개해 준 사람의 진실성을 쉽게 믿게 되고 설계사를 보다 신뢰감을 갖고 대하게 된다. 또한 소개장을 작성해 준 소개자가 사회적으로 영향력이 있는 경우라면 그 소개장의 효력은 더욱 강해질 것이다.

소개장을 받는 방법은 별도의 소개장에 간단하게 본인을 소개해 주는 취지를 소개문 형태로 적어 달라는 내용을 명함 뒷면에 적어 요청하는 것이다. 소개장에 들어갈 내용은 본인이 사전에 준비해 가도 좋다. 아울러 소개 현장에서 바로 소개해 줄 사람에게 전화해달라고 요청하는 것도 좋은 방법이다.

그 후 설계사는 소개받을 가망고객을 방문하기 전에 정성이 담긴 자기소개서를 우편이나 이메일로 보내는 것이 효과적이다. 가능하다면 소개자와 같이 만날 수 있다면 더욱 좋을 것이다.

그렇다고 연고영업이나 개척영업을 하지 말라는 뜻은 전혀 아니다. 연고나 개척 영업을 통하여 발굴된 고객으로부터도 제2, 3의 고객을 소개 받을 수 있기에 지속적으로 연고영업이나 개척영업은 하되 모든 고객을 소개해 줄 수 있는 진정한 협력자로 육성한다는 것을 염두에 두고 접근하여야 할 것이다.

소개야말로 가장 효율적인 영업방식이라는 것은 많은 세일즈맨들이 익히 경험하였을 것이다. 한국 사회의 모든 영업에서 뭐니 뭐니 해도 소개만큼 강한 것은 없다고 확신한다.

소개받은 후 진행과정이나 결과를 필히 알려주라

누군가를 소개받아 상담을 진행했다면 그 소개자에게 반드시 결과나 진행 과정을 알려 줘야 한다. 사람을 소개하고 나면 그 결과에 신경이 쓰이기 때문이다. 혹여 상담의 결과가 좋지 않더라도 소개에 대한 감사를 전해야 한다. 소개에 대한 본인의 고마움을 선물이나 편지, 이메일 등을 통해 전달하는 것도 잊어서는 안 된다. 소개받은 이후의 "Follow-up"이 성공의 열쇠이다.

성공한 많은 사람이 처음 고객에게 소개 의뢰를 할 때에는 고객 한 사람당 최소 2~3명씩을 부탁한다. 그리고 소개 확보된 가망고객을 배양하여 계약을 체결하는데 그 과정에서 설계사의 능력과 소개받은 고객 인식의 차이로 말미암아 마무리에 편차가 있게 마련이다. 소개로 확보된 모든 고객이 계약을 하는 것이 아니며, 항상 설계사가 요구하는 숫자만큼 협력자가 소개해주기가 현실적으로 힘들기 때문에 이론과 실제와의 사이에는 분명한 차이가 있다.

소개영업의 장점

- 고객의 정보 파악이 용이하여 접근하기가 쉽다.
- 가망고객을 연쇄적으로 발굴해 나갈 수 있다.
- 잘못된 점이 발생 시 이의 해결 및 확산을 사전에 방지할 수 있다.
- 가망고객의 니즈 파악이 용이하다.
- 가망 고객의 발굴 및 접근과 계약체결에 걸리는 시간이 단축된다.
- 상대적으로 고객 수준이 높아 고액 계약의 체결이 가능하다.
- 집중적으로 세일즈 기법을 활용하여 고객을 대할 수 있다.
- 방문 공포증 해소로 세일즈 활동 의욕이 고취된다.
- 소개자의 도움으로 영업을 보다 효율적으로 할 수 있다.
- 가망 고객을 지속적으로 창출해 나갈 수 있다.

- 최소의 비용으로 최고의 성과를 올릴 수 있다.
- 계획적으로 효과적인 활동을 할 수 있다.
- 자신의 가치를 유감없이 발휘하며 일을 즐길 수 있게 된다.
- 안정된 가망고객 창출로 평생 직업을 가질 수 있다.

소개영업의 단점

- 신용이 없다면 소개영업도 아무 소용이 없다.
- 소개를 좋아하는 사람은 없다.
- 소개의 실패는 세일즈맨만의 실패가 아니다.
- 소개 자원이 한정되어 고갈될 수도 있다.
- 소개자와 피소개자 간에 오해를 불러일으킬 수도 있다.
- 아주 멀리 있는 소개는 감당하기가 어렵다.
- 소개고객만 좇다가 시간만 낭비할 수 있다.
- 첫 소개자를 발굴하는 데까지는 많은 시간이 많이 투자된다.
- 첫 소개자로부터의 계약체결 여부가 중요하다.
- 다른 세일즈 방식과 접목해야 효과가 배가된다.
- 세일즈 전반에 관한 공부가 필요하다.
- 먼저 나의 이익을 먼저 생각하면 소개는 없다.

효과적인 소개 확보

어떤 사람이 이런 말을 필자에게 하였다. 일흔을 넘게 살아오는 동안 지금까지 28대의 자동차를 샀지만 한 사람에게 2대를 사본 적이 없다. 모두 자동차를 팔 때에는 온갖 미사여구를 다 동원하더니, 차를 팔고 나면 전화 한번 제대로 하는 사람이 없었다. 정말 뛰어난 세일즈맨이 자기에게 진실한 모습을 보여 주었다면, 자기가 산 28대와 자기가 추천할 수 있는 지인들까지 500여 대는 팔아 주었으리라는 것이다.

이렇듯 기존 고객으로부터 새로운 가망고객 확보를 효과적으로 받아내는 방법에 대하여 알아보자.

- 항상 사람을 만날 때 제2, 제3의 고객 소개를 염두에 둔다.
- 기존 고객 중 소개해 줄 만한 사람을 물색한다.
- 소개해 줄 사람을 사전에 거명하여 부탁한다.
- 소개는 위에서 아래로 부탁한다.
- 소개자와 소개받는 사람의 관계를 잘 알고 있어야 한다.
- 소개받는 사람의 정보를 충분히 조사해 둔다.
- 소개자와 동행하여 직접 소개를 받으면 보다 효과적이다.
- 소개장을 활용하고 전화 연락과 문자 및 이메일을 부탁한다.
- 소개받은 후에는 즉시 피소개자를 방문한다.
- 방문 결과를 소개자에게 반드시 알려준다.
- 언제나 사후 관리에 최선을 다한다.
- 재투자는 기본임을 잊지 말아라.
- 소개자와 피소개자의 경조사는 무조건 챙겨라.

성공하지 못하는 소개영업의 공통점

- 다 죽어가는 소극적인 목소리로 방문하거나 전화를 건다.
- 약속시각보다 늦게 허겁지겁 상담에 임한다.
- 단정하지 못한 용모와 복장으로 첫인상을 나쁘게 남긴다.
- 판매하고 있는 상품에 대하여 자신감과 확신이 없다.
- 고객보다는 자신의 이익을 먼저 생각한다.
- 상품과 서비스에 대한 지식과 정보가 고객보다 부족하다.
- 고객의 니즈needs가 무시된 프레젠테이션을 한다.
- 소개자로부터 알게 된 고객의 비밀을 함부로 말한다.
- 고객에게 한 약속을 대수롭지 않게 여기며 지키지 않는다.
- 완전판매를 하지 않고 우선 팔고 보자는 안이한 생각을 한다.
- 평생고객으로 생각하지 않는다.
- 상품판매 후 사후 관리가 허술하다.
- 소개자보다 나 자신이 부담감을 더 갖는다.
- 판매가 안 되면 어쩌나 하는 소극적인 사람이 많다.
- 지나치게 상대방을 생각하는 여린 마음을 가진다.
- 소개받은 후 계약이 성사되지 않았다고 먼저 포기한다.
- 계약 체결 후 사후 서비스가 나빠 입소문이 안 좋다.
- 억지로 매달리며 상대방을 불안하게 한다.
- 계약 전과 체결 후의 행동이 너무 차이가 난다.

소개에 대한 보답과 사후관리

힘들여 노력한 결과로 얻어진다고 소득 전부가 나의 것이라는 생각을 하지 말고 항상 일정부분의 재투자는 소개영업에서 필수적이라고 앞에서 언급한 바 있다. 세일즈에 있어서 소득의 재투자는 필수이며, 소개영업은 더욱 중요한 요소이다. 그러므로 소개의 결과와는 관계없이 소개자에게 보답하는 것을 잊어서는 안 된다. 그럼 소개자에게는 어떻게 하여야 가장 효율적인지를 살펴보기로 한다. 그 결과가 어떻든지 간에 소개에 대해 보답하는 것을 잊어서는 안 된다.

- 소개자의 눈높이에 맞추어서 답례하라.
- 가급적 오래도록 기억할 수 있는 선물을 준비하라.
- 온 가족이 즐길 수 있는 물품으로 준비하라.
- 자신의 정성과 노력을 선물하라.
- 선물은 나의 입장에서 선택하지 마라.
- 고객의 취향을 미리 파악하라.
- 선물 받은 고객이 부담감을 느끼도록 하라.
- 남들과 차별화된 사례를 하라.
- 아무리 힘들더라도 고객이 좋아하는 것을 준비하라.
- 작은 것 여러 번 하는 것보다는 큰 것 하나를 선물하라.

그러면 소개받은 고객의 관리가 아주 중요한 만큼 이에 대한 사후관리는 어떻게 해야 하는지를 알아보기로 한다.

- 계약과 상관없이 감사 편지를 보낸다. 피 소개자를 만난 자체만으로도 인연의 싹을 틔우고 있는 것이므로 세일즈맨은 이 만남의 기회를 잘 가꾸어 나가야 한다.
- 계약 성립 시에는 축하 편지나 DM을 반드시 보낸다. 이때 편지는 보험증권이 도착한 시점에 받아 볼 수 있도록 하는 것이 효과적이다.
- 편지는 개봉하고 싶은 궁금증을 유발해야 한다. DM에 친숙한 자료인 세일즈 터치툴을 동봉하여 보낸다. 또한 로또 복권이나 주택 복권, 행운권 같은 것을 동봉하여 인생 역전의 행운을 선물한 다음 중간 인사로 전화를 하는 것도 좋은 방법이다. 이러한 것을 또 다른 상품 안내장과 함께 보내 의문 사항이 생기도록 유도해 보는 것도 한 방법이다. DM은 상대방의 마음을 움직일 수 있게 하는 진솔한 내용과 도움이 되는 정보가 담겨야 한다.
- 인사 문구는 반드시 친필로 작성한다. 인사말과 좋은 글귀도 함께 보내면 좋다.
- 기념일에는 반드시 축하 카드를 보낸다. 피소개자의 각종 기념일이나 승진, 자녀의 입학, 졸업 등에 축하 카드를 보낸다. 이는 향후 협력자로 삼기 위한 수단이므로 정기적으로 꾸준히 실천해야 한다.

영업사원의 프로세일즈맨십

영업사원의 일은 끊임없이 변화한다. 그래서 영업사원의 역할내용이 시대에 따라 달라진다. 따라서 당연히 혁신이 필요하다. 그러나 변해야 할 것과 변하지 말아야 할 것이 있다는 사실을 철저히 인식해야 한다.

성숙한 시장에서의 판매 방법은 성장시대의 시장의 그것에 비하여 당연히 변해야 한다. 고도 성장시대의 좋았던 일들, 말하자면 조금 움직이고도 큰 성과를 냈던 시대의 꿈을 지금은 버려야 한다.

그러나 고객을 상대로 하는 인간관계에서 신뢰의 기반은 절대 변하지 말아야 한다. 이를 염두에 두고 자기 혁신을 해나가는 것이 중요하다.

오늘날 대부분의 직업인은 자신이 곧바로 서비스회사라고 생각해

야 한다. 특히 보험영업사원의 서비스는 고객이 회사를 선택하기 이전
에 자신을 선택하기 때문에 서비스에 철학을 담고 실천해야 한다. 고
객들이 아주 만족할 수 있도록 최선을 다해 봉사해야 한다. 우리가 제
공하는 서비스가 단지 거래의 이익만을 위해서가 아니라 소비자에게
공정한 보답이 되도록 해야 하기 때문이다. 소비자의 돈의 가치와 만
족감을 얻는 데 쓰이도록 온 힘을 다하여야 한다. 모든 원칙, 방법, 행
동에 대해 이것이 옳고 정당한가라는 시각에서 늘 점검해야 한다.

영업사원은 다음의 몇 가지를 염두에 새기고 있어야 할 것이다.
이 생각이 투철해서 마음의 긴장을 푸는 일이 없이 일에 임하면 우리
는 이 사람을 "프로"라고 부르게 된다.
첫째, 프로세일즈맨의 가치는 판매실적이다. 실적을 향상시켰을
때만 커리어의 의미가 있다.
둘째, 프로세일즈맨은 자기의 능력한계에 도전해서 최우수 세일즈
맨을 라이벌로 삼는다. 실적이 미미한 사람과 비교해서 우월
심을 갖지 않는다.
셋째, 프로세일즈맨은 고객과 거래처에 도움을 주는 것과 함께 판
매효율의 향상을 가져오는 방법을 개발하거나 혁신하는 사
람이다.
넷째, 프로세일즈맨은 적정한 이익을 확보하는 판매활동을 벌이
는 것이며 완전수금으로 마무리 짓는다.
다섯째, 프로세일즈맨은 목표를 반드시 달성한다는 자세로 연구
와 노력을 집중한다. 변명이 있을 수 없다는 엄격함을 지

켜서 책임을 완수한다.

여섯째, 프로세일즈맨은 영업의 전문성에서 뛰어날 뿐만 아니라 인간적으로 폭이 넓고 마음이 넉넉한 사람이다.

일곱째, 프로세일즈맨은 시간을 능률의 척도로 삼아서 자기 자신을 규제, 규율하는 사람이다.

이 7가지 조거을 갖춘 사람을 가장 이상적인 프로세일즈맨이라고 한다.

프로는 말 그대로 프로의식을 가진 사람이다. "프로"는 전문가를 뜻하고 의식이 깨어 있는 상태에서 자기 자신이나 사물에 대해 인식하는 작용을 말한다. 즉, 프로의식이란 "자기 자신을 전문가로 인식하는 상태를 말한다." 프로는 그 분야에서 일을 특출하게 잘하는 사람이며 프로의식을 가진 사람은 자세부터 다르다.

"그렇기 때문에"와 "그럼에도 불구하고"라는 단어를 적용시켜 보면 그 사람이 프로인지 아마추어인지 확실히 알 수 있다. 프로는 "그럼에도 불구하고"를 자주 쓰고, 아마추어는 "그렇기 때문에"를 주무기로 사용한다는 것이다.

어제 회식자리에서 술을 많이 마셔서
"그렇기 때문에" vs "그럼에도 불구하고"

몸이 별로 안 좋아서
"그렇기 때문에" vs "그럼에도 불구하고"

"그렇기 때문에"와 "그럼에도 불구하고"의 차이는, 인생행로 자체가 달라질 수도 있게 한다. "데일 카네기"는 "현재 상태에 대해 자기연민에 빠지는 것은 에너지 낭비일 뿐 아니라 최악의 습관이다"라고 했다. 따라서 우리는 매 순간 "그럼에도 불구하고"를 상기하여 이 단어를 적용할 기회가 오면 절대 놓치지 말아야 할 것이다. 그렇게 해야만 스스로를 프로로 만들 수 있으며 이는 프로의식을 키우기 위한 최선의 훈련방식이다.

영업사원의 최종 역할은 상품 판매를 통하여 실적을 향해 가는 것이 당연하다. 이 까닭에 고객에 대한 서비스정신을 바탕으로 한 구체적인 활동이 추진되고 수행되어야 한다. 자기가 담당하는 상품ㆍ지역ㆍ판매활동의 전문가이어야 한다.

“전문가”라는 단어는 전문적인 지식을 가지고 실제현장에서 충분한 경험을 쌓아서 부단히 자기 일을 향상해 나가는 사람들이다. 따라서 한 사람의 참다운 영업전문가는 오랜 세월이 걸려서 만들어지고 닦여지고 육성되는 것이다. 1~2년 경험에서 “이쯤이면 나도…” 하는 생각을 하는 것은 일종의 오만이다. 따라서 상당한 연륜이 쌓이기까지는 배우는 자세로 차근차근 걸어가는 자세가 중요하다.

바둑에서는 하수가 고수를 이기기 어렵다. 고수가 절대 유리한 이유는 고수에 이르기까지 익힌 케이스가 많고 룰에 밝기 때문이다. 장기는 바둑에 비해 케이스가 적은 까닭에 때로는 하수가 이기는 수도 있지만 바둑은 절대로 안 된다.

따라서 판매의 전문가는 실전횟수가 많아야만 그때그때의 변수에 효과적으로 대처할 수 있다.

판매능력이란 무엇인가? 이것은 숙련되면 그저 얻어지는 것이 아니라 영업사원의 인품과 의욕과 신뢰감과 상품에 대한 전문지식과 이것을 표현하는 전인격적 접근으로 확립되어 가는 것이다. 따라서 영업능력이라는 것은 말만 잘하는 잔재주로 이루어지는 것이 아니라는 것을 이해해야 한다. 그리고 영업사원은 테크닉에 빠져서는 안 된다. 빠르게 변화하는 세상에서 변치 않는 고객에 대한 신뢰를 끝까지 지켜야 한다.

아울러 프로세일즈맨의 자세에 대하여 알아보기로 한다. 대우자동차 박노진 이사는 프로세일즈맨의 마음가짐에 대하여 다음과 같이 이야기하였다.

첫째, 무엇보다 중요한 것은 일단 많은 고객을 만나는 것이다.

좌우지간 가라, 그리고 만나라, 그리고 이야기를 하다보면 결과가 나오게 마련이다. 고객과의 만남이 가장 우선인데 만날 때 70%는 듣기만 하고 나머지 30%만을 말해야 한다.

둘째, 판매에는 정해진 방법론이 따로 없다고 생각해야 한다.

작은 발상의 차이가 경쟁상대와 큰 격차를 벌리기 때문에 아이디어가 떠오르면 바로 메모하는 습관을 지녀야 한다. 메모는 항상 책상 주변에 남겨두어야 한다.

셋째, 자신감을 가져라. '나는 할 수 있다'는 강한 의지가 필요하다.

프로 세일즈맨은 상대와 목표를 두려워하지 않는다. 세일즈의 동기를 분명히 가지고 적극적인 행동, 적극적인 어프로치를 한다면 실적이 자연히 오르게 되는 것이 세일즈의 원리이다.

넷째, 실천의 중요성, 행동하는 습관을 길러야 한다.

소극적인 세일즈맨은 "내일", "다음 주", "다음 달"이란 말을 자주 쓴다. 그 반면에 적극적인 세일즈맨은 "지금", "오늘" "당장"이란 말을 자주 쓴다.

다섯째, 세일즈맨은 성실해야 한다.

세일즈에 있어서 성실한 행동이란 판매활동 이외의 사적인 일에는 되도록 시간을 낭비하지 않고 세일즈 활동에 전심전력을 다하는 것이다.

여섯째, 세일즈맨이 반드시 지녀야 할 것들이 있다.

세일즈맨은 인격+신용+상품지식+판매기술+정보력+인간관계 등을 반드시 갖추고 자기의 일에 자부심과 신념을 가지고 최선을 다해야 한다. 때와 장소를 가리지 않고 자기를 알리고 비록 매출 실적이 없더라도 웃으며 기죽지 않고 생활할 수 있어야 한다.

일곱째, 거절에 익숙한 세일즈맨이 되라.

성공한 사람은 수많은 거절에도 좌절하지 않고 이를 극복해 다시 한 번 재기를 시도한 사람이라는 점을 기억하라. 비관에 빠지기보다는 자신의 판매방법을 반성하고 새롭게 변화시켜 가는 적극적인 자세를 가져야 한다.

영업사원의 사고 혁신

　　나는 인생이 곧 경영이라고 생각한다. 경영마인드를 갖고 인생을 살아가야 한다는 말이다. 목표를 세우고, 전략을 세워 하나하나 계획에 따라 만들어 가는 것이 인생이다. 인생이 늘 뜻대로, 계획대로 되는 것은 아니다. 그러니 역경과 좌절의 순간이 오면 그것조차 기회라고 생각하는 슬기가 필요하다. 영업사원이 자기 자신을 1인 기업가로 변모시켜 나가는 일은 바로 자신에게 달려 있다. 머리 속에 머무는 꿈은 그냥 꿈일 뿐이다. 누구나 꿈을 꾸지만 성공적으로 꿈을 현실화시키는 사람은 소수에 불과하다.

　　사람은 환경을 개선하고 싶다고 생각을 해도, 자신을 스스로 바꾸는 일은 실제로 내켜 하지 않는 법이다. 그래서 언제까지나 환경에 속박된 채로 살고 있는 것이다. 그러나 자신을 바꾸어 나가는 것을 마다하지 않는 사람은 마음에 정해진 목표를 반드시 달성하게 된다. 그래서 영업은 늘 사고의 혁신을 통해 정신적인 목표를 달성해 나가는 과정인 것이다.

사고패턴을 바꿔라

영업사원은 시장의 한가운데서 활동을 한다. 서 있는 자리가 바로 시장이다. 시장의 현장을 감각적으로 가장 정확하고 밀접하게 아는 처지에 있다. 기업이 시장동향을 파악하는 것은 이같이 시장에 밀착해 있는 영업사원을 통해서만 가능하다. 그래서 영업사원이 어떤 정보를 갖고 오느냐, 어떻게 움직임을 느꼈느냐 하는 것이 기업전략의 의사결정에 큰 영향을 미치게 한다.

영업사원은 재빠르게 문제를 감지하고 문제의 핵심을 파고들어 상황을 밝혀내는 문제 형식적 태도와 해결해야 할 과제에 대하여 도피하지 않고 정면대결 하는 문제 해결적 사고가 요구된다.

즉, 생각하는 영업 → 행동하는 영업 → 창조하는 영업사원으로 향상해 가야 한다. 이것은 문제발견의 능력 → 문제해결의 능력이 다 함께 요구되는 것이다.

"노르마" 감각을 버려라

"노르마"라는 말은 러시아어에서 나온 것인데 "개인 또는 그룹에 할당된 노동의 기준량"이라는 의미이다. 즉, 목표라는 뜻이지만 어감으로서는 타율·강제·압력·고통이라는 뉘앙스가 숨어 있다.

사람이란 자기가 해야 할 역할과 달성해야 할 실적이 자기의 자발적인 의사에 따른 것이 아니고 외부에서 주어져서 피동적으로 하지 않을 수 없게 되었을 때 성과를 크게 낼 수 없도록 되어 있다.

타율적인 수동적인 입장에서는 달성의 기쁨도 만족도 얻을 수 없다. 김우중 회장이 "성취욕에서 사업을 한다"고 한 것은 정말 훌륭한 말이다. 우리가 보험영업에서 노력했던 계약이 이루어졌을 때 느끼는 만족감과 기쁨은 이루 말할 수 없다는 것을 경험하였을 것이다.

사람으로서 이 세상에 태어났고, 지금 이 시대를 살아가는 영업사원은 특별히 잘난 사람도 없고 특별히 못난 사람도 없다. 오직 평범한 시민이고 국민이고 생활인이다. 누구나 자기 인생의 주인공으로서 자주적으로 또는 주체적으로 살며 무엇이든 자기의사에 따라 일하는 가운데서 일하는 기쁨과 만족을 얻고자 바라고 있을 것이다.

이러한 의미에서 판매목표도 상사로부터 할당되는 것을 "노르마"로서 받아들이기보다는 팀의 일원으로서 도전해야 할 목표로서 생각하는 의식 전환이 필요하다. 따라서 자기의 목표액을 숙지하고 이번 달에는 기필코 해내겠다는 마음의 자세가 필요하다. 이것이 영업사원으로서의 성장이 아니겠는가.

전략적 사고를 가져라

영업사원은 영업사원의 수준에서 전략적 사고가 필요하다. 전략 사고라면 뭔가 어렵게 느낄 수도 있지만 일의 내용을 들여다보면 결코 어려운 일이 아니다. 대체로 영업활동이란 행동범위가 넓어지고 내용이 다양해서 늘 바쁘다고 하는 생각이 머릿속을 점령하고 있어야 한다. 날마다 달마다 목표실적에 쫓겨서 자기를 돌아다볼 여유가 없다는 것이 대부분의 영업사원이 갖는 생각의 패턴이다. 그래서 다음과 같은 점을 유의하여야 한다.

**바쁘다는 핑계를
버려라**　　　목전의 일에 쫓기거나 포로가 되어서는 안 된다.

즉, 바쁘다는 선입감이나 시간에 쫓긴다는 스스로 오류에 빠지지 말라는 것이다. 정말 한 달에 한 권의 책을 읽을 시간이 없을까? 영업사원 교육 시 베스트셀러의 책 이름을 대고 읽은 사람이 있느냐 하면 한 사람도 없는 경우가 태반이다. 이렇듯 일도 열심히 하지 않는다는 것이다. 단지 바쁘다는 선입감, 핑계 또는 시간 관리의 허점 때문이다.

**경쟁의식을
가져라**　　　경쟁상대를 똑바로 바라보고 그보다 한 수 앞서서 대책을 세우거나 아이디어를 내놓는 경쟁 마인드에 불타야 한다. 경쟁이 백중세를 나타내는 경우도 그렇고, 내가 우위에 서서 시장에서 리더십을 구사할 때도 같다. 라이벌이 움직이는 것, 즉, 고객의 방문횟수, POP의 활용 등과 보이지 않는 의사결정을 할 때에도 이를 예의주시하는 관찰력이 요구된다.

언제나 목적이나 목표가 자기의 것으로 되어 있어야 한다. 하는 일의 목적이 분명치 않으면 아무것도 보이지 않는다. 목표를 조기에 달성하겠다는 의식이 분명하면 목적이 내 것이 되지만 시키니까 할 수 없이 한다는 상태로는 아무것도 보이지 않고 목표를 달성할 수 없는 것이다.

목적에 따라서 그때그때 최선의 선택을 다하고, 선택된 곳에 집중하기 위한 의사결정과 의사결정을 위한 정보수집과 판단력이 필요하다. 아이디어, 방문횟수, Happy Call, 상품의 설명방법 등 온갖 분야에서 뒤지지 않는다는 생각을 해야 목표를 이룰 수 있다.

창조적 사고를 가져라

거의 모든 영업사원은 몇 달이고 몇 년이고 계속해서 같은 일을 되풀이하는 경향이 있다. 더욱 타사 상품에 비하여 그다지 특징이 없는 상품을 취급할 때, 또는 불리한 조건으로 팔아야 할 때 등의 경우에는 영업사원의 성장보다는 퇴보하기가 쉽다. 그래서 설계사들이 가장 많이 하는 소리가 목표달성의 채찍을 받으면 못해 먹겠다고 하는 말이다.

그러나 한번 생각해 보자. 이러한 고통이 없는 영업활동이 있을 수 있을까? 영업사원에게 있어서 "이것은 해먹을 만하다"라는 조건을 가진 영업환경이라는 것은 이 지구 상에는 없다. 더욱이 이러한 고민이나 고통을 호소한다고 해도 해결해 주거나 도와줄 수 있는 사람은 없다.

그래서 한정된 조건 아래 어떻게 할 것인가 하는 지혜가 요구되는 것이다. 세상에서는 지혜 있는 사람이 지식이 많은 사람보다 행복한 것이며 성공하게 된다. 그리고 이 지혜가 바로 창조성으로 연결되는 것이다. 창조성이라는 것은 "당면한 문제를 해결하기 위해서 과거의 경험이나 지식을 해체하거나 결합해서 새로운 아이디어를 얻는 것"이다.

창조성은 "이대로 있다가는 안 되지, 뭔가 방법이 있을 거야." 하는 긴절한 외침이 스스로 내부에서 솟아나야 한다는 전세가 필요하나.

생활인의 사고를 가져라

영업사원은 영업인이기 이전에 앞서 시민이고 자연인이다. 이 말은 오늘을 살아가는 생활인이란 뜻이다. 사람들이 상품을 사는 것은 상품을 소비하기 위해서 사는 것이 아니라 살아가기 위해서 상품을 소비한다. 생활한다는 것, 살아간다는 것은 인간답게 활동한다는 것을 말한다. 따라서 넓은 의미에서 영업활동이나 좁은 의미에서 판매활동 등 모든 인간의 활동은 사는 사람에게도 도움이 되고 파는 사람에게도 도움이 된다. 영업사원이 고객이나 거래선을 소비자 레벨에서 보느냐 생활자 레벨에서 보느냐에 따라 큰 차이가 있게 된다.

보험은 "**영업**"이 중심이다

　사전적인 의미로 "영업"은 "영리를 목적으로 하는 사업 또는 그런 행위"를 말한다. 영업營業을 글자 뜻 그대로 풀이하면 "업을 영위하는 것"으로 "업"이란 "기업과 시장", "생산과 고객"을 연결하는 것이다. 즉, 기업이 만들거나 구입한 상품을 고객에게 판매하는 일이며 고객을 창조, 유지하는 일인 동시에 기업과 시장의 반응을 피드백feed-back하는 일이다. 이처럼 영업은 마케팅을 포함한 판매활동과 판매 전·후 활동, 판매관리 활동 등을 모두 포괄한다.

　"영업"하면 고객에게 아쉬운 소리를 해야하는 을乙의 포지션이 떠오르는 반면, "비지니스의 꽃"이라고도 일컫는다. 아무리 좋은 제품을 만들고 기술력이 좋아도 팔리지 않는다면 아무 의미가 없기 때문이다.

　한경희 생활과학의 나종호 부사장은 "기업의 경쟁력이 1970년대에는 가격, 1980년대에는 품질, 1990년대에는 고객만족, 2000년대에는 고객감동, 2010년대에는 고객참여로 변한다"고 하였다. 1990년대부터 이어진 소비자 중심 경영의 핵심은 바로 "영업"이다. 영업은 기술이나 생산, 디자인과는 달리 실체로 존재하는 것이 아니다. 따라서 영업은 공유하거나 모방하기 힘든 "기업의 핵심역량"인 것이다.

일반적으로 기업체에 입사한 신입사원들이 영업에 대하여 부정적인 것은 대학시절 경영학과 수업 중 판매관리(영업)는 배제된 마케딩(사장학)만을 교육받기 때문으로 분석이 된다. 그렇기 때문에 회사에 입사한 후에야 비로소 영업을 접하고 제대로 된 지식도 갖추지 못한 채 영업현장으로 내몰리는 게 지금의 현실이다.

기술적으로는 일본기업들이 한국기업보다 앞서는데 어떻게 한국기업의 세계진출이 일본기업을 능가하게 되었을까? 우수한 제품을 파는 기업이 기술적 개량·개선에 정신이 팔려 고객의 또 다른 요구를 등한시한 결과, 그 제품보다는 열등하거나 별차이 없는 새로운 제품을 파는 후발 기업 앞에서 힘을 잃어가는 이유를 설명하는 마케팅 이론으로 "이노베이션 딜레마"이다.

한국인들은 해외지사에 나가면 대부분 가족을 데리고 가서 현지에서 자식들을 교육시켜 빠르게 현지화하는 반면에 일본인들은 대부분 혼자 나가고, 가더라도 일본타운에 일본인들끼리 모여 살고 있다. 2009년 기준으로 일본의 수출비중은 GDP대비 11.4%인데 한국의 수출비중은 GDP대비 43%로 수출로 먹고 살아야 하는 근본적인 차이는 있다. 그리고 언어감각면에서도 삼성전자의 과장급 토익 평균 점수는 920점인데 비하여 일본 소니사는 650점에 지나지 않는다.

오늘날 우리에게 무엇보다도 중요한 것은 "고객이 무엇을 원하는가? 시장이 무엇을 선호하는가?"이다. 영업을 모르고 고객을 모르면 절대 성공할 수 없는 시대에 살고 있는 지금, 어느 회사든 모든 역량을 집중하여 "팔 수 있는 틀, 팔 수 있는 노하우, 팔 수 있는 상품"을 만드는 것이 선행되어야 할 것이다.

일반적으로 회사의 인사이동 때 기획부서, 총무부서, 관리부서 및 업무부서에 있다가 영업부서나 외야 지점으로 발령이 나면 "좌천이다" 혹은 "물 먹었다"라는 느낌이 드는 것이 현실이다. 나는 이렇게 된 이유가 다른 데 있는 것이 아니라 영업사원의 일이 무엇인가를 제대로 파악하지 못한 데서 비롯된 것으로 생각한다.

그리고 과거부터 본사 업무부서가 일선 점포에 상의하달식의 일방적인 지시 체계가 오래도록 이어져 왔기에 영업하는 사람을 무의식적으로 무시하는 듯한 태도가 비일비재하였기 때문이다.

필자 역시 본사의 업무만을 계속할 때에 그런 생각을 전혀 하지 않은 것은 아니다. 그런데 어느 날 직급이 차장인 시절에 이대로 업무부서에서 계속하여 직장 생활을 할 것인가? 이대로 업무부서에 안주해서는 앞으로 5년, 10년 후의 나는 과연 어떻게 되어 있을까? 하는 심각한 고민에 빠져 있었다. 그러나 영업을 하지 않고는 보험회사에 근무했다고 할 수 없다고 느꼈으며 새로운 세계에 도전해 보고 새로운 삶을 살아가기 위해서 지점장을 하겠노라고 선언하기에 이르렀다. 주위의 동료와 가족들의 극심한 반대를 뒤로하고 지점장 양성과정을 이수하였다.

그 당시엔 대다수 직원들이 지점 근무를 회피하거나 두려워하고 하물며 지점영업을 속된 말로 한 끗 낮게 보는 경향이 심할 때였다. 보험영업을 하면 당신과 같은 성격의 원칙론자는 3개월도 못 버티고 그만둘 것이라고 모두가 단언하였다. 나와 십수 년을 같이 지내온 아내도 영업 일선에 나서는 것을 극구 반대하였고 실패하리라고 만류하였다. 그러나 코앞의 1년이나 2년을 볼 게 아니라 앞으로 다가올 5년, 10년을 내다보고 영업에 뛰어들기로 마음을 다져 먹었다.

그래시 "왜, 영입을 등한시하고 무시하는 오류에 사로잡힌 사람이 많을까?" 하는 노파심에서 우리가 흔히 말하는 세일즈맨의 업무 내용을 구분해서 본질적인 것을 찾아내고 싶었던 것이다.

우리가 흔히 세일즈맨이라고 할 때는 그 범위가 대단히 넓다. 이 세상 사람치고 세일즈하지 않고 사는 사람은 없다. 직장인은 모두 자기의 재능을 회사라는 기업에 팔고 있는 것이다. 이런 의미에서 직장인은 모두 세일즈맨이다.

당시엔 재보험과 해상보험증권 발행 업무, 보험금 지급 업무인 손해 사정 업무만을 십수 년 해왔기에 지점에서 흔히 사용하는 용어에 대해서조차 생소한 상태로 첫발을 내디뎠다. 처음 대하는 월간 합동 조회에서도 제대로 조회사를 하지도 못한 채 연단에서 내려와 '이건 아니다'라는 생각 속에 나를 되돌아보는 기회를 얻었다. 그 후 약 몇 개월 동안은 특별한 약속이 있는 날을 제외하고는 무조건 밤 11시 이전에는 퇴근하지 않고 어떻게 하면 지점장으로서 성공할 수 있을까? 하는 마음으로 고심에 고심을 거듭하였다.

그래서 지점 주변에 위치해 있는 삼성생명과 대한생명, 교보생명, 삼성화재, 럭키화재(현 LIG 손해)의 각 지점에 들려 벤치마킹을 하기로 작심하였다. 지난달 처음 지점장으로 부임한 누구라고 명함을 건넨 뒤 솔직하게 귀사의 조회 기법과 시상안 그리고 지점 운영기법을 배우고자 하니 허락해 달라고 간청하기에 이르렀다.

거의 두어 달 가까이 매일 한 회사씩 출근하여 지점과 영업소의 조회를 보고 그네들의 시상안을 수집하고 지점 운영기법을 터득한 후 나에게 맞는 조회사와 시상안을 짜 아주 당차게 시작하였다. "그래 부딪혀 보는 거야. 하면 되지 안 될 게 뭐가 있나?" 하는 약간의 무대뽀식 영업 방법을 시도하였다. 그때만 해도 요즘과 달리 각종 시상은 대부분이 현금 대신 물품으로 하였는데 복도에 주부들이 자기 돈으로는 사기가 어려운 좀 고가의 생활용품들을 진열하여 주부 사원들의 호기심을 유발하고 서로의 경쟁심을 고취하는 방법이 유행하였다.

회사에서 주로 판매되는 상품에 대한 내용과 사고 시 보상범위 등의 내용을 밤늦게까지 교재와 씨름하며 공부하였다. 설계사와 대리점주들의 관리방법, 고객에 대한 응대 예법, 수금 관리 등을 자습하면서 연구도 하였다.

사실 처음에는 정말 어처구니없는 일도 있었다. 설계사분들께서 "월삼납"이라는 말을 자주 사용하는데 그 뜻을 몰라 아무리 사전을 찾아보아도 알 수 없었으며 명색이 지점장이 누구에게 물어보기도 부끄러워 그냥 한 달을 보냈다. "월삼납"이 월납보험료와 3월납 보험료를 합친 용어라는 것은 한참 뒤에 알고 실소를 금치 못한 에피소드도 있다.

나는 영업 제일주의를 주창하는 사람으로 아무리 좋은 학벌에 인물이 훌륭하여도 영업을 시원찮게 하는 사람들은 별로 좋아하지 않는다. 어떻게 하면 불특정 고객에게 접근하여 그 고객을 나의 고객으로 만들고 영원한 나의 협력자로 만드는가 하는 것이 나의 최대 과제이기도 하였다. 그러기 위해서는 굳건한 의지와 교육으로 중무장한 우수설계사를 육성하는 길 외에는 없다는 답을 내리고 지점의 모든 것을 조직증원과 그들의 육성에만 총력을 다 하였다.

보험영업은 다른 분야의 영업과 달리 고객을 직접 찾아가는데 대개 이 고객이 최종소비지이다. 보험세일즈맨은 이들을 설득하여 상품을 판매하는 것이 고객을 보험에 가입시키는 일이 되고 이 가입자가 이때부터 고객이 된다. 다른 상품보다 특히 보험세일즈는 판매하는 순간부터 내 고객이 되는 까닭에 고객관리 및 고객서비스가 지속적으로 필요해진다.

보험세일즈는 특히 많은 거절을 경험해야 하므로 PUSH 전략과 같이 용기＋끈기＋기술이 필요하고 거기에 고객에 대한 지속적인 서비스가 추가되어야 한다. 이것이 보험세일즈의 특성이다.

보험영업은 재투자가 필수적이다

모든 영업은 말을 잘하거나 외모가 출중하다고 잘하는 것은 아니다. 재보험 업무를 하던 시절이었다. 일본에 진출한 독일의 모 재보험 전업회사의 주재원이 일본어를 일본인처럼 유창하게 구사하니 영업에 도움이 되기보다는 오히려 일본인들이 거리를 두어 영업에 상당히 어려움이 많았다고 술회한 적이 있었다.

고객을 대할 때는 항상 자신감을 갖고 차분하게 꼼꼼히 조금이라도 고객에게 혜택을 더 챙겨줄 것이 없나 확인하고 또 확인하는 습관을 들여야 한다. 필자의 의견으로는 말을 너무 잘하면 오히려 상대방이 거리감을 두어 역효과가 나지 않을까 하는 우려도 해보곤 한다.

고객관리와 신규 고객을 창출하기 위해 아낌없이 재투자하고 있는 영업맨을 소개하고자 한다.

국가대표급 자동차 판매왕, 현대자동차의 임희성 과장이다.

현대자동차의 임희성 과장은 국가대표급 자동차 판매왕이다. 그는 항상 고객의 입장에서 정성을 들이다보니 고객이 감동하고 지인을 또 다른 고객으로 만들어 준다는 것이다.

2년제 전문대학을 졸업한 그는 번듯한 직장에 취업한다는 것을 언감생심 꿈도 못 꿀 형편이었다. 임 과장의 생애 첫 직장은 동네 주유소였다. 취직을 못 하고 주유소에서 일하는 것이 부끄럽지 않았냐고 묻자 임 과장은 "왜 아니었겠느냐?"며 번듯한 직장에 들어간 친구들이 어쩌다 좋은 차를 끌고 와서 주유하다가 알아보고는 "왜? 여기 있느냐."라고 물을 때는 숨고 싶은 심정이었다고 말했다.

하지만 부끄러움도 잠시, 특유의 영업본능이 조금씩 본색을 드러내기 시작했다. 손님 한 사람 한 사람을 기억하며 기름을 팔기보다는 서비스를 판다는 생각으로 성실하게 5년을 일했다.

이용객인 지역 택시 기사들은 물론 일반 손님들에게도 그의 이름 "임희성"이 알려지기 시작했다. 근무하는 주유소에 가격보다 스타 직원 때문에 고객이 몰리는 "기현상"이 나타난 것이다.

몇 년 뒤 그는 자신의 영업본능을 발휘하기 위하여 더욱 큰 장터인 현대자동차 영업사원으로 자리를 옮겼다. 느릿느릿한 충청도 사투리가 고객에게 오히려 신뢰감을 주고 순진한 외모지만 잘 차려입은 양복 등판에는 대문짝 만한 글자가 수놓아져 있다. "현대자동차 임희성 010-2378-XXXX." 그는 영락없는 영업사원이다. 기름때 묻은 옷을 벗고 양복으로 갈아입은 그는 경력 2년 차 때부터 연간 100대 이상 판매 기록을 세우기 시작했다.

당시 판매망의 기반은 주유소 아르바이트 때부터 관리를 해오던 택시회사들, 주유소 직원 시절 영업을 위해 관리하던 인맥이 주유소를 떠난 후에 오히려 더 큰 고객이 된 셈이다.

6년째인 2009년에는 357대를 판매해 국산차와 외산차를 모두 합해 전국 최다 판매왕이 되었다. 임 과장은 자신의 기록에 대해 정부의 노후차 세제 지원 혜택의 덕이 컸다고 공을 돌린다. 임 과장은 중소도시의 영업직을 하다 보니 부자 고객보다는 서민층 고객이 많아 아반떼, 베르나, 포터 등이 주요 판매 차종이었다. 이들을 아끼면서 오래 탄 노후차를 교체하면서 판매왕이 된 것이다.

그는 공부에는 자신이 없어도 영업에는 자신이 있었다. 그의 영업에 대한 지론은 의외로 단순하다. "잔꾀를 부리지 말고 열심히 뛰자" 이것 하나였다.

임 과장은 "보통 영업직을 하찮은 업종으로 보는 시각들이 있다."며 "하지만 영업직만큼 열심히 뛴 만큼 보상이 확실하게 주어지는 업종도 없다."고 말한다. 그의 일과는 항상 24시간 영업체제를 유지하는데 초점이 맞춰진다. 그의 무기는 휴대전화다. 그가 항상 주머니에 넣고 다니는 휴대전화 단말기는 3대, 받기용, 걸기용, 전화기와 손님과 통화할 때 정확한 상담을 하기 위한 검색용 PDA까지 3개다.

이 3대의 단말기 때문에 자동차 영업을 시작한 이후 7년 동안 점심을 먹어 본적이 없을 정도다. 그는 "그 시간에 한 명의 고객이라도 더 관리하는 것이 중요하다고 생각한다."라며 "지금 인터뷰하는 것도 기사를 보고 한 명의 고객이라도 더 유치할 수 있을 것이라는 기대 때문"이라고 말했다. 하물며 고객에게서 전화라도 올까 봐 목욕탕에서도 탕 속에서 말고는 전화기를 항상 옆에 둘 정도다. 그의 연봉은 약 2억 원으로 앞으로 어떻게 하는지에 따라 더 늘어날 수도 줄어들 수도 있다.

하지만 이렇게 많은 연봉이 그의 주머니로 고스란히 들어가는 것은 아니다. 고객관리와 신규고객을 끌어들이기 위한 자체 마케팅 비용이 만만치 않다. 그는 연봉 50~60% 가량은 플래카드와 전단지 제작 및 고객 관리 등 경쟁업체 영업사원보다 월등히 많은 영업비용을 재투자하고 있다.

그는 고등학교 시절 모의고사에서 전국 꼴찌를 했던 기억이 난다며 학교 성적표가 사회성적표를 대신하는 것은 아닌 만큼 후배들에게 자신감을 가지라고 말했다. 과장 직급으로도 열심히 일한다면 이렇게 많은 돈을 만질 수 있는 직종이 바로 영업이며 대한민국이 보다 활기차지기 위해서는 젊은 인력들이 더욱 많이 영업직에 도전해야 할 것이 그의 주장이다.

우리들은 주변에서 소탐대실小貪大失하는 경우를 종종 보아 왔다. 보험세일즈 역시 열심히 노력한 대가로 월말에 받는 소득을 자기의 것이라는 생각을 버리고 소득의 30% 또는 40%는 무조건 계약자를 위하여 재투자한다는 사고가 필요하다.

집이나 사무실에서 사용하는 필수품이나 가전제품은 수명이 되면 교체를 하기에 항상 눈여겨보았다가 적당한 시점에서 선물하면 고객이 감동하게 된다. 고객의 감동은 제2, 제3, 제4, 제5의 고객을 창출하게 되고 더욱 친숙한 관계로 발전하고 나아가 충성고객으로 발전할 수가 있기 때문이다.

고객을 팬으로 만들어라

우리는 "고객은 왕이다."라는 말을 흔히 듣는다. 일본의 SONY사는 "고객은 신이다!", 미국의 HP사는 "고객은 황제다!"라는 캐치프레이즈로 영업하고 있다. 그러나 실제로 우리 소비자들은 어떤 곳에서도 정말 왕 대접을 받고 있는 것일까? 어떤 음식점에 가면 "고객이 짜다면 짜다."라는 글귀가 있다. 이런 정신자세가 진정한 고객을 대하는 자세이다.

고객을 기다리게 하지 마라

어떤 조사결과에 따르면 우리가 평생 살면서 무언가를 얻기 위해 줄 서서 기다리며 보내는 시간이 무려 4년이나 된다고 한다. 그만큼 우리는 대기하는 데 시간을 많이 쓰는데 기업이나 지자체는 대기시간에 대해 그만큼 신경을 쓰지 않는다. 서비스를 공급하는 입장에서는 사소한 일일지 모르지만, 서비스를 받기 위해 기다리는 입장에서는 매우 따분하고도 중요한 문제다.

당신이 패스트푸드 매장에서 줄을 서서 기다리고 있다고 해보자. 그런데 다른 줄이 빠르게 줄어드는 동안 당신이 선 줄만 웬일인지 그대로 있다면 분통이 터질 것이다. 테마파크의 대기라인은 놀이기구당 하나씩이어서 이러한 억울함은 느끼지 않아도 되지만 빨리 줄어들지 않는다는 문제는 여전히 남는다. 은행이나 관공서는 번호표를 뽑은 다음 의자에 편하게 앉아 기다리니 그래도 낫다. 하지만 자신 앞에 50명이나 기다리고 있으면 그 시간이 아까운 것은 어쩔 수 없다. 사람들은 기다릴 때 조바심을 내는 습성이 있다.

사회관습상 기다림에 익숙한 나라의 사람들은 좀 다르지만, 성질이 급한 우리나라 사람들은 좀처럼 느긋하게 기다리지 못한다. 따라서 기업은 고객이 기다리는 시간을 합리적으로 줄이는 방법, 그리고 대기시간은 같지만 고객이 심리적으로 느끼는 대기시간을 줄이는 방법에 대해 고민을 거듭해야 한다. 경영학에서는 이것을 "대기관리"라 부르며, 서비스 프로세스 관리의 한 축으로 바라보고 있다.

어떻게 하면 고객이 기다리는 시간을 줄여서 고객을 만족하게 할 수 있을까? 서비스분야의 권위자인 경영학자 "데이비드 마이스터"는 고객들을 대상으로 많은 조사를 한 결과 다음과 같은 사실들을 밝혀냈다.

- 아무것도 하지 않고 있는 시간이 뭔가를 하고 있을 때보다 더 길게 느껴진다.

- 구매 전의 대기가 구매 도중의 대기보다 더 길게 느껴진다.
- 근심은 대기시간을 더 길게 느껴지게 한다.
- 언제 서비스를 받을지 모른 채 무턱대고 기다리는 것은 남은 대기 시간을 알고 기다리는 것보다 더 길게 느껴진다.
- 원인이 설명되지 않은 대기시간이 더 길게 느껴진다.
- 불공정한 대기시간이 더 길게 느껴진다.
- 서비스가 가치 있을수록 사람들은 더 오랫동안 기다린다.
- 혼자 기다리는 것이 더 길게 느껴진다.

고객이 매장에서 기다리고 있을 때 의자에 앉아 가만히 있는 것보다는 주위에 비치된 잡지나 신문, TV를 보도록 하면 훨씬 좋다. 볼거리도 매장과 전혀 관계없는 내용의 간행물보다는 업종과 관련이 있는 내용이 좋다. 예를 들어 병원에서 치료와 예방에 관한 잡지를 비치한다든지 영화관에서 TV로 영화예고편을 보여주는 식이다.

고객으로서 기다릴 때 종종 느끼는 것이지만 매장 내 어떤 직원들은 전혀 바쁘지 않다는 것을 목격할 때가 있다. 그러면 "다른 직원들은 이렇게 바쁜데 저 사람은 도대체 뭘 하고 있지? 줄이 이렇게 긴데 왜 창구 업무에 투입되지 않는 거지?" 하는 생각이 들 것이다. 따라서 기업 입장에서 고객과 직접 접촉하는 업무를 맡았는데 열심히 하지 않는 직원은 아예 고객 눈에 띄지 않도록 하는 편이 낫다. 물론 더욱 적극적인 기업은 줄이 길어지면 다른 직원들을 투입하여 줄을 줄이려고 노력을 한다.

기업은 기다리는 고객에게 다양한 형태로 현 상황에 대해 자주 이야기해 주어야 한다. 아무 설명도 듣지 않는 것보다는 어떤 이유로 얼마나 더 기다려야 하는지를 알 때 기다리기가 훨씬 쉬워진다. 예상 대기 시간을 너무 길게 이야기해도 문제지만 너무 짧게 이야기했다가 실제로는 더 기다려야 하면 고객이 불편해할 수 있다. 디즈니랜드는 수많은 경험을 통해 노하우를 체득했는데, 30분을 기다려야 한다고 안내하고 25분 만에 서비스를 받도록 할 때 고객은 많이 기다리고도 비교적 만족스러워한다고 한다.

고객이 지루하게 기다리는 것을 막기 위해 정보통신기기를 활용하기도 한다. 국내에 진출한 패밀리레스토랑 「아웃백 스테이크하우스 Outback Steakhouse」는 대기 고객에게 삐삐를 제공하여 매장에서 멀리 떨어지지 않은 곳에서 다른 일을 하고 있어도 자신의 차례가 오면 삐삐로 연락을 받을 수 있도록 했다.

때로는 지나친 서비스가 역효과를 낼 수도 있다. 어느 생명보험회사에서 실제로 있었던 경우를 보자. 어느 날 나의 절친한 친구가 보험 업무를 처리하기 위해서 보험회사에 들어가 번호표를 뽑아들었다. 그 고객 앞에는 10여 명이 대기하고 있다는 것을 확인하고 그는 의자에 앉아 차례를 기다리고 있었다. 그런데 매장 매니저가 와서 5명만 기다리면 되는 번호표를 제시하는 게 아닌가. 매니저에 따르면 그 번호표를 갖고 있던 고객이 다른 일이 생겨서 먼저 나갔다는 얘기다. 물론 이 번호표를 받으면 좋겠지만 다른 대기 고객이 알면 화날 일이라고 판단되었다. 그래서 그는 그 번호표를 받지 않겠다고 말했다. 고객에게 편의를 제공하는 것은 기업의 당연한 역할이지만 공정하게 서비스를 제공하는 것이 무엇보다 중요하다.

기업 입장에서는 고객이 기다리지 않게끔 하는 것이 가장 좋다. 하지만 불가피하게 기다려야 한다면, 공정하고 합리적인 방법으로 기다리게 하고 만족스러운 서비스를 제공하는 것이 대기관리의 핵심이다.

미국의 뱅크오브아메리카Bank of America Corporation는 기다리는 고객이 덜 지루해하는 방법을 찾기 위해 은행 매장에 설치한 CCTV를 통해 고객들이 어떻게 대기시간을 보내는지 과학적으로 면밀하게 관찰하고 있다. 물론 사생활 침해 논란의 여지가 있지만, 이처럼 고객의 행동을 관찰하는 방법을 다각도로 모색해 보기 바란다. 서비스는 이미 과학이 되었다. 경영학, 사회공학, 산업공학, 컴퓨터공학 등 다양한 학문의 접경지역이 된 것이다.

서비스의 중요한 부분인 대기관리에 신경 쓰는 모습은 고객의 시간을 소중히 하는 기업의 자세를 상징적으로 보여준다. 이러한 정성이 효과적으로 전해지면 소비자의 만족도가 올라가고, 이는 결과적으로 기업의 수익으로 이어질 것이다.

사람냄새가 나는 인간이 되자!

미국 자동차회사의 최고 세일즈맨은 "스미스" 씨로 50세가 넘은 나이지만 그 분야에서 뛰어난 업적을 올렸다. 미국에서는 자동차 한 대를 팔아봐야 몇백 달러의 이윤밖에 남지 않고 미국산은 외제차보다 판매가 저조했다. "스미스" 씨는 1986년 17만 5천 달러를 세일즈를 통한 커미션으로 벌었는데, 그가 판 차는 전부 미국산이었다.

어느 날, 단골로부터 전화를 받았다. 그분은 자동차 서비스업을 하고 있는 사람이었는데, 환자가 발생하여 환자를 병원으로 호송하려는 순간 공교롭게도 자동차 기화기가 고장이 났다. 그런데 근처에서는 그 부품을 구할 수 없었다. 전화를 받은 "스미스" 씨는 두말없이 전화를 끊은 후 진열대에 있는 기화기를 들고 달려갔다. 이 일이 있은 지 얼마 후에 그 고객은 "스미스" 씨로부터 무려 65대의 마이크로버스를 샀다. 향기나는 지렁이가 대어를 낚는다는 말과 같이 이처럼 우리 모두 사람 냄새가 물씬 풍기는 그런 정감 있는 인간이 되어야 한다.

고객중심이 아닌 사례들

일반 기업이나 상점에서 자주 저지르는 치명적 실수가 있다. 고객 중심이 아닌 조직의 대표적인 사례를 살펴보기로 한다.

GATEWAY사는 전화나 인터넷을 통해 고객이 원하는 스타일로 PC를 디자인하여 고객이 직접 매장에서 PC를 경험하는 것을 선호할 것이라는 판단 하에 수백 개의 OFFLINE 매장을 설립하여 가격 상승을 초래했다. 그들은 고객이 중요시하는 "가격"을 놓침으로써 PC 시장에서 몰락하였다. 그러나 DELL사는 고객이 원하는 스타일로 PC를 디자인하여 주문과 조립, 배송을 자사가 직접 함으로써 가격경쟁력을 유지하여 지금까지 승승장구하고 있다.

혁신적인 상품을 생산한 세계 건전지 업체인 DURACELL사와 ENERGIZER사를 비교해 보자. 듀라셀은 1964년 끝까지 오래간다는 뜻의 듀라블DURABLE과 전자라는 뜻의 셀CELL을 합쳐 만든 회사이다. 오늘날까지 건전지시장을 이끌어 온 듀라셀은 건전지뿐만 아니라 충전지, 리튬 전지 등 다양한 제품군으로 전 세계적으로 사랑을 받아 왔다. 그러나 가장 소비가 많은 건전지를 "20% 비싼 가격에 2배 긴 수명을 고객들은 좋아하겠지" 하는 생각으로 시장에 신제품을 내놓았으나 실패로 돌아갔다. 반면에 ENERGIZER사는 20% 비싼 가격에 +1을 택하여 1+1 판매방식에 하나 더 덤으로 주는 전략으로 소비자를 유혹하여 오늘날 건전지 시장을 잠식하고 있다.

99%의 좋은 서비스가 아닌 1%의 나쁜 서비스가 전체를 결정하는 경우가 많다. 최근 크게 문제가 된 TOYOTA 자동차도 고객의 소리를 무시했기에 지금의 위기를 불러왔다. DIGITAL CUBE도 고객들의 소리에 귀를 기울이지 않고 불친절한 서비스로 사회적 이슈가 되도록 침묵과 무시로 일관하는 바람에 얼리어답터들로 하여금 "디큐스럽다"라는 용어까지 유행하게 만들었다. 한편, COWON D2는 문제점을 인정한 지 하루 만에 전 제품의 무기한 A/S를 시행하여 소비자들에게 "타 업체와는 다르다"라는 인식을 심어줘 사랑을 받고 있다.

일본의 TOSHIBA사 역시 과거에는 엄청난 판매를 자랑하던 회사였으나 불친절한 A/S담당자 한 명 때문에 지금까지 어려움을 겪고 있다. 고객이 불만을 제기하였으나 불친절한 A/S직원이 고객에게 업무 방해라며 폭언을 한 뒤에 전화를 끊었다. 고객이 인터넷에 그 사실을 올리게 되면서 1개월 만에 조회 수 200만 건을 기록하였다. 이로 인해 쏟아지는 항의 메일과 비난으로 사회적 이슈가 되었으며 그 결과 "치이데 쓰오" 부사장이 정식 기자회견을 하여 사과 발표를 하기에 이르렀다. 그리고 회사 홈페이지에 정중한 사과문을 게재하는 등 이때부터 TOSHIBA는 사양길에 들어서게 되었다.

따라서 회사의 사장부터 임원 그리고 설계사에 이르기까지 "우리 회사는 시대의 변화에 따라 고객 지향적인 전략을 세우고 있는가? 그리고 우리 회사는 고객이 원하는 상품이나 서비스를 제공하고 있는가?"를 깊이 있게 생각하여야 한다.

불만족 고객의 63%는 침묵하고 31%는 친구, 동료, 가족들에게 불만을 이야기하며 나머지 6%는 회사에 직접 항의를 한다는 통계가 있다. 회사는 직접 항의하는 불만족 고객을 깊이 인식하고 직접적인 해결 방안을 내놓아야 할 것이다. 친구, 동료, 가족에게 불만족을 이야기한 31%의 부류 중에는 불만을 입소문 또는 험담으로 약 8%가 1명에게 전달하고, 8%가 2명에게 전달하며, 78%가 3~5명에게 전달하고 나머지 6%가 6명 이상에게 전달한다는 것이다. 이만큼 불만족은 파급효과가 커서 회사에 막대한 지장을 가져옴을 잊어서는 안 될 것이다.

사우스웨스트항공사는 기내 서비스를 제거(기내식 없음)하여 타사보다 저렴한 가격으로 모시고 이에 따른 부대 업무를 줄임으로써 승무원들이 더욱 친절한 서비스를 제공할 수 있으며 언제 어느 장소에서든 탈 수 있는 잦은 출항 및 정시 출항 등으로 오늘날에도 최고의 항공사로 군림하고 있다.

「엔터프라이즈 렌터카」의 CEO인 "엔디 테일러"는 "회사를 키우는 유일한 방법은 고객이 재구매하고 친구들에게 회사를 추천하도록 하는 것이다."라고 말했다. 제품을 사주는 고객도 좋으며, 회사에 보험 가입을 해준 고객도 좋으나 이보다 더 좋은 고객은 다른 사람에게 우리 회사의 상품을 추천하는 고객이 가장 좋은 고객임을 명심하여야 한다. 이렇듯 고객을 우리 회사의 팬으로 만들어야만 경쟁 사회에서 살아남을 수 있기에 설계사들도 고객을 나만의 장점을 이용하여 팬으로 만들고 나 또한 고객의 팬이 되는 길이 소중함을 인식하여야 할 것이다.

경제학자인 John Kenneth Galbraith 박사는 기업들에 다음과 같이 경고하였다.

"고객 지향적인 조직으로 전환하는 데 있어 가장 큰 장벽은 '우리 회사는 현재도 충분히 고객을 최우선 순위에 놓고 고객 중심적으로 운영하고 있다'라는 잘못된 믿음이다."

보험은
교육에서
시작되고
교육으로
끝난다

정직이 세상을 바꾼다

연초에 한 호텔에서 조찬회가 있었다. 국내의 유명인사가 조찬회에서 던진 한 마디가 우리를 너무나 부끄럽게 하였다. 여러 명의 외국인에게 오늘날 글로벌화된 사회에서 한국인이 갖는 가장 큰 문제점이 무엇이냐고 질문하였을 때 맨 먼저 나온 말이 "한국인은 거짓말을 잘하며 쉽게 한다."였다. 우리를 뒤돌아보면 정말 너무나 쉽게, 너무나 태연하게 거짓말하면서 아무렇지도 않은 듯 그렇게 살아가고 있는 현실이다. 또 세계 일류 기업으로 거듭난 삼성그룹의 이건희 회장이 새해 벽두에 선친인 고 이병철 회장 탄생 100주년 기념식에서 던진 메시지도 "모든 국민이 정직했으면 좋겠다. 거짓말 없는 세상….''이었다. 이것을 들은 한국인 중에는 머리가 멍해진 사람이 아마 부지기수였을 것이다.

세상을 지배하는 두 파워, 신(God)과 돈(Money)

마태복음 6장 24절에는 다음과 같은 성경 글귀가 있다.

"No one can serve two master, for either he will hate the one and love the other, or he will be devoted to the one and despise the other. You cannot serve God and Money"(Matthew 6:24, English Standard Version)

위 내용은 "인간 세상을 지배하는 두 주인이 있다. 바로 신God과 돈Money이다. 그렇지만 인간은 두 주인을 한꺼번에 섬길 수 없다. 왜냐하면 한쪽을 사랑하면 한쪽을 미워하게 되고, 또 한쪽에 모든 것을 바치면 다른 한쪽을 경멸하게 되기 때문이다."라고 해석할 수 있다.

오늘날의 사람들은 신을 따르려고 하기보다는 돈을 좇는다. "돈" 앞에 머리를 숙이는 사람들, 으레 "돈, 권력"을 가진 자 주변에 사람들이 넘쳐나는 현실이다. "돈"의 효력은 매우 빨라 즉각 사람들의 머리를 숙이게 할 수 있다. 반면, "신"에게 머리를 조아리게 하려면 많은 설명이 필요하고 시간도 많이 걸린다.

이건희 회장이 미국 라스베이거스에서 "한국인들은 정신을 차려야 한다"라는 메시지를 던진 후 또다시 "거짓말 없는 세상을…"이라고 말한 것은 우리 국민을 다시금 정신을 차리게 하기 위한 것이다.

심리학자들은 사람은 온종일 거짓말하면서 산다고 한다. 자기 자신을 속이는 일부터 가까이는 가족·부모·형제들까지 모든 사람을 속인다고 한다. 이건희 회장의 발언에 대해 우리 국민 중 누구도 반론을 제기하기가 어려울 것이다.

모든 세일즈맨들은 정직해야 올바르고 영원할 수 있는 영업이 되고, 정직하지 않은 영업은 오래가지 못한다는 것을 깨달아야 할 것이다.

새롭게 투자하고 신제품을 생산하여 1인당 GNP가 올라간다고 해서 지금의 대한민국이 선진국으로 도약할 수 있다고 생각하면 오산이다. 한국의 성장이 정체된 이유 중의 하나가 사회의 리더들의 "정신적 수준", 즉 정직하지 못한 태도 때문이다. 대의와 명분을 위하여 국민 앞에 솔선수범하여야 할 것이다.

무재칠시(無財七施)

이제는 가진 자가 조국과 국민을 위해 뭔가 베풀어야 한다. 불가에서는 남에게 베푸는 것을 "보시布施"라고 한다. 가진 자는 당연히 베풀어야 하지만 가지지 못한 사람들도 보시할 수 있다는 가르침이 있는데 이를 "무재칠시無財七施: 재산이 없어도 7가지는 남에게 베풀 수 있다는 말"라고 한다.

어떤 이가 석가모니 부처님을 찾아가 호소했다.

"저는 하는 일마다 제대로 되는 일이 없으니 무슨 이유입니까?"

"그것은 네가 남에게 베풀지 않았기 때문이다."

"저는 아무것도 가진 것이 없는 빈털터리입니다. 남에게 줄 것이 있어야 주지 뭘 준단 말입니까?"

"그렇지 않으니라. 아무 재산이 없더라도 줄 수 있는 것은 일곱 가지가 있느니라."

첫째는 화안시(和顔施): 얼굴에 화색을 띠고 부드럽고 정다운 얼굴
로 남을 대하는 것이요.

둘째는 언시(言施): 말로써 얼마든지 베풀고 있으니 사랑의 말, 칭
찬의 말, 위로의 말, 격려의 말, 양보의 말, 부드
러운 말 등이다.

셋째는 심시(心施): 마음의 문을 열고 따뜻한 마음을 주는 것이다.

넷째는 안시(眼施): 호의를 담는 눈으로 사람을 보는 것처럼 눈으
로 베푸는 것이요.

다섯째는 신시(身施): 몸으로 때우는 것으로 남의 짐을 들어준다거
나 돕는 일이요.

여섯째는 좌시(座施): 자리를 내어 주어 양보하는 것이요.

일곱째는 찰시(察施): 굳이 묻지 않고 상대의 속을 헤아려 알아서
도와주는 것이다.

"네가 이 일곱 가지를 행하여 생활화하면 너에게 공덕이 되리라"
고 말씀하셨다.

솔직과 정직

솔직과 정직은 엄연히 다르다. 솔직할 수는 있어도 정직하기는 참
어렵다. 솔직한 사람은 정직한 것 같지만 전혀 그렇지 않다. 어떤 누구
도 자신이 정직하다고 생각하지 않는 사람은 드물겠지만 실은 정직한
사람은 참으로 드물다.

사실 솔직하기도 쉽지 않다. 솔직하지 못한 경우부터 보자. 가령 우리가 이야기할 때, 늘 상대방의 눈치를 살핀다. 눈치 보기가 본능적으로 발달해 있다. 순간적으로 힘의 관계를 계산하고 이해관계를 계산하고 어느 정도까지 이야기할 것인가를 계산한다. 그래서 자신에 돌아올 불이익이나 불편함을 계산하고 그에 따라서 입을 다물거나 어물어물하기도 하고 말을 바꾼다.

그런가 하면 자신에게 유리하다고 생각할 때는, 또 세력관계가 자기에게 기울었다고 생각할 때는 단호하게 직설적인 모습을 보이기도 하는데 말하자면 계산된 솔직함으로 위장한다. 그러나 전자나 후자나 다 솔직하지 못한 기회주의자의 모습일 뿐이다. 우리 일상적인 모습들은 대개가 이런 유형에 속한다고 해도 과언이 아니다.

잘 관찰하면, 자신이 정직하다거나 솔직하다고 믿고 있는 사람들, 그것을 유달리 강조하는 사람들일수록 눈치가 발달해 있는 사람들이 많다. 그래서 자신이 주변의 눈치를 보고 있다는 사실조차 모르기 때문에 자신이 솔직하다고 믿는다.

다음에는 솔직하기는 하지만 정직하지 않은 경우를 보자. 동료의 잘못을 지적하든, 사회적 부정에 대하여 비판하든 직설적으로 잘못을 지적한다고 해도 그것이 정직한 것이라고는 할 수 없다. 일면 그 지적과 비판 자체는 타당한 것처럼 보이지만 그것들은 상대에 대한 공격의 수단이 되거나 때로는 상대에 대한 자기 분노를 표출하는 자기 스트레스를 푸는 수단이 되는 경우들이 많다. 또한 자신의 이해관계를 숨기는 경우도 다반사다. 즉 지적과 비판은 솔직한 것 같지만, 그 동기 자체가 바르지 않은 경우들이 많다. 무수한 지적과 비판이 있지만, 그 동기와 방법들이 바른 경우를 찾기가 어려운 것은 우리가 늘 보는 바와 같다.

정직하다는 것, "바를 정正 + 곧을 직直"이다. 솔직하기만 해서는 될 일이 아니라 그에 앞서 바른 것이어야 한다. 동기가 바르고 방법이 올바른 것이어야 한다. 그래야 정직하다고 말할 수 있다.

결국 정직하다는 것, 사심이 없어야 가능한 것이고, 사심이 없기에 비판의 동기가 깨끗하고 비판의 방법이 정확하다. 또 사심이 없기에 상대의 마음을 움직이고 거부할 수 없는 설득력을 지닌다.

결국 정직이란 다른 사람뿐 아니라 자기 자신에게도 솔직한 것, 즉 자신과 다른 사람을 속이지 않는 것을 말한다.

정직은 신뢰경영의 원동력이다

얼마 전 보도에 따르면 일본에는 100년 이상 된 기업이 무려 5만 개, 한국은 3개뿐이라고 한다. 100년 기업의 경우 나라별 조사가 충분하지 않아 정확한 통계를 구할 수 없고 기존 자료도 정확성이 떨어진다. 비교적 신뢰할 수 있는 자료로는 200년 이상 된 기업은 전 세계 41개국에 5,586개가 존재하며, 지역별로는 아시아에 3,214개(57.5%), 유럽에 2,345개(42.0%), 기타지역에 27개(0.5%)가 있다. 이 가운데 전체의 56.3%인 3,146개가 일본에 있다. 이어 독일 837개(15.0%), 네덜란드 222개(4.0%), 프랑스 198개(3.5%), 영국 186개(3.3%) 등으로 자본주의 역사가 긴 유럽국가가 상위를 차지하였지만 미국은 14개(0.3%)에 그친다. 아시아에서는 일본에 이어 중국이 58개(1.0%), 인도가 3개(0.05%)

였다. 일본에는 1,000년 이상 된 기업이 7개가 있으며, 500년 이상 된
기업도 32개나 된다. 1431년이라는 세계에서 가장 오래된 사력을 지닌
기업도 일본에 있다. 바로 서기 578년에 창업했으며, 오사카에 있는
"쇼토쿠聖德" 태자가 사천왕사四天王寺를 건립하기 위해 백제로부터 초빙
한 건축 장인匠人 "유중광"이 창업한 "곤고구미"이다. 이어 705년과
718년에 창업한 온천 여관, "게이운콴"과 "호시", 793년에 창업한 전통
과자 제조업체 "토라야"가 그 뒤를 잇는다.

이렇게 일본기업이 장수하는 비결은 신뢰경영, 본업중시, 장인정
신, 혈연을 초월한 후계자 선정, 보수적인 기업 운영 등을 들 수 있다.
가장 중요시하는 신뢰경영은 그 밑바탕에 정직이 깔렸기에 가능하였
다. 이렇듯 눈앞의 이익만을 추구할 것이 아니라 먼 장래를 내다보고
정직을 바탕으로 고객과 신뢰를 쌓아가야 진정한 내 고객이 될 수 있
다. 앞에서 언급한 보험영업에서 가장 중요시되는 소개영업을 계속 유
지하면서 확실한 시장 확보를 이룰 수 있다.

정직은 크나큰 무기다

인생에 대한 자신감과 확신은 정직함에서 오는 힘이다. 담대함과
강함은 진실에서 우러나오는 능력이다. 권력은 가졌으나 불안하고 위
태로운 사람은 누구인가? 재능과 지식은 가졌으나 약하고 두려운 사람
은 누구인가? 모래 위에 집을 세운 사람처럼 거짓 위에 서 있는 사람일
것이다. 이 시대의 힘 있고 강한 사람은 정직한 사람이다. 성실하고 약
속을 지킬 수 있는 사람, 사리사욕을 챙기지 않는 정직한 사람이 많은

공동체가 행복하게 발전할 것이다.

한국은 경제적으로 큰 성공을 거두었다. 하지만 그 안에 부정적인 거품이 잔뜩 끼어 있다. 이 거품을 빼내지 않으면 더 이상 도약은 어렵다. 현재의 정치권 등 사회 각 분야에서 발생하는 문제들도 결국은 정직성의 문제와 연결된다. 선진국이 된다는 것은 정직하고 투명한 나라가 된다는 것이고 정직한 나라, 정직한 사회는 정직한 개인에서 출발한다. 풍요롭고 아름다운 국가와 사회가 되기 위해서는 도산 안창호 선생처럼 정직을 삶의 으뜸 철학으로 삼는 사람이 구름처럼 많아져야 한다.

영국 속담에 "평생을 행복하게 지내려면 정직해야 한다."라는 말이 있다. 우리가 사는 곳에서 가장 필요한 미덕은 정직이다. 상대방의 말을 믿지 못하고, 약속을 지키지 않으며, 자기가 한 말을 부인하는 풍토가 형성되면, 인간관계는 그 시점부터 불신의 끈으로 묶이게 된다.

한 우산회사에서 제작과정 중 실수로 우산에 결함이 생기게 되었다. 하는 수 없이 회사는 이것을 바겐세일로 처분하기로 하였으나 도무지 팔리지 않았다. 그러나 모 광고회사가 이를 인수하여 판매를 시작했는데 우산은 날개 돋친 듯 삽시간에 팔렸다. 과연 그 이유가 무엇이었을까? 그 광고회사는 이 상품을 팔기 위해 다음과 같은 광고문을 신문에 게재했다. "흠이 있는 우산을 싼값에 팝니다. 하지만 사용하시기는 불편이 전혀 없습니다." 사실을 있는 그대로 밝혔던 것이다. 고객을 구름처럼 몰리게 한 힘은 바로 "정직"이라는 무기였다.

보험영업이야말로 사람과 사람이 만나 무형의 상품을 팔고 사는

사업이다. 따라서 오랫동안 고객에게 신뢰를 잃지 않고 보험 영업을
하기 위해서는 정직해야 한다. 연도대상을 차지한 보험 영업의 달인들
과 이야기를 해보면 천편일률적으로 정직한 영업을 해왔다는 것이다.
고객에게 정직하지 않으면 믿음과 신뢰가 무너지며 자신의 퇴보를 가
져올 수밖에 없다.

"컨 웰버"라는 철학자는 한 인터뷰에서 "우리를 자유롭게 하는 것
은 진리Truth가 아니라 진실Truthfulness함."이라고 하였다. 고객을 만나기
에 앞서 생각과 행동과 말이 삼위일체가 되어 내가 먼저 정직해지려고
노력해야 할 것이다.

누구나 스스로 경쟁력을 키워야 한다

현대 사회에서 기업의 세계는 흔히 전쟁에 비유해 적을 타도하기 위한 치열한 싸움이라고 말한다. 그러나 사실은 기업경쟁이 전쟁보다 더 냉혹한 것임을 이해해야 한다.

전쟁은 승자가 아량을 갖는 수도 있다. 일본을 이긴 미국의 경우처럼 패자를 부흥시켜 준 경우도 있다. 하지만 기업 경쟁은 승자가 패자를 살려주는 일이 없다. 그냥 패자는 조용히 사라질 뿐이다.

따라서 기업은 치열하고 냉혹한 경쟁에서 이겨서 살아남고 또 성장하기 위해서 조직 속에서 경쟁 체질이 정착해야 한다. 경영이란 결코 실패할 수 없는 게임이다. 더욱이 영업사원은 거래선과 고객을 통해서 판매목표를 달성해야 하는 관계로 조직이 경쟁체질이 되게 하여야 하는 문제가 있다.

여기 철저한 자기계발로 경쟁력을 키워 성공한 중소기업이 있기에 소개를 한다. "파코메리"는 2005년 10월에 설립돼 1년 만에 신세계 백화점 도곡점에 입점했고, 2007년 한 해에만 매출을 130억원이나 올렸다.

일주일에도 크고 작은 화장품 업체들이 몇백 개 생겨나고 폐업하는 상황에서 창업 4년만에 무서운 속도로 자리를 잡은 이 회사는 업계에서 돌풍의 주역으로 평가받았다.

박형미 대표는 "스스로 벼랑 끝에 섰다는 각오로 최선을 다한다면 자신의 발밑에 있는 벼랑은 어느새 최정상의 자리로 바뀌어 있을 것."이라고 강조한다. 그녀는 남편의 거듭된 사업 실패로 생계가 막막해지자 18개월 된 딸의 우유값이라도 벌기 위해 1988년 화장품 회사의 말단 판매사원으로 나선 한국의 어머니였다.

하지만 처음엔 가는 곳마다 갖가지 푸대접과 문전 박대에 시달렸다. 그럼에도 스스로를 벼랑으로 내몰아 하루 4시간만 잠을 자며 강행군을 시작했다. 결국 몇 개월 만에 판매실적 전국 1위를 차지하면서 자신감을 얻어 국내 화장품계의 큰 별로 떠올랐다. 이미 세계적인 화장품업체로 부상했음에도 불구하고 지금도 새벽같이 일어나 지식융합의 장소인 "강남경제인포럼"에 달려가서 「잘나가는 기업인들」과 미래를 위해 의욕을 불태우고 있다.

지난 2009년 9월에 상하이에 현지법인을 설립하고 중국에 진출한 "파코메리"의 박형미 대표는 이렇게 말했다. "중국의 날씨는 매우 건조해 수분 함유가 많은 화장품을 선호해요. 파코메리 제품은 표피세포 성장물질인 'EGF'가 풍부하고 보습력이 뛰어나 고객들의 반응이 좋습니다."라며 현지 고객들의 호응도가 아주 높다고 했다.

그 비결로 먼저 우수한 제품력을 꼽았다. 차별화된 시스템으로 품질과 효능 중심의 제품을 개발했다. 최고급 고가 원료만을 엄선해 모든 제품에 과감히 적용했다. 명품주의를 선언하고 제품 포장도 블랙, 골드, 화이트 세 가지 컬러로 귀족적인 디자인으로 꾸몄다. 그 결과 명실상부한 국내외 명품 브랜드로 자리를 잡았으며 향후에는 싱가포르, 말레이시아, 인도네시아 등 해외 영업매출의 꾸준한 시장을 발판으로 영역을 넓히고 일본까지도 진출한다'는 전략이나.

"파코메리"의 또 다른 성공 요인은 업계에 만연한 방문판매를 지양하고 자기 계발 프로그램을 통한 경쟁력 강화에 주력하기도 했다. 그녀는 모든 직원을 실적 위주의 완장 마케팅 및 판매 방식에서 벗어나 지속적인 인성 및 기술 교육을 시행하여 개개인의 전문성 신장에 주력하고 일한 만큼의 성과에 철저하게 인센티브를 부여하는 등 실력을 중심으로 하는 체계를 마련하였다.

「변화경영혁신연구소」 구본형 소장은 어느 조직에 속해 있든지 자신을 특화된 경쟁력을 지닌 1인 기업을 스스로 운영하는 자라고 생각하라고 말한다. 직장 속 1인 기업가로 살아가면 회사생활도 잘할 수 있다. 직업의 안정성도 더 높아진다. 직장 속에서 1인 기업가의 개념을 한번 활용해 보자. 어떻게 해야 자기가 속한 조직 속에서 1인 기업가가 될 수 있을까? 그러면 자기 스스로 경쟁력을 키우기 위해서는 어떤 자세가 필요한가를 알아보기로 한다.

자기 분야의 전문가가 되어라

"10년의 법칙(The 10 years rule)" 혹은 "1만 시간의 법칙(The 10,000 hours rule)"은 전문가를 향해 나아가는 사람들이 알아야 할 법칙이다. 복잡한 업무를 수행하는 데 필요한 탁월한 성과를 얻으려면 최소한의 연습량을 확보하는 것이 결정적이라는 사실이 연구를 통해 확인되었다. 진정한 전문가가 되기 위해서는 바로 1만 시간의 매직 넘버가 필요하다.

작곡가, 야구선수, 소설가, 피아니스트, 체스선수 등 그 밖의 어떤 분야에서든 연구를 거듭할수록 1만 시간의 수치를 확인할 수 있다. 1만 시간은 하루에 3시간, 일주일에 20시간씩, 약 10년간 지속적으로 연습해야 하는 양이다.

숙달된 작곡가의 기준으로 볼 때 모차르트의 초기 작품은 놀라운 것이 아니다. 가장 초기에 나온 것은 대개 모차르트의 아버지가 작곡했을 것으로 보이며 이후 점차 발전해 왔다. 모차르트가 어린 시절에 작곡한 협주곡, 특히 처음 일곱 편의 피아노 협주곡은 다른 작곡가들의 작품을 재배열한 것에 지나지 않는다. 현재 걸작으로 평가받는 진정한 모차르트의 협주곡은 스물한 살 때부터 만들어졌다. 이는 모차르트가 협주곡을 만들기 시작한 지 10년이 흐른 뒤였다.

이렇게 전문가가 될 때까지 조직에서 한 10년은 썩을 각오를 해야 한다. 조직생활을 통해 쌓은 경험은 일종의 뒷심이다. 업종이 같다면 반드시 한 조직일 필요가 없다. 전문가가 되는 데는 분야에 따라 차이가 있겠지만 보통 10년은 걸린다. 창의적 발상은 10년 경력의 전문가들이 활짝 꽃피울 수 있다. 10년 후에 맺을 많은 열매를 바라보고 오늘 조직에 떨어져 한 알의 밀알이 되라. 10년 후 닥칠 문제들의 솔루션을 입사 후 10년 동안 열심히 개발하라. 10년 동안 과연 어떤 요소들을 스스로 갖출 것인가. 조직생활에 맞는 타입인지 스스로 검증해 보기 위해서라도 3~5년의 조직생활은 필수적이다. 공병호 소장은 "조직이 잘 안 맞을수록 더 진하게 조직생활을 경험해 보고, 자기 사업하듯 독특한 경험을 쌓아 보라."고 권한다. "조직은 테스트 마켓이다."

All-Round Player가 되어라

All-Round Player란 운동경기에서 공격과 수비 양면의 모든 기술이 뛰어난 선수를 말한다. 축구로 치면 최종수비수 역할을 맡으면서 공격에도 적극적으로 가담하는 리베로를 말하며, 직장 내의 1인 기업가가 되기 위해서는 한 마디로 만능선수가 되어야 한다. 관련 부서의 업무까지 이해하는 안목을 키우고, 어떤 일이 주어지든 80점 이상은 받을 수 있도록 실력을 쌓아야 할 것이다. 보험영업은 상품뿐만 아니라 생활설계, 노후설계, 재무설계, 부동산 등등 그야말로 모르는 것이 없을 정도가 되어야 한다. 아울러 고객의 취향에 맞게 연예계 소식, 스포츠계 및 생활 문화에 이르기까지 일당백의 올라운드 플레이어를 고객들은 원한다.

가능한 한 인맥을 확장하여 신뢰를 쌓아라

여섯 다리만 건너면 지구 위의 모든 사람은 모두 아는 사이(Six degrees do separation)라는 서양의 속담대로 60억 인구도 5단계만 거치면 산술적으로 모두 아는 사이라고 한다. 실제로 1967년 미국에서 처음으로 이 같은 사회연결망 조사가 있었다. 당시 미국인들은 5.5단계만 거치면 모두가 아는 사이라는 결론이 나왔다. 우리나라에서는 2004년 1월 중앙일보와 연세대학교가 사회연결망 조사결과를 발표했다. 결론은 놀랍게도 3.6명이었다. 전혀 모르는 사이라도, 세 사람 또는 네 사람만 거치면 다 알게 된다는 말이다. 우리나라가 미국보다도 한결 좁은 세상인 것이다.

개인에게 인맥과 평판은 아주 중요한 무형자산이다. 사람을 많이 아는 것도 중요하지만 아는 사람들에게 자신이 어떤 평판을 얻고 있는지가 더욱더 중요하다. 원칙에 입각해 올바른 행동을 함으로써 얻는 좋은 평판이 없다면 인맥은 무의미하다. 인적 네트워크의 중요성이 커지는 현대사회에서 다양한 정보를 얻기 위해서는 인맥의 중요성이 커지고 있다. 21세기에는 정보망 지수인 인맥지수(NQ: Network Quotient)가 경쟁력을 좌우한다. 잘 구축된 인적 네트워크는 한 개인의 성장과 발전을 이루는 데 많은 기회를 제공해 주는 중요한 자산이기 때문이다. 아는 사람이 많아도 신뢰를 쌓지 못했거나 반대로 신뢰를 쌓았지만 아는 사람이 너무 적다면 성공하기가 어렵다.

어느 사업이든 혼자서는 할 수 없다. 인적 자원, 즉 인적 네트워크는 1인 기업가의 자산이다. 장사 밑천이다. 역설적이지만 1인 기업가는 독립적으로 일하는 동시에 많은 사람과 더불어 일하는 사람이다. 이렇게 수평적 관계에 있는 많은 사람들과 일하려면 네트워크 폴리틱스Network Politics에 능해야 한다. 조직에 몸담은 10년 동안 만난 사람들로 "인맥 수첩"을 만들면 누구나 1인 기업가로 변신할 수 있다. 즉, 재산이 많은 사람보다도 많은 인맥을 가진 사람이 훨씬 부자라는 말이 있다. 특히 한국 사회에서는 한 다리만 걸치면 모두가 알게 되는 인적 네트워크로 형성되어 인맥의 중요성은 더욱 부각되고 있다.

자신만의 브랜드 아이덴티티를 가져라

매년 2만여 개의 신상품이 출시되어 성공한 상품은 200개이며 3년간 지속한 상품은 20개에 불과하여 성공률이 0.1%이고 실패율이 99.9%라는 통계가 나왔다. 브랜드란 판매자가 자신의 상품이나 서비스를 다른 경쟁자와 구별해서 표시하기 위해 사용하는 명칭, 용어, 상징, 디자인 혹은 그 결합체이다. 혹자는 브랜드를 소비자가 인식하는 만큼의 자기 체면효과를 통해 차별화를 표현하는 수단이라고 정의하고 있다. 강력한 브랜드는 신뢰성을 확보하고 고객들로 하여금 제품평가에 긍정적인 역할을 하며 제품의 차별화와 가격 프리미엄을 주어 유통 영업력을 높여준다. 강력한 브랜드를 가진 대표적인 기업들로는 Louis Vuitton, 풀무원, Naver, e-Bay, 할리데이 등등을 들 수 있다.

보험회사의 영업사원도 독자적인 1인 기업가이다. 1인 기업가에는 자신의 이름이 곧 기업의 브랜드다. 브랜드 마케팅은 일반 기업보다 1인 기업가에게 더 중요하다. 1인 기업가에게 브랜드 마케팅은 필수이다. 자신을 브랜드화하려면 시장에서 틈새를 찾아내고 그 틈새에 맞게 자신을 차별화하여야 한다. 그 틈새로 얼굴을 내밀어야 한다. 그러자면 나만 제공할 수 있는 콘텐츠가 있어야 한다. 가능하다면 지상에 없는 남이 갖지 않은 영역을 찾아내 그 첫 브랜드가 되어야 한다.

시장을 읽는 안목을 키워라

시장을 읽어내는 안목을 키우는 것이 무엇보다 중요시된다. 그래야만 시장이 제공하는 기회를 포착할 수 있다. 시장이 원하는 상품과 서비스를 즉각 공급하려면 무엇보다 시장을 읽을 줄 알아야 한다. 그런데 직장에서 주어지는 일을 수동적으로 처리하는 데 익숙하다 보면 시장을 읽어낼 수 없다. 시장을 읽는 능력은 교육과 학습을 통해 키울 수 있다. 스스로 훈련에 훈련을 하고 당장, 당신의 상사와 그 주변의 사람들이 당신이 제공하는 서비스의 첫 고객이라는 점을 명심하라.

이렇듯 자기만의 독특한 콘텐츠를 가지고 그 어떤 누구와도 경쟁에서 뒤지지 않을 준비가 되어 있어야 한다. 특히 보험영업에서는 지점장이나 영업소장은 경쟁력 있는 판매 조직을 만드는 것이 과제이고 영업사원은 스스로가 타인과의 경쟁에서 도태되지 않도록 경쟁력을 키워야 한다.

"가난하면 생각도 빈약해진다."는 격언이 있다.

　　경쟁력을 키워 승자가 되면 뭔가 잘 안 될 때 느긋하게 기다릴 수 있는 여유를 갖고 일을 여러 각도에서 검토할 수 있다. 영업사원에게는 돈의 여유보다 생각의 여유가 더 큰 힘이 된다. 따라서 생각의 여유가 있으면 다시 대담한 결정을 내려서 더 큰 영업을 할 수가 있는 것이다.

보험은 교육에서 시작되고 교육으로 끝난다

"영업 전략을 어떻게 세울 것인가? 누구를 공략할 것인가? 우리 제품이 필요한 곳은 과연 어디인가?"에 대한 문제는 항상 존재한다. 전략을 세울 지식이 부족한 경우도 있고 다행히 전략을 세웠다 하더라도 그것을 실행할 경험 있는 인력이 부족할 때도 많이 있다.

메이커가 상품이나 서비스를 생산하여 이것을 시장에서 소화시키는 데는 기본적으로 2가지 판매 전략이 있다.

하나는 소비자를 상품 쪽으로 끌어당기는 전략이고 다른 하나는 상품을 가지고 소비자 쪽으로 접근해 가는 전략이다. 수만 가지의 상품이나 서비스를 판매하는 전략에는 이 2가지밖에 없다. 앞의 방법을 PULL 전략, 뒤의 방법을 PUSH 전략이라고 한다.

"Fredric William Lanchester(1865~1946)"는 경쟁에서 우위를 차지하기 위해서 어떤 생각이 필요한지를 밝혀내려 했다. 란체스터 전략에

서는 소비자를 상품 쪽으로 끌어당기는 PULL 방법을 강자의 전략, 상
품을 가지고 소비자에게 접근해 가는 PUSH 방법을 약자의 전략이라
고 규정한다.

PULL 전략과 PUSH 전략

PULL전략은 기업이 소비자에게 TV나 매스미디어, 또는 POP, 전
단지 등을 통하여 제품과 상표의 광고를 대대적으로 함으로써 소비자
의 수요를 환기시키고 판매하고 있는 점포로 소비자의 발을 움직이게
하여 자사의 상품을 사도록 하는 전략을 말한다.

소비자에게 제품의 인지도나 이익을 제공하여 상품을 찾게끔 하
는 것이다. 강자 전략으로서의 PULL전략에 대하여 검토해 보자. 광고
등을 통하여 그 상품을 알게 된 소비자가 점포에 나와서 그 상표를 지
명 구매함으로써 상점에서 도매상(또는 대리점)에 주문하고 도매상이
나 대리점은 기업에게 주문하는 전략이다. 이 PULL전략은 소비자 유
인 전략으로서 소비자의 요구에 따라 공급하는 시스템을 취하고 있다.
예를 들면, 외국의 많은 자동차 업체들은 고객의 요구에 따라 자동차
를 만들어 주기도 한다. 자동차의 껍데기는 같은 모양일지라도 엔진의
배기량을 각각 다르게, 고객의 취향에 따라 변속 기능을 다르게 만들
어 준다든지 아니면 외관을 특별하게 만들어 주는 경우다. 그런데 마
케팅은 누구나 잘 알다시피 언제나 "시대 대응책"이라는 점이다. 그
시대에 가장 잘 맞는 방법이라야만 한다는 것이다.

PULL전략을 추진하는 내용은 다음의 5가지이다.

이 5가지 요인은 그 시대가 성장기 시장이거나 고도 성장시대일 때 참으로 적절한 방법이라고 할 수 있다.

■ 확률전을 벌인다.

우선 점포 수, 상품의 수, 세일즈맨의 수 등 경영의 모든 부분에서 라이벌을 압도하는 물량전으로 이끌어 간다는 내용이다. 마켓에서 이러한 상황을 만들어 유리한 지위를 차지하려면 a) 선발이란 조건, b) 제품의 다양화, c) 대리점 등의 판매장을 가능한 다수 설치, d) 수많은 거점의 오픈 테리토리화를 해나가야 한다. 이렇게 하면 시장의 확률전 상황이 되고 확률전이 되면 수가 많은 쪽이 유리해진다. 실례 하나를 들어보자. 1968년에 G사에서 TV를 최초로 생산했다. 당시 TV 방송을 서둘러서 하고 있는데 여러 가지 사정으로 TV는 생산하지 못하고 있었다. 당시 가구 수는 약 800만, 한 집에 1대씩 산다면 800만 대가 팔릴 것이다. 당시는 5.16이후의 수출 드라이브 정책으로 생활수준이 힘차게 발전하고 있을 때였다. 국민은 누구나 TV를 갖고 싶어 했다. 그러니 시장은 얼마나 넓은가. 모든 사람이 갖고 싶다는 생각을 하는 상황에서 G사에서 선발로 TV를 내놓은 것이다. 이럴 때 판매계획은 따로 필요 없다. 판매계획보다는 생산계획이 더 중요한 것이다. 한 달에 몇 대를 생산할 수 있는지가 과제일 뿐이다. 생산＝판매이기 때문이다.

■ 광역전을 벌인다.

광역전은 전국으로 확대한 것이다. 서울이나 부산에서 많이 팔자든가 하는 특정지역에 대한 정책은 고려의 여지가 없다. 어디서 팔리

건 TV는 G사 것이니까 특별한 중점지역이나 지역전략을 구사할 필요
가 없다.

　■ 원격조종으로 소비자를 설득한다.

원격조종이라는 것은 이처럼 전국으로 넓게 확산한 소비자를 설
득할 때 매스미디어를 통한 광고로 설득하는 것이다. 내 상품이 좋다.
그 상품은 여기에 있다. 사라, 사라, 사지 않고는 배길 수 없지, 하는 강
력한 요구를 리모트 컨트롤하는 것이다.

　■ 압도적 물량으로 단기 결전한다.

압도적 물량을 투입하여 확률적으로 팔리는 상황을 조성하면 그
상품이 선발일 경우, 또 소비자의 욕구가 높아져 있을 때에 회전율이
빨라지는 것은 당연하다.

　■ 라이벌을 유도하여 시장을 분산시켜서 약하게 만든다.

라이벌에게 접근하여 라이벌의 장점, 단점 등을 면밀히 살펴보면
아무리 강한 듯 비치는 라이벌에게도 약점이 있다는 것을 알게 된다.
바로 약점을 움직여서 상대방을 약화시켜 시장 잠식의 유리한 위치에
설 수 있다.

PUSH 전략은 잘 교육받은 영업사원이 고객에게 개별적으로 방문
하여 구매의욕을 부추겨 구매하게끔 하는 것으로 이른바 인적 판매 중
심의 전략이다. 이러한 전략은 고객의 취향이나 기호에 관계없이 같은

모양, 같은 스펙의 제품을 만들어 소비자 선택의 폭을 줄여 놓는 결과를 가져온다. PUSH 전략은 영업사원 방문이나 인센티브, 캠페인을 통해 고객을 창조해 나가는 기법이다. PULL 전략처럼 소비자를 상품 쪽으로 끌어당기는 것이 아니라 반대로 상품을 소비자 쪽으로 밀고 가는 이 PUSH 전략은 논-브랜드라도 상관없다. 단지 영업사원의 질, 활동의 내용 등이 상당히 중요하다. 이 약자의 전략인 PUSH 전략은 기본적인 부분에서 란체스터의 제2법칙인 확률적 법칙 또는 집중적 법칙을 적용하지 않는 상황을 만들어 나가야 하는 것이 필요하다. 요컨대 강자의 전략과는 차별화해야 한다는 말이다. 그렇다면 어떻게 하는 것이 그러한 상황을 만들 수 있는가?

약자의 전략인 PUSH전략은 다음과 같은 기본 수칙을 철저히 지켜야 한다.

■ 국지전을 전개한다.

마케팅에서 국지전은 무엇에 해당하는 것일까? 이것을 우선 2가지로 해석한다. 하나는 지역 한정이고 하나는 업종 한정으로 생각한다. 지역 한정이란 확률전에서 필수적인 오픈 테리토리에 상대되는 개념으로 개개의 대리점에 판매구역을 정해주는 것을 말한다. "당신의 판매구역은 여기다. 반드시 이 안에서 팔아서 시장을 개척해 나가야 한다."고 분명히 정해 준다는 것이다. 두 번째 국지전은 전업이라는 개념으로 해석한다. 예를 들면 1960년대, 독일이 딱정벌레인 폭스바겐을 들고 미국시장에 들어갈 때, 미국의 광고대행사인 DDB의 권고에 따라 지역을 한정하여 집중전략을 완전히 구사했다. 즉, 미국 전역으로 들어간 것이 아니고 먼저 캘리포니아로 들어가서 캘리포니아 외제 수입차 판매시장에서 40%의 점유율을 차지할 때까지 한 발짝도 다른 지역으로 나가지 않았다. 40%의 점유율을 달성한 후에야 인접 주로 넘어가는 방식을 택했다. 딱정벌레는 이 같은 집중전략으로 미국을 석권했던 것이다. 기업이 갖는 판매력 전부를 집중적으로 투입하여 높은 점유율을 달성하여 흑자 경영을 하는 것이다. 말하자면 자기 분수에 맞게 경영하는 것인데 이것은 고도의 전략발상이라고 할 수 있다.

■ 근접전을 벌인다.

마케팅은 전쟁이 아니다. 근접전을 무엇으로 이해해야 하느냐이다. 이 개념은 "고객관리"로 규정한다. "나의 고객이 누구인가 알고 판매를 한다. 또 장차 나의 고객이 될 당신은 누구인가를 알고 접근해 가자"는 것으로 해석하면 된다.

■ 1대 1 상대로 싸운다.

1대 1 상대면 절대 강자도 절대 약자도 없다. 1대 1은 고객 설득의 수단을 맨투맨의 대화로써 수행해 가는 것이다. 사실, 고객설득으로서는 대화를 통한 설명이나 입에서 입으로 전파되는 소문이 가장 정확하고 확실한 효과를 내기 때문에 이런 상황 및 여건을 만들어야 한다.

◼ 일절 집중하여 거점을 만든다.

나의 힘을 크게 하고 상대방의 힘을 적게 하는 것은 곧 집중으로 얻을 수 있다. 란체스터 제1법칙이 해당하는 상황 만들기라는 것은 결과적으로 작은 지역이나 한 개의 점포를 상대로 하는 경우 라이벌보다 나의 힘 투입량이 많아야 하는데, 이것은 집중에서 얻어지는 결과이기 때문이다. 이때의 힘이라는 것은 커뮤니케이션의 양이다. 즉, 설득력이다. 판매사원은 판매가 목표이고 주± 임무이다. 영업사원의 판매활동은 거래처를 만나고 설득하고, 거래처로부터 협력해 주고 싶은 분위기를 조성하는 것이 임무이다. 바로 이 일에 집중해야 한다. 이것은 곧 거래처를 만나는 일이다. 하루의 근무시간 중 70% 이상 거래선을 만나는 일에 할당해야만 한다.

◼ 양동작전(陽動作戰)을 구사한다. 즉, 성동격서(聲東擊西)한다.

양동작전은 라이벌을 혼란시켜 나의 진의를 알기 어렵게 하는 일이다. 모택동의 게릴라 전술에 "성동격서"란 말이 있다. 소리는 동쪽에서 지르고 치기는 서쪽이라는, 그런 듯 보이게 하면서 또 아닌 듯 보이게 한다는 뜻이다. 수십 년 전에 생명보험업계에서 이와 같은 사례가 있었다. 약자인 H생명은 경남 진주에서 거점을 구축하여, 상당히 강력한 점유율을 확보했지만 이것을 알아차린 K사가 2배, 3배의 설계사를 투입하여 공세를 취하는 바람에 결국 수적으로 열세인 H생명은 고객을 지킬 수 없었던 것이다.

PULL전략은 광고를 통하여 상품 선전을 하기 때문에 사업비 비중이 높은 반면에 판매자의 마진은 상당히 낮은 전략이기도 하다. 그래서 소비자를 상품 쪽으로 "끌어당긴다"고 한다.

한편 PUSH전략은 PULL전략의 반대이다. 기업은 소비자를 상대로 광고에 힘을 기울이기보다는 오히려 영업사원이나 세일즈맨에게 상품에 대한 철저한 "교육Education"을 시켜 소비자에게 상품을 판매하는 전략이다. 이는 PUSH전략과 달리 사업비 부담이 낮아 판매자의 마진폭이 크다.

전통적으로 "보험업"이 PUSH전략의 대표적인 업종으로 손꼽힌다. 이 세상에서 판매되고 있는 수만 가지의 상품들이 거의가 PULL전략으로 판매하고 있는 데 비하여 유독 무형의 상품을 판매하고 있는 보험만이 철저한 교육 훈련을 통하여 PUSH전략을 사용(과거에는 화장품이나 서적 외판 사원 등이 있었으나 최근엔 PULL전략으로 전환)하고 있다. 최근들어서는 보험도 신문 광고나 TV 또는 홈쇼핑을 통하여 대대적인 광고를 하고 있으나 이는 보험 상품 판매보다는 회사 이미지 제고에 중점을 두고 있으며 보험회사의 주종을 이루고 있는 설계사 영업이나 대리점 영업은 아직까지도 교육을 통한 전통적인 PUSH전략을 사용하고 있다.

따라서 어느 업종보다도 보험 산업은 철저한 교육을 통해 고객의 입장에서 상품을 쉽게 이해할 수 있을 정도로 상품에 대한 확실한 지식을 습득하는 것이 필수적이다. 사고 시의 보상범위와 보상절차도 자세하게 안내를 할 수 있어야 함은 물론이다. 또한 재무 설계, 메디컬, 은퇴, 펀드, 서비스 등등의 교육이 가장 중요시되는 산업이기에 교육의 중요성은 두말할 필요도 없다.

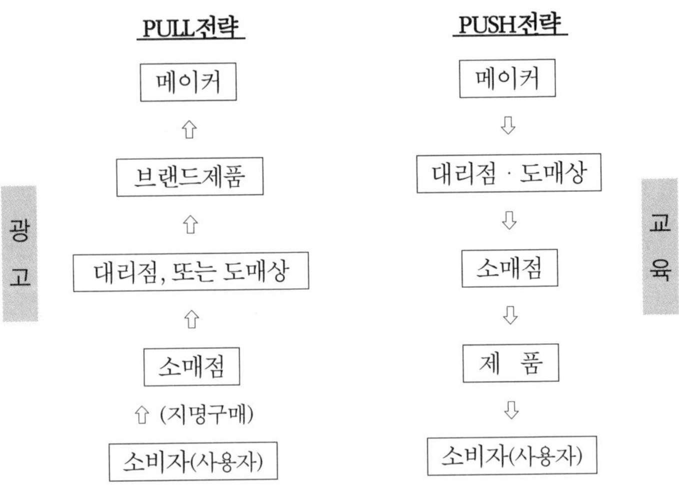

교육敎育이란 한자는 「맹자」의 『得天下英才而敎育之』(천하의 영재를 모아 교육한다)란 글에서 비롯되었다고 한다. 글자의 구성면에서 보면 "敎"는 매를 가지고 "아이를 길들인다"는 뜻이고, "育"은 갓 태어난 "아이를 살찌게 한다."는 뜻으로 기른다는 의미가 있다. 영어의 "Education", 독일어의 "Erziehung" 프랑스어의 "Education"은 다 같이 라틴어의 "educatio"에서 유래한 것으로 "빼낸다"는 의미와 "끌어올린다"는 의미를 가지고 있어 내부에 잠재된 능력을 개발시키고 미숙한 상태를 성숙한 상태로 만든다는 의미를 포함하고 있다.

즉, 교육은 지식 · 기술 · 기능 · 가치관 등을 가르치고 배우는 활동을 말한다. 한편 교육은 학생이 보다 나은 생활을 영위하며, 그로 인해 사회가 유지, 발전될 수 있도록 학생이 가진 능력을 끌어내어 새로이 습득하게 하는 활동이라고 설명하기도 한다. 넓은 의미의 교육은 개인의 정신, 성격, 능력의 형성에 영향을 주는 모든 행위와 경험을 의미한다.

인간은 교육을 통해 다음 세대에게 지식과 문화를 전수하고 발전시켜 왔다. 교육은 인간이 잠재적으로 가진 여러 가지 능력을 이끌어 내거나 사람이 가지지 않은 지식·기능·태도 등을 몸에 익히게 하는 수단으로, 개인을 보다 나은 방향으로 발달시키고 그에 따라 사회가 유지, 발전하는 것을 목표로 하는 활동이다.

교육은 한 인간이 다른 인간에게 인간이 지닌 소질과 가능성을 가능한 한 전체적으로 발달시켜 전 능력을 완전히 발휘케 한다. 더욱 더 완전한 인간으로, 인간의 존재 의미나 가치 있는 존재로서 일생을 보내게 하는 것을 말한다.

무형의 상품을 판매하는 PUSH 전략의 대표적인 보험영업이야말로 보험 상품에 대한 철저한 교육이 요구되며 상품에 대한 확실한 지식 습득은 필수이다. 고객의 입장에서 가입한 상품에 대한 수월한 이해가 이루어지도록 해야 하고 사고 시 보상 범위와 보상 절차도 자세하게 안내를 할 수 있어야 한다.

따라서 보험 영업사원은 회사에서 실시하는 상품 교육은 빠짐없이 참석하여 상품에 대한 내용을 숙지함은 물론 상품지식으로 재무장된 상태에서 판매하는 그 순간부터 내 고객이 되는 까닭에 고객관리, 고객서비스가 절실히 필요해진다. 즉, 보험영업은 많은 거절을 경험해야 하는 특성이 있으므로 이를 수용할 줄 아는 용기와 끈기 그리고 고객에 대한 지속적인 설득의 기술이 필요하다.

교육투자를 통한 생산성 향상

최근의 경제위기 상황 속에서 수많은 설계사가 자기계발에 나서고 있다. 대한생명은 2007년 1월부터 자사 설계사들을 대상으로 무료로 운영해온 학습전문사이트 "FP 사이버교육센터"의 누적 방문객이 100만 명을 돌파하였다. 사이트 오픈 초기만 해도 하루 평균 방문자 수는 500여 명에 불과하였으나 2009년엔 2,500명까지 이용자가 늘었다. 학습 시간대는 오전 7시 30분부터 9시까지가 30%로 가장 많았고, 오후 9시 이후 접속자도 25%를 차지하였다. 이용시간도 한번 접속하면 최소 30분 이상 학습하고 있는 것으로 분석됐다. 주말에도 하루 1,000명 이상 방문해 끊임없는 자기계발을 하는 것으로 나타났다. 설계사들이 선택하는 학습 과정도 불황의 영향을 받는 것으로 나타났다. 2009년에는 상품 연구, 각종 자격시험에 대한 학습이 인기 과정이었는데 반해 2010년에는 VIP를 대상으로 한 재테크, 세테크 컨설팅 사례 중심의 학습이 늘고 있다.

대한생명 "FP 사이버교육센터"는 컨설팅 MBA(은퇴, 상속, 부동산, 투자, 세금, 자산설계 등), 각종 자격시험과정(간접투자판매자격, 변액보험, AFPK 등), 세일즈마케팅(판매프로세스, 상품, 시장개척, 화법 등), 비즈니스매너, 윤리교육 등 100여 개의 학습과정으로 구성되어 있다. 최근 경제위기 상황에서 주경야독하는 설계사가 급증하고 있으며 고객을 위한 재무컨설팅을 제공하기 위하여 공부하고 연구하는 컨설턴트로 진화하고 있다.

한편, 보험업계 처음으로 휴대전화를 통한 설계사 교육이 도입되었다. 삼성화재는 KT와 제휴해 설계사 교육을 위해 "애니카 TV" 서비스를 시작하였다. 설계사들은 개인 휴대 전화에 이 프로그램을 설치한 뒤 자신이 원하는 시간과 장소에서 필요한 프로그램을 시청할 수 있다. 주문형 비디오(VOD) 시청과 비슷하다. KT 요금제를 이용하는 설계사들만 서비스를 받을 수 있으며 월 4,000원에 무제한 시청각 교육을 받을 수 있다.

이로써 보험회사와 설계사들의 오랜 고민이 완화되었다. 회사 차원에서는 외근을 주로 하는 설계사들을 한 자리에 모아 상품 교육을 하는 일이 쉽지 않았다. 삼성화재의 경우 3만여 명의 설계사를 위한 교육 공간이 많이 필요하고 오프라인 강사 초빙료도 만만찮다.

설계사들도 급변하는 보험상품 구조와 시장 흐름을 일하면서 파악하기가 쉽지 않았다. 더욱이 보험상품만 알아서는 곤란하고 고객들의 자산관리와 재무컨설팅 역할까지 하여야 하므로 금융상품이나 부동산 등에 관한 식견을 충전하는 일이 시급했다. 보험상품도 나날이 다양해지고 있다. 두꺼운 상품 설명 자료와 회사 교육 자료 등을 들고 다니면서 고객을 만나야 하는 것도 고충이었다.

앞으로는 휴대전화로 교육을 받고 고객 설명 자료도 간편하게 마련할 수 있게 되었다. 금융권역 간의 경계가 무너지고 금융회사 간의 경쟁이 심화하면서 다양한 융합상품과 서비스가 쏟아지고 있다. "애니카 TV" 서비스가 관련 교육 채널이 될 것이라고 기대하고 있다.

그들은 전체 설계사 3만여 명의 설계사 중 5,000명 이상이 이 서비스를 이용할 것으로 예상했다. 이 시스템을 개발한 KT는 2009년 9월부터 휴대전화를 통한 사내방송을 시작했다. 전 직원들은 휴대전화에서 "사내방송" 시청 프로그램을 설치해 회사 관련 정보를 얻는다. 최고경영자 뉴스, 오늘의 뉴스, 댓글 달기, 교육, 문화, 스포츠 등 7개 영역의 콘텐츠가 공급된다.

첨단 휴대전화기인 스마트폰은 회사가 피교육자들의 학습 정도를 파악할 수 있으며 동영상의 화질도 월등하다. 직원과 설계사 교육에 관심이 많은 보험회사와 병원 등에서 이 시스템 도입을 검토하고 있다.

많은 생명보험회사가 판매조직의 자질향상 및 마케팅 강화를 위해 설계사들을 대상으로 다양한 교육활동을 벌이고 있다. 동양생명은 단계별 교육시스템 도입 및 개선을 통해 전문가 육성에 집중하고 있다. 이를 바탕으로 은퇴설계 클리닉, 위험설계 클리닉, 재무설계 계산 기초과정 등 리스크 능력배양에 초점을 맞추고 있다. AIA생명은 「종합금융인 양성」이라는 비전을 실현코자 "3층 교육시스템"을 구축했다. 우선 설계사 역량강화를 위해 거점지역별 트레이닝 아카데미를 중심으로 한, 단계별 정규교육 과정을 개설하여 엄격한 관리로 진행하고 있다. 또한 다양한 실전교육을 지원하기 위해 CFT(Corporate Field Trainer)를 엄선해 실전지식 및 서비스기술을 공유하고 온라인으로 E-Academy 사이트를 운영 중이다.

알리안츠생명은 신인 설계사 전담 FM(Field Manager) 제도를 도입, 각 영업단에 1명의 FM이 2~3차 월의 신인 어드바이저를 대상으로 동반활동영업을 펼치는 등 현장집중 교육에 나섰다. ING생명도 설계사들을 대상으로 금융컨설팅 과정, 재무계산기, 금융테마 교실 등을 확대 운영할 계획이다. 나아가 VIP 마케팅, 고객서비스, 세일즈 콘셉트 및 자산 관리 등 상위 실적 FC를 대상으로 하는 웰빙 매니지먼트 과정 교육도 적극적으로 지원할 예정이다. 뉴욕 생명 또한, 에이전시 채널의 교육 강화를 목적으로 첨단교육시설을 갖춘 트레이닝 센터를 설치하여 Gold System 및 NYLIC University 프로그램을 운영하고 있다.

이처럼 입문단계부터 고 능률단계에 이르기까지 유기적으로 짜인 전문적인 교육과정은 새 영업조직의 유입과 더불어 정착률에도 크게 기여할 것으로 판단된다.

이렇듯 최근 각 보험회사에서는 보험설계사와 대리점주의 능력과 경쟁력 향상, 그리고 생산성 향상을 위히여 각종 교육 키리큘럼을 기지고 교육에 심혈을 기울이고 있다. 아울러 보험연수원에서도 전문성 강화의 일환으로 펀드 영업자격시험, 종합자산관리사 교육 등 보다 체계화되고 심화된 교육을 통해 종합금융시대의 보험의 전문성 제고에 기여하고 있다. 그리고 이에 안주하지 않고 최근에는 언더라이팅 자격제도를 도입하고 우수 인증설계사들에 대한 무료교육을 하는 등 부족한 보험교육 관련 인프라를 확대하고 있다.

회사는 불완전판매 관리에 집중해야 한다

최근 보험판매가 전통적인 방문판매로부터 홈쇼핑, TM, 온라인판매, 방카슈랑스 등으로 다변화되면서 계약체결시 보험약관미교부, 청약서 자필서명미이행, 중요내용 미설명과 같은 보험 상품의 주요 내용이 제대로 제공되지 않는 등의 불완전판매로 인한 소비자피해의 우려가 커지고 있다.

보험이 무형의 상품이고, 보험계약자의 자발성보다는 보험권유자의 적극적인 권유가 구매에 큰 영향을 미치는 상품이므로 가입시 소비자들은 보험세일즈맨들의 말을 그대로 믿다가 보험금 지급시나 중도 해약이 필요한 시점에서 자신이 계약한 보험상품의 잘못된 내용을 뒤늦게 파악하여 피해가 발생하는 것으로 분석된다.

보험시장의 치열한 경쟁은 일부 보험세일즈맨들로 하여금 불완전판매의 유혹에 빠져들게 한다. 이런 유혹들 때문에 불완전판매가 줄어들지 않고 있다. 이는 궁극적으로 영업의 어려움을 극복하려 하지 않고 쉽게 계약을 체결하고자 하는 안이한 정신자세 때문이다.

땀 흘려 일하여 그 결과를 얻으려고 하지 않고 보다 쉽게 영업을 하려고 하려고 하면 안 된다. 약관상 있는 실제 그대로를 안내하여 계약을 해야 함에도 쉽게 계약을 이끌어 내기 위해서 말 그대로 불완전한 상태로 계약자를 현혹하여 계약만 받고 보자는 얄팍한 영업태도에서 비롯된다.

박모씨는 지난 2008년 3월에 모생명보험회사의 상담원에게 걸려온 전화를 받고 10년 만기에 사망보험금 지급 및 건강검진 등 혜택에 은행적금과 같은 복리, 비과세 등이 부여된다는 보험상품에 가입했다. "1년 6개월만 보험료를 의무납부하면 보험계약이 유지된다"고 했고 박씨는 월 100만원씩 매월 납부했다. 1년 6개월 뒤 보험료가 부담돼 보험료 납부 없는 보험계약 유지를 요청했으나 보험상품 운영에 필요하다며 월 11만원씩 내야 한다고 했고 해지를 요청하자 납입 보험료에서 70만원을 공제한다는 설명을 들어야 했다. 그는 상담원의 설명을 듣고 1년 6개월 동안 매달 100만원을 납부했는데 이자는커녕 손해를 봐야 한다는 게 말이 되느냐고 분통을 터뜨렸다.

한편, 김모씨는 지난 2007년 11월 모 홈쇼핑을 통해 2년 이상 불입하면 계약 기간보험료 금액을 낮추거나 중단할 수 있다는 말에 끌려 월 50만 원을 납부하는 모 보험회사의 저축보험에 가입하였다. 그는 지난 해 말에 사업이 예전 같지 않아 보험료 납부를 중단하기 위해 상담원과 통화를 했으나 환불받기 위해서는 원금에서 무려 17%나 차감된다는 안내를 받았다. 가입 당시에 홈쇼핑과 보험회사 상담원이 이런 내용을 알려 주지 않아 2년이 지난 후 상담 시 차감에 대해 알았다고 한다.

이런 사례는 보험세일즈맨의 말을 그대로 믿었다가 보험금 지급 요청시나 중도에 보험계약의 해약이 필요할 시점에서 자신이 알고 있는 내용과 실제 계약된 내용과 상이하다는 것을 알게 된 경우다. 이와 같은 불완전판매로 인해 계약자는 물론 보험세일즈맨이나 보험회사도 다같이 공동 피해를 보게 되는 것이다.

금융감독원의 자료에 따르면 FY2008 모집조직별 불완전판매율은 설계사 5.5%, 개인대리점 5.8%, 법인대리점 7.6%, 방카슈랑스 11.2%, 통신판매 20.6%, 홈쇼핑 17.8%로 평균 10.1%를 보였다. 통신판매와 같은 비대면 채널의 불완전판매율이 가장 높은 것으로 나타났다.

불완전판매의 원인을 분석하는 것이 대응방안을 만드는 첫 걸음 이다. 완전판매를 할 수 있는 역량을 가진 보험세일즈맨이 판매했다면 이러한 문제는 원천적으로 발생하지 않을 것이고 규제도 필요 없을 것 이다. 고객을 기만하지 않고 고객의 만족을 추구하며 그로 하여금 정 당한 대가를 받기 원하는 세일즈맨을 선별 도입하는 것이 우선 방안이 될 것이다. 아울러 업계는 불완전판매를 줄이기 위해 각종 교육을 실 시하고 판매 후 모니터링 시스템을 강화하는 등 노력을 지속적으로 해 야 할 것이다. 그러나 이 같은 노력에도 불구하고 불완전판매 비율이 좀처럼 줄지 않고 있다. 최근 금융감독원은 연 1회 생명, 손해보험협회에 각 보험사의 채널별 불완전판매비율을 공시토록 해 이로 인한 부작용을 차단하고 있다.

또한 불완전판매는 잘못된 제도에서도 발생한다. 계속적으로 문제가 되어온 수당제도 및 불완전판매자에 대한 징계는 각 보험회사가 계륵으로 생각하였던 부분이지만 최근 감독당국의 권고와 자체적인 판단에 의해 일정부분 제도보완이 되고 있기도 하다. 이러한 제도보완은 불완전판매자에게 불이익이 되는 구조로 되어 있어 불완전판매 축소에 상당히 기여할 것으로 판단된다. 특히 수당제도에서 일시불수당제도의 분급화 및 환수제도의 강화는 상당히 의미 있는 제도보완이 될 것이고, 징계는 퇴출을 포함하여 강력한 제재수단이 될 것이다. 판매자 책임을 강화하기 위하여 독립채널배상책임 보험가입을 의무화하는 제도를 마련하면 도움이 될 것이다.

금융감독원에서는 불완전판매를 근절하기 위하여 자율규제 강화, 보험계약 설명의무 부과 등 다양한 제도를 마련하고 있다. 그러나 이로써는 근절이 어렵다. 불완전판매에 감독당국이 지나치게 나설 경우 영업조직의 사기를 떨어뜨려 생산성이 저하된다고 우려하는 것은 잘못된 생각이다. 불완전판매에 대해서는 판매자책임을 강화하여 3회 이상 적발시에는 각사가 이들의 명단을 공유하여 보험시장에서 발을 붙이지 못하게 하는 삼진아웃제도를 강력하게 실시해야 한다. 또 이들에 대하여 거액의 제재금을 부과하여 불완전판매로 인한 제재금 때문에 다시는 하여서는 안 된다는 경각심을 불러일으키는 정신교육이 필요하다. 따라서 교통위반자에 대하여 벌금과 소양교육을 실시하듯이 지속적으로 교육을 강화하여 완전판매의 중요성과 불완전판매의 폐해를 주지시켜야 할 것이다.

한편 각 보험회사에서는 실적위주의 영업방침과 수당위주의 보험 모집 관행 등으로 불완전 판매가 근절되지 아니하므로 불완전판매 비율이 높은 모집조직은 영원히 퇴출시켜야만 한다. 수당 및 수수료 지급에 있어서도 불완전판매율과 유지율을 반영하여 비율이 좋을 경우 일정폭을 높여주고 그렇지 않을 경우에는 불이익을 받도록 해 효율성 강화를 추진해야 할 것이다. 각사가 시장점유율 확대에만 주력하여 불완전판매에 대한 사후관리가 제대로 되지 않아 내실이 다져지지 않고 부실만 양산되어 왔다. 그러나 앞으로는 보험회사뿐만 아니라 모든 회사들이 리스크 관리를 화두로 회자하는 만큼 완전판매와 사후 계약관리의 중요성이 영업현장에서 큰 이슈로 떠오르게 되어 이에 대한 보험회사의 특단의 대책이 시급한 상황이다.

완전판매를 위해서는 교육이 필수적이다

앞에서도 언급한 바와 같이 금융감독당국은 불완전판매의 폐해를 줄이고자 보험회사에 통보하고 신문에 게재하는 등 완전판매를 강조하고 있다. 교육은 불완전판매 근절, 다양한 상품 판매를 위한 각종 자격 획득, 도덕성 함양, 언더라이팅 능력 향상 등과 불가분의 관계가 있기 때문이다.

불완전판매가 계속 발생하는 것은 지속적인 교육이 부족한 것에서 원인을 찾을 수 있다. 아직도 상당수의 보험회사가 입사 초기 교육을 제외하고는 불완전판매 방지를 위한 교육을 형식적으로 하고 있고, 일부는 이조차 제대로 실행하지 않는 경우가 종종 있다.

불완전판매를 근절하기 위한 교육은 사전적인 부분과 사후적인 부분으로 나누어 생각해 볼 수 있다. 사전적 교육은 입사과정교육 및 다양한 교육과정 중에 판매인 윤리교육과 완전판매과정을 배정하여 이에 대한 내용을 정확히 숙지시키는 것이다. 이러한 과정은 지속적으로 이루어져야 하며 매일 아침 조회시간이나 석회시 주지시켜야 할 것이다. 사후적 교육은 실제로 불완전판매가 발생한 경우, 해당 세일즈맨에 대한 교육이다. 해당 행위자에게 불완전판매의 유형을 개선하기 위해서 반복적 교육은 물론 이로 인한 불이익에 대해서도 명확하게 교육해야 한다. 아울러 해당 지점의 영업관리자에게도 본사 차원에서 불완전판매 추세를 매월 점검하여 책임의식을 고취해야 함은 두말 할 나위도 없다.

최근 감독당국을 중심으로 보험상품의 완전판매를 고취시키기 위해 설계사 등 보험판매자격자에 대한 판매자 윤리교육 및 보수교육 의무화 등을 추진하고 있다. 감독당국이 이러한 제도를 시행하려는 것도 교육의 중요성을 알고 있기 때문이다. 보수교육 중 특히 관련법규와 보험판매자격자의 윤리 등에 관련된 사항은 특성상 보험사의 자체교육보다는 객관성이 있는 보험연수원이 시행하는 것이 효용성을 극대화할 수 있다.

삼성생명의 경우 지난해부터 판매리스크 예방을 위해 영업현장에 컴플라이언스 매니저Compliance Manager를 배치하기 시작했다. 현장점검과 모니터링, 불완전판매 관리, 완전판매 실천을 위한 교육을 담당하도록 해 단순히 판매실적을 늘리는 데 초점을 맞추기보다 질 높은 판매를 이루려는 목적이다.

대한생명은 계약 전 투자성향 진단서를 고객이 직접 작성케 함으로써 가입 전에 향후 투자에 대한 책임이 고객에 있음을 명확히 인지시키고 있다. 알리안츠 생명은 콜센터를 통해 전 계약건에 대해 기본사항을 확인하고 있으며 변액보험의 경우 상품의 주요 내용에 대해 다시 한 번 설명하고 이해하였는지를 점검하고 있다.

경기침체로 한동안 판매가 부진했던 변액보험에 대한 관심이 늘어나면서 생명보험회사들은 부실판매 예방 노력도 확대되고 있다. 변액보험 판매자격 취득이 기본이지만 이에 그치지 않고 일상교육과 집합교육을 통해 정기적으로 완전판매를 위한 보수교육을 진행하여야 할 것이다.

불완전판매로 인해 회사가 입게 되는 손실은 금전적인 부분만이 아니라 회사의 평판리스크에 결정적으로 작용하여 극단적인 경우에는 회사가 영업에 어려움을 겪은 후 문을 닫게 되는 경우가 발생할 수 있음을 사전에 인식하고 임직원이 공히 이에 대한 각오와 교육이 선행되어야 할 것이다.

특히, 영업관리자에 대해서는 지속적인 교육이 필요하다. 영업 일선을 담당하는 관리자가 방심하거나 이를 조장할 경우 불완전판매는 급속히 확산되고 보험세일즈맨이나 영업소는 물론 회사는 막대한 손실을 볼 수 있다. 보험회사는 프로세스나 제도의 보완도 중요하지만 결국 영업을 하는 보험세일즈맨이나 영업관리자 그리고 임직원의 의식전환이 없이는 불완전판매가 개선될 수 없음을 정확히 인지하고 교육에 대한 투자를 아끼지 말아야 할 것이다.

회사를 최대한 **활용**하라!

이 말은 이상하게 들릴지도 모르지만 나는 본부장 시절부터 지금까지 지점장, 영업소장, 설계사, 대리점대표들에게 "회사를 최대한 활용하라!"고 자주 주문하곤 했다. 자기가 갖춘 능력을 최대한 발휘하여 영업소와 지점 그리고 회사에서 주어지는 회사 정책, 영업 방향, 각종 시책, 연도대상 등 모든 혜택을 나의 것으로 만드는 자가 현명한 사람이기 때문이다.

매월 영업 실적을 통해서 주어지는 시상금과 리크루팅으로 얻을 수 있는 금전적인 혜택도 수혜를 받는 자만이 분기대상에 도전할 수 있고 나아가 연도대상에 도전할 수 있다. 영업 실적으로 인한 비례 수당과 수금수당만이 자기의 소득이라고 간단하게 생각하는 자는 올바른 사고방식이 아니며 남을 앞서 가는 세일즈맨이 결코 될 수 없다.

보험 산업은 인지ᴀ紙산업이라 고객이 원하는 상품을 잘 만들어 잘 훈련된 영업사원으로 하여금 고객에게 접근하여 무형의 상품을 판매하고 있다. 설계사나 대리점 자격시험을 거쳐 보험영업 활동을 위하여 입사하게 되면 어느 회사든지 꽉 짜인 교육을 시행하고 있는데 처음 입문과정부터 교육을 빠짐없이 잘 받는 것은 가장 중요한 첫 단계이다.

보험업은 무형의 상품을 판매하기에 무엇보다도 철저하게 무장된 상품교육이 필요함은 말할 것도 없다. 판매해야 하는 상품을 계약한 내용이나 피보험자의 사고 시 보상내용과 보상 절차, 중도 해지 시 문제점, 만기 시 환급금 등등 수없이 많은 세세한 부분까지 통달하여야 고객에게 신뢰감을 줄 수 있다. 아울러 상품 내용과 더불어 중요한 것이 판매 기법, 대인 관계 접촉 방법, 방문 일정 짜기, 타인에 대한 예절 등등 어느 한 부분도 소홀함이 없어야만 고객을 내 고객으로 만들 수 있으며 나의 영원한 충성고객으로 유지할 수 있다.

개인적으로 어떤 일이 있더라도 사내 교육이나 원거리에 있는 2박 3일이나 3박4일 일정의 교육을 반드시 참석하여 나에게 주어진 교육은 무조건 이수하여야 한다고 생각한다. 왜냐하면 교육에 참가한 전국의 내로라하는 전문 세일즈맨들과 인간관계를 맺는 동안 일상적인 대화 속에서 그네들의 성공담을 들음으로써 상품교육 외적으로 생각지도 못한 더 큰 성과를 거둘 수 있기 때문이다.

이와 더불어 중요한 것이 회사의 경영 전략도 점포장을 통하여 숙지하면 도움이 된다는 점이다. 특히 매년 실시하는 연도대상 시상안과 매 분기별 시상안을 자세히 분석하여 영업 활동 시 시상안에 맞는 나만의 지표를 하나하나 채워 나가면 목표를 달성할 수 있다.

주어진 실적과 리크루팅면에서는 초과 달성하였으나 유지율과 수금률, 정착률 면에서 부진하여 시상권에 들지 못하는가 하면 실적과 효율면에서는 목표를 달성하였으나 리크루팅이 부진하여 시상권에 들지 못하는 경우를 수없이 경험하였기에 처음부터 업적, 조직, 효율 모두를 충족시키는 방안을 연구하여 착실하게 다져 나가야만 한다.

남들은 해외로 포상 여행을 가는데 난 왜 못 가는가? 이건 전적으로 나 자신의 책임이다.

"가난하게 태어난 것은 내 책임은 아니다. 그러나 가난하게 살다가 가난하게 죽는 것은 순전히 내 책임이다."라고 어느 누군가가 말했듯이 주어진 여건 속에서 하고자 하는 굳건한 의지만 있다면 이 세상에서 못 해낼 것은 없다.

성공한 사람들은 남보다 더 노력하고 인내하고 효과적으로 준비하는 습관을 지니고 있다. 누구나 습관은 노력으로 바꿀 수 있다. "하나의 새로운 습관이 우리가 알지 못하는 우리 내부의 낯선 것을 일깨울 수 있다."는 생텍쥐페리의 말처럼 일상을 변화시키려면 습관부터 바꾸어야 한다.

세상에는 말하고, 생각하고, 계획하고, 꿈꾸는 사람과 그 모두를 행동으로 옮기는 사람이 있다. 실천하는 사람을 성공으로 이끌고, 꿈만 꾸는 사람을 실패로 끄는 힘은 습관이다. 목표를 세웠다면 당장 실천하자. 꿈만 꾸고 생각만 한다면 진정한 삶의 변화는 얻을 수 없다. 신중하게 새로운 습관을 찾아야 한다. 습관은 버려지는 것이 아니라 교체된다. 금연에 성공했지만 대신 먹는 습관이 생겨 체중이 느는 것처럼.

한 습관을 중단하면 진공 상태가 발생하면서 다른 것으로 채워진
다. 또 다른 나쁜 습관이 대체되지 않도록 구체적이고 신중하게 새로
운 습관을 선택하라. 새 습관이 몸에 배려면 꾸준히 훈련하는 노력이
필요하다. 바이올리니스트 "사라사테"는 사람들이 "내가 지난 37년 동
안 하루에 14시간씩 연습한 건 생각도 하지 않고 천재라 부른다."라고
씁쓸해했다. 최고가 되는 것은 재능보다도 꾸준히 연습하는 습관에서
비롯된다.

이렇듯 애초부터 나는 회사에서 시행하는 모든 시책에 도전하는
습관이 있으면 계속하여 도전하게 하는데 그렇지 못하면 처음부터 그
런 습관을 포기하여 남들보다 회사의 각종 혜택을 누리지 못하는 것이
못내 아쉽기만 하다. 회사에서 주어지는 모든 혜택을 최대한 이용할
줄 아는 사람이 진정한 프로임을 명심하여야 할 것이다.

성공한 사람들이 가지고 있는 생각과 태도

성공한 사람들은 모두가 하나같이 자신의 재능과 역할을 발견하여 소중히 하며 끊임없는 열정과 에너지로 자신의 인생을 채운 사람들이다.

오늘날 세계에서 가장 영향력을 미치는 대표적으로 성공한 두 사람을 예로 들면, 미 국무장관을 지낸 "콘돌리자 라이스"와 토크쇼의 여왕 "오프라 윈프리"를 들 수 있다.

"콘돌리자 라이스"는 인종 분리 정책과 맞서 싸워야만 했던 1954년에 버밍햄에서 태어났다. 흑인인 그녀의 성장 과정은 불평등한 정책, 교육 기회의 박탈과 각종 기업의 횡포 등과 결코 분리될 수 없었다. 그녀가 10살 때, 부모님과 함께 백악관에 가게 되었다. 밖에서 구경하던 그녀는 큰 소리로 말했다. "아빠, 제가 밖에서 백악관을 구경하는 건 피부색 때문이에요. 두고 보세요. 전 반드시 저 안으로 들어갈 거예요." 조숙했던 그녀는 예언가처럼 그 말을 실현했다.

흑백 차별의 문제를 넘어 백인보다 훨씬 뛰어나다는 것을 증명하 겠다는 욕망으로 피아니스트의 꿈을 접고 덴버대학에 진학했다. 그리 고 "조셉 코벨" 교수의 「국제 관계와 구소련 연구」라는 강의가 그녀의 인생을 바꾸는 터닝 포인트가 되었다. 대학원에서 군사학에 초점을 맞 춰 전공을 이수한 "콘돌리자 라이스"는 누트르담 대학의 스승이었던 "브린클리"와의 공동 연구를 통해 비약적인 발전을 이루었다.

그녀는 교수, 국방성 근무, 백악관의 국가 안보리로 이어지는 발판 을 마련하는 계기가 되었다. 25세에 소련전문가로서 박사학위를 취득 한 그녀는 부시 대통령 정부의 국가안전보장 담당 보좌관으로 발탁되 었다. 이후 그녀는 아들 부시가 대통령에 출마했을 때, 부시 캠프의 외 교 정책 고문을 맡았고 그가 대통령이 된 후 미국 국무장관으로 자신 의 능력과 존재가치를 최대한 증명해 보였다.

토크쇼의 여왕, "오프라 윈프리"는 1954년 미국 미시시피의 시골 에서 아빠도 모르는 흑인 사생아로 태어났다. 매질하는 할머니와 무서 운 외할아버지 슬하에서 지독한 가난과 지속적인 폭력 속에 성장하였 다. 그녀는 아홉 살에 사촌에게 강간을 당하고 열네 살의 어린 나이에 임신하여 조산아를 출산하여 아기가 사망하는 불운을 겪었다. 어릴 때 부터 마약을 복용하고 106kg에 달하는 극심한 비만에 시달리기도 하 였다.

그러나 그녀는 항상 당당하고 솔직했으며 언제나 따뜻한 마음을 잃지 않으려고 노력했다. 그런 마음은 어린 시절 외할머니에게 받은 사랑과 믿음의 영향이 매우 컸다. 보잘것없던 흑인 소녀였던 그녀에게 외할머니는 손녀가 지닌 재능과 능력을 개발해 주려고 책읽기를 가르쳤고 말하는 재능에 칭찬을 아끼지 않았다. 성인이 된 그녀는 자신이 성공한 토대는 "독서"였다고 강조했다. 독서로 사고력이 높아진 소녀는 자신감이 넘쳤다. 그것은 그녀가 성공하는 데 가장 큰 영향을 미쳤다.

미국 내 시청자만 2,200만 명에 달하고 세계 150개국에서 방영되는 "오프라 윈프라" 쇼가 30년 가깝게 성공할 수 있었던 가장 큰 요인은 그녀의 부드러운 카리스마이다. 삶에 대한 애정과 박애정신으로 출연자마다 그 어떤 차별 없이 진심을 나누는 "포용의 마음"은 그녀를 최고로 만들었다.

그녀는 케이블 TV와 인터넷 미디어까지 거느린 하프 오프라(주)의 회장이고 흑인 최초로 "보그"지 패션모델이 되었으며 인권운동가로서 자유상을 수상하였다. 독서광인 그녀는 "오프라 북클럽"을 통해 수십 권의 베스트셀러를 탄생시켰으며 2억 달러가 넘는 매출을 올렸다. 그녀는 나를 둘러싼, 나를 속박하는, 나를 불행하게 만드는 그 모든 것으로부터 어서 빠져 나오라고 소리치며 오늘도 가슴 떨리도록 생을 열망하면서 살아가고 있다.

이렇듯 사회에서 성공한 사람들이 평소에 가지고 있는 생각과 습관을 살펴보기로 한다.

언제나 밝은 표정으로 강한 추진력을 가지고 있다

언제나 표정이 밝은 사람들은 항상 긍정적인 사고를 하고 있다. "하면 된다"라는 적극적인 사고방식을 가지고 강한 추진력을 발휘하기 때문에 모든 난관을 남보다 수월하게 헤쳐나간다. 그런 사람들에겐 자신감이 넘쳐 보이고 다가오는 사람들이 많아지게 된다. 어떤 일을 하든지 성공할 것 같은 이미지를 풍기므로 주변이 도움과 지원이 많아진다.

목소리가 발랄하고 항상 친절하다

자신에 차 있는 목소리는 만나보지 못한 상태에서도 전화 목소리만으로도 호감을 주고 상대방으로 하여금 만나보고 싶은 마음을 이끌어 내는 사람이다. 누구에게나 친절하고 자신에 찬 목소리로 대하기 때문에 남들에게 신뢰감을 주고 타인으로 하여금 호감이 가게끔 유혹하는 힘이 있다.

전문성을 가지고 똑 부러지게 한다

어려운 일이 닥쳐도 핑계로 떠넘기려 하지 않는다. 부드러운 설득력으로 주변의 지원을 받아낼 줄을 알고 끝까지 정성스럽게 최대의 노력을 아끼지 않는다. 항상 노력하는 자세이기에 전문성을 겸비하여 어려운 일이라도 해결해 내고야 만다.

대인관계가 부드럽고 원만하다

개인적, 업무적으로 절대 적을 만들지 않는다. 언제나 동원할 수 있는 지원군으로 대기시켜 놓는다. 그리고 누구에게나 항상 얻어먹지 않고 가끔 당당하게 돈을 쓸 줄을 안다. 대인관계가 부드럽고 원만하여 상대방으로 하여금 편안한 마음이 들어 다시 찾게 하는 수완이 있다.

고마워할 줄을 안다

자신에게 도움을 주는 사람뿐만 아니라 경쟁 상대에게도 같은 자세로 대한다. "나 외의 모든 사람은 고객이다"라는 말에 동의하고 상대방이 있기 때문에 자신이 존재하고 발전할 수 있음에 감사한다. 말 끝마다 "감사합니다", "고맙습니다"가 입에 달려 있어 고객이 감동하게 한다.

상대의 고통과 고민을 감싸주고 이해한다

누구나 자신의 고통을 하소연하기는 쉬워도 상대방의 어려움을 이해하기는 쉽지 않은 법이다. 들어준다는 것은 내 편으로 만들고 있다는 증거이다. 상대방의 고민이나 고통을 내 것인 양 아파하고 동참하여 해결하려고 노력하는 자세를 가진다.

다정하고 따뜻하나 헤프지 않다

포옹과 절제가 무엇인지 안다. 항상 고객으로 하여금 편안하게 느끼게 하고 마음의 여유를 가지는 동시에 공과 사의 매듭이 분명하다. 언제나 따뜻한 성품으로 고객을 다시 찾게 만드나 무리한 부탁이나 청탁은 상대방의 마음이 상하지 않는 범위 내에서 절제하면서 거절할 줄도 안다.

누구나 성공을 위하여 혹은 삶을 크게 도약시키기 위해 최선을 다하면서 살아간다. 역경에 처한 당사자의 심정은 삭풍이 몰아치는 황야에서 혼자 서 있는 심정일 것이다. 좌절, 실패, 역경을 극복하려면 무엇보다도 의지가 중요하다.

보험세일즈 또한 좌절을 순간순간 느끼게 된다. 무엇인가를 해내고자 하는 강한 의지가 없이는 이를 극복하기가 불가능하다. 성공하기 위해서는 필수요소가 많이 있다. 그중에서 "태도"가 매우 중요한 요소로 작용한다. 젊은 시절에는 누구나 평범한 미래를 꿈꾸지 않는다. 하지만 그것을 잘 알면서도 나이가 들면 자신이 지나온 인생이 그저 평범했다는 사실을 인정할 수밖에 없는 이유는 무엇일까? 세상에 대한 호기심이 가득하고 미래에 대한 희망으로 부풀어 오르고, 원대한 이상을 가졌던 젊은 시절의 모습은 다 어디로 사라진 것일까?

우리는 그 이유로 살아온 환경이나 운 같은 다양한 이유를 생각한다. 하지만 〈"기본을 탐하라!"〉의 저자인 "류가와 미카"는 "자신의 내면을 들여다보면 볼수록 결국 하나의 결론만 나와요. 바로 태도죠. 잘못된 태도가 인생을 망치는 거예요."라고 말했다.

신은 인간에게 세 가지 열쇠를 주고 성공의 문을 열도록 하였다. 첫 번째와 두 번째 열쇠는 "집안"과 "학벌"이다. 이 중 하나를 가진 사람은 남보다 쉽게 성공할 수 있는 위치에 설 수 있다. 하지만 만약 신이 우리에게 좋은 집안과 명문대학을 졸업할 능력을 주지 않았다면 세 번째 열쇠인 "태도"야말로 우리를 성공으로 이끄는 유일한 열쇠라 할 수 있다. 태도를 장악하는 것은 바로 인생의 미로를 여는 마지막 열쇠를 가진 것과도 같다.

태도는 그 사람을 가장 잘 보여준다. 그리고 태도는 우리의 가치를 결정한다. 다행인 것은 우리가 매일 어떤 태도를 보일지 스스로 결정하고 선택할 수 있다는 것이다. 우리는 과거를 바꿀 수 없고, 다른 사람의 태도를 바꿀 수 없고, 앞으로 일어날 일들을 바꿀 수 없다. 우리가 유일하게 바꿀 수 있는 것은 다름 아닌 우리가 가지고 있는 태도뿐이다. 인생의 10%는 주변에서 벌어지는 일로 결정되지만, 90%는 우리의 태도로 결정된다. 그래서 모든 것은 우리에게 달렸다.

태도는 일의 성과를 결정하고 인생의 가치를 결정한다. 마음을 바꾸면 태도도 바뀐다. 태도를 바꾸면 습관이 바뀐다. 습관을 바꾸면 인생이 바뀐다. 그러므로 태도는 모든 것을 결정한다. 태도의 위력을 이해하는 것이 우리의 태도를 바꾸는 첫걸음이다. 태도는 '우리가 인생을 이끌지' 아니면 '인생에 이끌려 다닐지'를 결정하기 때문이다.

리크루팅이 보험사업의 기본이다

리크루팅만이 살길이다

나는 과거 지점장 시절부터 지금까지 새로운 영업소나 지점 오픈 시 방명록에는 항상 이렇게 적어 왔다. 그것도 아주 큰 글씨로 『증원만이 살길이다!』라고. 그리고 회의를 시작할 때와 회의를 끝낼 때 나누는 인사는 "안녕하십니까?" 대신에 무조건 "증원합시다!"로 하면 나는 전체의 목소리보다 더 큰 소리로 "증원합시다!"라고 답례를 지금까지 하고 있다.

오늘날에 와서는 TM, 방카슈랑스, 홈쇼핑 등이 보험영업의 새로운 채널로서 각광을 받고 있지만 그래도 설계사와 대리점의 대면조직이 차지하고 있는 비중은 여전히 높고 그들이 판매하는 상품이 회사의 고수익을 가져다줄 뿐만 아니라 회사의 운명을 좌우하는 것은 리크루팅 뿐이며 앞으로도 그럴 것이다. 설계사 리크루팅은 물론, GA는 GA대로, TM은 TM대로, 방카는 방카대로 채널별로 리크루팅에 힘을 기울여야 내적으로 건실한 회사로 발돋움할 것이다. 어느 한 쪽으로 기울어 포트폴리오 구성이 잘못 이루어지면 상품 구성도 언밸런스가 되어 회사 전체가 언밸런스로 흐를 가능성이 크다.

대부분의 보험회사는 여전히 대면조직의 확충에 심혈을 기울이고 있다. 그리고 각 보험회사가 실시하고 있는 리크루팅은 기존 설계사나 대리점대표님들의 인적 네트워크를 활용한 방식이 아직도 대세를 이루고 있다.

나 또한 지점장 시절에 매일, 매월 하는 가장 중요한 업무가 신인 면담이었다. 내가 앉는 소파 양옆의 서랍 한쪽에는 리크루팅 면담카드가 들어 있고 다른 한쪽에는 리크루팅 면담기념품이 가득 들어 있었다. 영업소별로 주간, 월간 면담 인원에 대한 목표를 주어 각 영업소마다 나의 면담을 거친 후 시험 전 교육을 받아 10명 이상 설계사 자격시험에 반드시 응시함을 기본 지침으로 삼았다. 그리고 매월 자격시험이 있는 날이면 만사를 제쳐놓고 시험장으로 달려가 시험이 끝나면 점심을 대접하곤 하였다.

기존의 설계사가 리크루팅후보자를 추천하면 각 지점이나 영업소의 팀장, RM(Recruit Manager) 등 리크루팅 담당자가 이들을 만나 면접을 시행한 후, 나누어 면접을 거쳐 '시험 전 교육 → 응시 → 입문과정 수료 → 위촉'으로 이어지는 과정을 통해 채용해왔던 것이다. 주로 2년제 대졸 또는 2년 이상의 사회활동 경험자들을 대상으로 보수체계, 채용 후 교육과정, 기존 설계사들의 성공사례 등을 상세히 설명하고 보험설계사란 직업에 대해 비전을 제시하고 있다.

최근에는 인터넷을 비롯한 취업 포털사이트나 잡코리아, 생활정보지, 지역 케이블 TV 등을 통하여 모집하기도 하는 데 효율적인 측면에서 한계를 보여 크게 활성화되지 못하고 있는 실정이다. 각 보험사 나름대로 채용기준을 정하고 있지만 자질이 검증되지 않은 불특정 다수를 대상으로 채용공고가 노출돼 이를 걸러내는 과정에서 큰 비용과 노력이 들고 있다. 그래서 대부분의 일선 지점 관리자들은 여전히 기존 보험설계사들의 추천에 의한 리크루팅 방식을 선호하고 있다.

기존 설계사들이 보험 영업활동 과정에서 접촉했던 고객 중 자질이나 도입 가능성이 높다고 판단해 추천하는 경우가 대부분이다. 지점의 리크루팅 담당자들이 이들을 체계적으로 관리하기 때문에 채용으로 이어지는 경우가 많다.

2010년 들어서는 그동안 외국계 기업이라는 이미지를 내세워 설계사 리크루팅을 유리하게 전개해 나갔던 외국계 생보사의 움직임이 둔화한 틈을 노려 국내사들이 설계사 리크루팅에 적극적으로 나섰다. 특히 이들 국내사는 선지급수당을 둘러싼 혼탁한 영업문화 재발 방지를 위해 기존 설계사 영입보다는 "신입 설계사 찾기"에 주력하면서 새로운 리크루팅 문화를 조성하고 있다.

삼성생명은 신인 육성 지점 확대를 위해 신입설계사 도입확대와 캠퍼스 리크루팅 등 풋풋한 신인 육성이 한창이다. 이 프로젝트는 지난 1월 말까지 3,000여 명의 설계사를 위촉하는 캠페인의 연장 선상에서 이루어지는 것으로 신입만 육성하는 센터와 지점, 육성방안, 지원책은 따로 연구돼 있다. 이러한 대대적인 설계사 리크루팅에는 우선하여 설계사 육성 및 교육, 지원 방향과 보험사에서 주력으로 판매할 세일즈 가이드라인이 구축되는데, 2008년 말부터 주력하고 있는 보장성 통합보험을 그대로 판매무기로 가져가고 있다. 이 회사는 또 법인영업 본부에서 실시하고 있는 기업보험 및 퇴직연금을 보조하는 설계사에게 일정 수익을 책정해 주는 방식으로 사실상 퇴직연금을 설계사 리크루팅의 무기로 활용하고 있다.

대한생명과 교보생명은 통합보험과 신시장 개척을 위한 연금상품을 내놓으면서 우수 설계사와 고능률 인력을 확보하고 있다. 대한생명의 경우 남성전문채널(구 KLD) 확충도 검토하고 있는 것으로 알려졌다.

미래에셋생명도 지난해 가을 진행한 보장급 프로젝트와 관련해 영업 동력 확보에 역시 노력을 기울이고 있다. 흥국생명도 설계사 조직 확충을 위해 다양한 프로젝트와 시책을 검토하고 있다. 메트라이프생명은 오는 2010년 6월까지 설계사 조직 8,000명을 목표로 리크루팅에 박차를 가하고 있다.

금호생명도 산업은행 계열사로써 기업이미지를 확고히 하기 위하여 kdb생명으로 사명을 바꾸어 기존의 부실 영업 조직을 정리하며 새로운 영업조직을 시작하였다.

우리아비바생명은 2008년 4월 LIG생명에서 사명을 바꾼 이후 2010년 5월부터는 회사이미지 제고를 위하여 TV 등 매스미디어를 통해 대대적인 광고와 더불어 회사 사운을 걸고 FC조직 확대를 위한 리크루팅에 전념하고 있다.

외국계 생보사에서 ING생명은 기존 영업 조직 관리에 주력하고 있는 가운데 리크루팅보다는 인당 생산성 향상에 주력하고 있다.

뉴욕라이프는 지난 한해 선지급수당과 관련한 먹튀(저자 주: 먹고

튄다는 젊은 세대의 신조어) 설계사 정리 이후, 그룹 감사를 마치면서 설계사 리크루팅에 다소 신중한 모습을 보이되 경영진 구성의 변화를 통한 영업 문화 바꾸기를 우선하고 있다. PCA생명은 영국 푸르덴셜 그룹의 지원을 토대로 전속설계사 확대에 주력하고 있으며, 설계사 영업동력에 힘을 실을 수 있도록 영업지원 방향을 모색하고 있다.

정착률과 유지율을 높여라

보험설계사를 아무리 많이 리크루팅을 하여도 정착률이 낮으면 소용이 없다. 많은 보험사가 설계사 리크루팅 못지않게 이들이 오랫동안 보험영업 활동에 종사할 수 있도록 정착률을 높이는 데에 많은 정성을 기울이고 있다. 나는 지점장과 영업본부장 시절에 가장 중요시한 항목이 점포당 전년대비 계속보험료의 신장이었다. 확실한 신인을 리크루팅하여 최대한 정착률을 높이고 유지율을 높여야만 계속보험료의 신장을 가져올 수 있기 때문에 이에 가장 큰 점수를 두고 점포 평가에 역점을 두어 왔다.

신인을 리크루팅하여 연고계약을 지양하고 소개영업에 집중하여 정상적인 완전판매를 하게 되면 전년 동기와 전월대비 계속보험료가 지속적으로 신장하고, 이는 점포 발전의 바로미터가 되기 때문에 가장 중요하다. 아무리 매월 많은 월초 실적을 올리더라도 불완전판매로 인한 실효나 중도 해지가 발생하면 유지율이 떨어짐에 따라 신인의 정착률이 현저히 떨어지게 되어 점포 발전의 저해 요인이 된다.

특히 푸르덴셜생명과 ING생명 등 외국계 생보사들은 체계적인 교육과정을 통해 정착률을 높이고 있다. 90%라는 놀라운 13차월 정착률을 보였던 푸르덴셜생명의 경우, 채용이 결정되면 이틀간 본사에서 교육을 실시한 후 다시 한 달 동안 소속 지점에서 FTP(First Training Program)를 통해 상품 내용 등의 교육을 실시하고 있다. 이 FTP 교육은 이후 진행되는 현장 교육의 밑거름이 되는 중요한 기초 교육이다.

ING생명의 교육 과정도 소속설계사의 전문성 강화와 보험에 대한 철학을 발견토록 하는 데 비중을 두고 있다. 특히 사이버 연수원을 개설해 영업에 필요한 지식이나 정보전달은 온라인이 담당하고 기술적인 면에 대한 교육은 오프라인에서 전담케 하는 등 교육을 이원화하여 실시하고 있다.

이 밖에 대면조직 강화로 전체 매출 중 설계사의 수입보험료 비율을 늘인 메트라이프생명과 PCA생명도 설계사 리크루팅과 교육 강화에 많은 공을 들이고 있다. 자동차보험의 적자로 고심하고 있는 손해보험사들도 장기손해보험 및 통합보험 등 판매상품 확대를 통한 수입증대를 모색하기 위해 대대적인 리크루팅과 소속 설계사들에 대한 전문 교육을 강화하고 있다.

그동안 보험사들은 대량으로 신인설계사들을 영입하고 실적이 미미하거나 보험영업에 적응하지 못하는 직원을 대량으로 탈락시키는 "대량증원, 대량탈락"이라는 악순환을 계속했다. 이는 단기간에 실적을 올리는 효과를 얻을 수 있어 시장점유율 경쟁이나 신상품 판매 확대를 위해 의도적으로 많이 실시해 왔으며 오늘날에도 실시하고 있다.

금융감독원 통계자료에 따르면 2007회계연도부터 2009회계연도(상반기)까지 2년 6개월간의 생명보험업계 13차월 정착률을 살펴보면 다음과 같다. 2007년 정착률이 41.5%, 2008년 정착률이 37.5%, 2009년은 32.6%로 10명 중 7명은 보험설계사를 시작한 지 1년 안에 그만두었다.

이로 인한 13차월 계약 유지율도 2007년도는 81.7%, 2008년에는 78.3%, 2009년에는 71.3%로 계속해 나빠지고 있어 이에 대한 대책이 시급히 요구되고 있는 실정이다.

이들 설계사의 이탈 요인을 분석해 보면 환경적 요소와 개인적 상황 등으로 다양하게 분석할 수 있다.

- 금융위기와 경기불황에 따른 일시적 감소.
- 생명보험 시장의 포화.
- GA로의 이동.
- 수입에 대한 불만족.
- 영업력 저하.
- 보험사의 교육미비.

이와 같은 설계사의 이탈로 인한 피해는 모두가 고객에게 돌아가게 된다. 계약 체결 당시 직접적인 상담을 나누고 상품설계를 한 사람이 설계사이기 때문이다. 그리고 고객뿐만 아니라 설계사 도입 때 교육과 육성을 위해 막대한 사업비를 지급했던 회사도 설계사가 이직하면 실속이 없어지고 힘들기는 마찬가지다.

대형 보험사일수록 설계사 이직으로 발생하는 "관심계약(모집설계사가 탈락한 계약)"을 관리하는 시스템이 잘 발달해 있다. 대형 생명보험회사와 외국계 생명보험회사에는 CRM(고객 관계 관리) 전담 부서가 관심계약들을 관리할 수 있도록 지원하고 있다. 물론 아무리 철저한 관심계약 관리 시스템이라 해도, 그것이 설계사 이직에 대한 근본적인 해결책이 될 수는 없다.

보험계약의 효력 상실이나 해약 등은 보험회사에 직·간접적으로 지대한 영향을 끼치게 된다. 첫째, 유지율이 저조하면 신계약이 증가해도 이것이 보험회사의 성장으로 연결되지 않는다. 둘째, 유지율이 저조하면 PULL 마케팅보다도 PUSH 마케팅에 의존하게 된다. 셋째, 유지율이 저조하면 보험회사의 계약의 유지를 통한 신계약비, 보전과 유지비 재원을 확보하지 못하여 결국 보험회사의 손실을 초래할 수 있다. 넷째, 유지율 저조는 보험 산업의 질적인 발전을 저해하는 요인이 된다. 다섯째, 유지율이 저조하면 해약환급금이 적어 손실을 입은 보험계약자가 보험에 대한 불만을 갖게 되는 원인이 되어 보험 산업의 이미지를 실추시키는 결과로 확대될 수 있다.

따라서 보험계약의 효력 상실과 해약이 미치는 영향을 최소화하기 위하여 유지율을 철저히 관리하여야 한다. 결국 유지율이 높아야 신인설계사들의 정착률이 높아진다는 것은 자명한 사실이다. 영업 관리자들은 완전판매를 통한 유지율 제고에 먼저 힘을 기울여야 정착률이 높아져 지점을 대형화로 이끌 수 있을 것이다.

2007년 교차모집제도가 시행되면서 이러한 영업 전략이 변화하고 있다. 교차모집제도란 생명보험회사에 속한 보험설계사가 1개의 손해보험회사를, 손해보험회사에 속한 보험설계사가 1개의 생명보험회사를 선택해 타 영역의 보험 상품을 판매하는 제도를 말한다.

따라서 보험사의 입장에서는 타 영업권의 교차모집설계사들을 다

수 확보하게 되면 더 이상 다수의 신인설계사를 직접 모집할 필요성이 적어진다. 지금까지 신인설계사를 육성하기 위해서는 최소 1~2개월의 자격취득 교육과 함께 약 3개월간의 정착지원비를 지급해야 하기 때문에 사업비의 과다 지출로 이어지고 결국에는 보험료 인상의 원인이 되기도 했다. 하지만 교차모집 설계사의 경우 생·손보사 설계사 자격 취득 교육비용을 제외하면 정착지원비 등 부가적인 지원비가 소요되지 않기 때문에 사업비 절감의 효과를 얻을 수 있다.

2009년 12월 현재, 순수 생명보험 소속 설계사 가운데 65.3%가 손해보험 상품을 교차판매하고 있는 반면, 순수 손해보험 소속 설계사 중 생명보험 교차설계사는 31.4%에 불과하다. 이는 생명보험 설계사들은 자동차보험, 기업보험 등 손해보험 교차판매에 매력을 느끼고 있는 반면에 손해보험 설계사들은 그렇지 못하기 때문이다.

리크루팅을 통한 공격영업

삼성생명, 대한생명과 교보생명 등 생명보험 빅 3생보사가 나란히 설계사를 늘리며 공격영업을 펼치고 있다. 이들 회사뿐만 아니라 전 생·손보회사들의 영업력은 아직 설계사들에 달렸다는 생각이다. 조직축소는 시장을 포기하는 것과 마찬가지라는 생각에서 지속적으로 설계사를 늘리는 쪽으로 돌아선 것이다. 최근 몇 년간 생명보험 영업시장의 침체에도 아랑곳없이 영업조직을 키워온 ING생명, 메트라이프생명, AIA생명 등 외국사도 공격 영업을 멈추지 않고 리크루팅에 사활을 걸고 있다.

지난 2008년 6월 말 현재 14만 8,763명이었던 생명보험설계사는 2008년 12월 말에는 꾸준히 늘어 17만 6,090명에 이르렀다. 2009년 1월 말만 해도 17만 5990명을 유지하던 생명보험설계사는 2009년 6월 말에는 16만 9,507명, 2009년 12월 말에는 16만 5,705명으로 1년 동안 1만 385명(5.8%) 감소했다. 1년간 약 2만 8,000명이 증원된 데 비하면 해촉률이 거의 30%대에 육박한다.

한편 2008년 12월에 15만 1,055명이었던 손해보험 설계사들은 2009년 3월 16만 1,154명, 2009년 6월 16만 5,209명, 2009년 9월 16만 9,404명, 2009년 12월 17만 104명으로 전년 같은 달 대비 1만 9049명 (12.6%) 증가하였다.

이 같은 생명보험사와 손해보험사 설계사 수의 역전은 교차판매의 영향이 크다. 생명보험사 소속 설계사 중 상당수가 손해보험사의 교차판매설계사로 진출하고 있으나 손해보험사의 설계사 중 생명보험 교차판매 설계사는 서서히 줄고 있다. 그러나 교차판매 설계사를 뺀 설계사수는 여전히 2배 가까운(생명보험사 14만 1221명, 손해보험사 7만 7783명) 격차를 보이고 있다. 교차판매 설계사들의 영향력이 미미하다는 점을 감안할 때 생·손보사 간 대면영업력 격차는 아직 존재한다는 시각이 우세하다.

온라인 영업채널이 확장추세에 있고, 방카슈랑스 영업이 치열한 시장 상황이지만 새롭고 강력한 대면 조직인 설계사 확보만이 생·손보사들의 향후 생존과 성장의 필수 불가결한 조건인 것이다. 이런 차원에서 조직영업 강화를 위하여 본연의 자세인 리크루팅만이 살길임을 명심하고 대책을 세워야 할 것이다.

리크루팅이 생활화되어야 한다

우수 유망 자원이 영업, 비영업 구분 없이 발굴되고 그 정보를 충분히 축적해야 한다. 아울러 손·생보를 막론하고 보험회사는 사장부터, 감사, 전무, 집행임원, 부서장, 지점장을 비롯하여 차장, 과장, 대리, 사원 등 남과 여를 구분 없이 누구나 연중 쉬지 않고 "리크루팅만이 살길이다"라는 생각을 항상 생활화하여야 한다는 것이 나의 지론이다.

처음 지점장으로 발령받은 사람도 지점 영업에 성공하기 위해서는 눈앞의 실적에 매달리기보다는 리크루팅에 모든 것을 걸어야 장래가 보장되는 것이다. 이것은 나 자신이 지금까지 보험영업을 하면서 뼈저리게 체험을 한 산 경험이요, 나의 철학이다. 그리고 그들을 유치하기 위한 정교한 설득력을 갖추고 그들에게 우리의 신뢰와 열정을 보여주어야 한다.

지난 2010년 7월에는 삼성화재에서 롯데홈쇼핑을 통해 설계사 모집 방송을 하였다. 학력, 연령, 경력 등에 관계없이 누구나 지원할 수 있으며 홈쇼핑 콜센터에 신청하면 전문가와 상담한 뒤 채용하는 방식이다. 상담을 거쳐서 시험 전 교육, 일대일 코치, 동행체험 등의 교육을 수료하게 된다. 이렇듯 전사적인 리크루팅 정책을 시행하여야만 동업사와의 경쟁에서 살아남을 수 있음을 유념하여야 할 것이다.

리크루팅으로 점포 역량을 높여야 한다

점포 내의 낙후된 행태들을 과감히 청산하고, 원칙이 지켜지고 영업 가족과 파트너십이 돈독해지도록 조직을 운영해야 한다. 독려라는 명분으로 술자리가 잦아지고 영업과정의 혁신 없이 사정, 부탁, 강요로 매출을 올리려 한다면 안 된다. 중량감 있는 설계사들이 많을수록 점포의 역량은 확대될 것이며 항상 가족적인 분위기 조성에도 힘을 기울여야 하며 당근과 채찍을 시의적절하게 적용하여야 한다. 이는 리크루팅밖에 길이 없으며 신인 도입으로 점포의 내용과 양적인 면에서 역량을 높여야 할 것이다.

항상 상시 리크루팅을 해야 한다는 자세가 필요하고 구성원 모두가 "내가 아니면 누가 하랴?"는 사고방식을 가져야만 달성할 수 있는 게 조직이다. 시장의 경쟁에서 이기기 위해서는 시장 속으로 한 발 더 다가가 고객들을 이해하고, 영업가족을 지원하는 자세와 시장에서 지혜를 얻으려는 노력을 더 기울여야 할 것이다. 즉, 시장 밀착형 행동을 해야 한다.

뒤에서도 언급하겠지만 조직의 활동량을 늘리고 그들로 하여금 활동할 수 있는 시장을 확보해 주면 정착률도 높아지고 신 나는 영업을 할 수 있게 되므로 여러모로 배려하여야 할 것이다. 점포장은 지역별로 활동 할 수 있게끔 구분하여 최소한 하루에 10방 이상을 규칙적으로 수행하면 고객과 가까워지게 된다. 또한 레스토랑을 방문할 때에는 가장 한가한 오후 3~4시경이라든가, 남대문 시장이나 동대문 시장은 밤 11~12시에 방문한다든가 하여 시간대도 구분하여야 한다.

올바른 리크루팅 방법

보험설계사란 직업을 사실 그대로 알려라

보험영업 신인에게는 보험영업직의 모든 긍정적, 부정적 면을 다 고려한 후 충분히 설명하여 그가 모든 사항을 숙지한 상태에서 결정을 내려야 한다. 그렇게 함으로써 나중에라도 신인설계사가 충격을 받거나 실망하는 일이 없도록 해야 한다. 신인중에서 보험설계사 직업에 대한 설명을 사실 그대로 정확히 들었다고 대답한 사람들이 설명이 부족했다고 응답한 사람에 비하여 훨씬 높은 정착률을 보이고 있음이 이를 증명한다.

지점 내의 고참 설계사로 하여금 점심 식사 때 자연스럽게 설계사 직업의 장단점을 얘기하고 나중에 자신으로 하여금 스스로 느낀 점을 들어 보면서 현실과 생각 간의 갭을 메우도록 해야 한다.

부정적인 부분에 대한 신인설계사의 대처 방법

생명보험 업계나 손해보험 업계나 보험설계사에 대한 일반 대중의 인식은 아직은 긍정적인 것만은 아니다. 그리고 계약체결을 위하여 열심히 노력하는데도 수많은 거절을 당할 수도 있다. 이때는 신인설계사 자신이 좀 더 긍정적인 견해를 가지고 긍정적인 화제로 바꿀 수 있는 자신의 능력을 고객에게 보여 주어야 한다. 스스로 거질처리가 쉽지 않음을 인정하고 과거에 극복했던 장애를 생각하면서 거절을 극복해 나갈 수 있도록 도와줄 협력자를 찾아 얘기하고 도움을 청하면 된다.

새로운 고객을 만나면 자신은 사람을 좋아하고 사람들과 만나는 일을 즐긴다고 해야 한다. 아울러 자신이 활동적으로 일하던 다른 조직의 경험을 이야기하고 무엇인가 하고 있어야 마음이 편해진다는 성격이라고 자신을 표현해야 한다.

모든 사람에게 정점과 슬럼프가 있게 마련이다. 영업활동 시 스트레스를 받거나 고통스러우면 당연히 기복은 있을 수 있고 어려움을 인정해야 한다. 과거 이와 유사한 어려웠던 경험을 상기하며 이를 극복한 창의적인 인생 경험을 이야기한다.

신인설계사들이 고참설계사들에게 가장 많이 하는 질문

- 설계사로 일한 지 얼마나 되었고 지난해 소득은?
- 시작한 이래로 소득은 어떻게 변화되었는지?
- 설계사로 일하게 된 동기는 무엇?

- 어떨 때 이 일이 가장 힘들거나 좌절감을 느끼는지?
- 통상적인 일과와 활동을 자세히?
- 3년 후에는 자신이 어디서 무슨 일을 하게 되기를 원하는가?
- 설계사로 성공하는 데 필요한 특성은 어떤 것들이 있는가?
- 자신의 직업이 가정생활에 미치는 영향은?
- 설계사라는 직업의 장점과 단점은 무엇인가?
- 생명보험이라는 상품에 대한 당신의 생각은?
- 가망고객 확보 활동이나 면담을 할 사람을 찾는 방법은?
- 당신의 통상적인 활동량은 어느 정도인가?
- 협력자를 어떻게 만드는지 당신의 경험담은?
- 어떤 상황을 처리하는 방법을 모를 때 지점으로부터 어떤 지원을 받았는지?
- 지점의 분위기나 문화를 어떻게 표현하는지?
- 성공은 못 했지만 당신이 높이 평가하는 신인설계사가 있다면 말해 주고 그가 성공하지 못한 이유도 설명을?
- 훌륭한 출발을 한 신인설계사에 대하여 말씀해 주시고 어떻게 성공을 할 수 있었는지?

리크루팅을 하지 못하는, 안 하는 설계사는 이렇게

보험회사는 회사가 존속하는 한 지속적으로 리크루팅에 모든 사활을 걸어야 한다. 계속 신인을 도입하려면 기존 설계사의 리크루팅이 필수적이다. 그런데 업적만을 고집하며 리크루팅을 하지 않으려는 설계사가 더러 있다. 그러면 리크루팅을 안 하거나 못 하는 설계사는 이렇게 하면 된다.

"나 혼자 잘 살자"형

"리크루팅을 하는 것은 지점장이나 영업소장을 좋게 할 뿐이지 내가 보험 영업을 하는 것과는 상관이 없다."는 이기적인 설계사가 있나. 그럴 땐 개별적 행동 시도 시간을 많이 할애하여 입직에 도움을 주는 대신 'GIVE AND TAKE' 원칙을 적용하면 된다.

"갈수록 태산"형

"리크루팅을 너무 잘하면 점점 더 많은 요구를 해올 것이 뻔하잖아요?"라는 사람에겐 지점의 분위기를 바꾸어 주어야 한다. 영업소에서는 리크루팅을 하는 사람만 하고 안 하는 사람은 안 해도 되는 분위기부터 바로 잡아야 한다.

"지나치게 완벽"형

"아직 나도 잘하지 못하는데 괜히 리크루팅 했다가 육성도 못 시키고 나만 바보 될 일이 있어요?"라고 할 땐, 당신의 임무는 리크루팅에서 끝나고 육성은 팀장이나 영업매니저가 책임지고 해결한다는 점을 약속한다.

"무조건 열심"형

"이 사람 저 사람 붙잡고 리크루팅 이야기를 하였는데 모두 안 하겠다고 하데요? 이젠 지쳤어요."라고 할 땐, 리크루팅 소스를 제공하고 리크루팅 화법을 포함하여 리크루팅 테크닉을 가르친다.

"김건모"형

"이렇게 말하면 핑계 같지만 우리 영업소는 리크루팅 시책이 나빠요. 그래서 안 하고 있어요."라고 하면, 이는 주변 여건을 핑계로 돌리는 경우로, 개인적으로 부탁해서 설득해야 한다.

"나만큼만 해라"형

"리크루팅을 안 하는 사람도 있잖아요. 그래도 나는 1년에 한 명은 하잖아요. 나만큼만 하라고 하세요." 이때는 최소한의 리크루팅으로는 어려우니 팀장이 되기 위해서는 자기 계보를 가져야 하므로 리크루팅의 필요성을 일깨운다.

"주의 산만"형

"저는요, 보험영업 하는 틈틈이 꽃꽂이 학원도 가야 하고요, 이것저것 신경 쓸 일이 많아서요."라고 하면, 주의가 산만하기 때문에 기한을 주어 언제까지 리크루팅하라는 식의 구체적인 임무를 부여하면 된다.

스트레스와 화(火:언짢아서 나는 성)를 예방하는 방법.

이 세상의 모든 영업 중에 무형의 상품을 판매하는 보험영업은 가장 힘든 영업이며, 가장 스트레스나 화가 많이 나는 업종이다.

그리고 뭐니뭐니해도 사람을 상대로 하는 장사가 가장 어려우며 사람들과의 사이에서 받는 스트레스는 이루 말할 수 없이 크다. 지점장은 영업소장 때문에, 영업소장은 설계사들 때문에 설계사들은 고객들로 하여금 받는 보이지 않는 스트레스와 고통이 있을 수 있다.

따라서 스스로 짊어지고 가야 하는 이 스트레스와 화(火)를 스스로 예방하는 방법을 알아보기로 한다.

1. "…해야만 한다"라는 생각을 버려라.

화가 났을 때 "이건 있을 수 없는 일이야, 그 사람이 나에게 최소한 이렇게 했어야만 해"와 같은 비합리적인 생각을 하고 있진 않은지 점검해 보라. 세상에 "있을 수 없는 일"이란 없고, "…해야만 하는 사람"도 없다. "내가 삼촌뻘인데", "내가 그동안 부장님께 어떻게 했는데"와 같은 생각도 자신의 기준일 뿐이다.

2. 극단적인 표현을 삼간다.

"저 사람과는 끝이야!", "열 받아 미치겠어." 대신에 "기분이 좋지 않아"라고 말하면 표현방식에 따라 서서히 기분도 달라진다.

3. "나 같으면 절대…"라는 가정은 될 수 있으면 하지 마라.

엄밀히 말해 그 사람이 "나같이" 행동해야 한다는 근거는 없다. 그 사람 입장에선 또 다른 사정이 있을 수 있음을 상기하라.

4. 가끔 "성악설"을 믿는 것도 도움이 된다.

인간은 누구나 불완전하다. 사람들이 가끔 부당해 보이는 게 당연하다고 받아들이자. "난 이런 건 못 참아"라고 생각해 봤자 스트레스만 커지게 마련이다.

5. 사람과 행동을 구별한다.

특정 행동에 대한 비판이 아니라 행위자 자체를 "용서할 수 없는 나쁜 사람"으로 규정함으로써 자신의 분노(또는 욕설과 폭력 행사)를 정당화하려는 경향을 주의하라.

6. 오늘 낼 화를 내일로 미루라.

흥분 상태에서는 실수하기 쉽다. 당장 화를 내고 싶어도 일단 미뤄두고 차분한 상태로 대응하는 게 언제나 더 이로운 결과를 가져온 경험을 해봤을 것이다.

7. 화를 내는 게 어떤 효용이 있는지를 생각한다.

분노의 표출은 대부분 인간관계와 상황을 악화시킬 뿐이다. 화를 내어 봤자 얻는 게 없다고 생각되면 즉각 단념해야 한다.

8. 제삼자에게 화풀이하지 않는다.

화가 났을 때 괜히 타인에게 화풀이함으로써 갈등을 2배로 키우기 쉽다. "난 화가 났으니까, 이래도 된다"라고 생각하는 순간 자신이 외톨이가 됨을 알아야 한다.

9. 좋았던 기억을 떠올린다.

어떤 사람에게 화가 났을 때, 그 사람과 즐거웠던 추억을 떠올리고 그 기억에 몰두함으로써 나쁜 기억을 몰아내려고 노력하라.

10. 남의 일처럼 생각하라.

내가 주인공인 드라마를 보는 기분으로 한 발 떨어져 생각하면 비극적인 상황도 낭만적이거나 코믹하게 느껴질 수도 있다. 그러면 훨씬 스트레스를 받는 강도가 적어질 것이다.

 보험세일즈, 자긍심으로 무장하라

리크루팅의 필요성

앞에서도 언급했듯이 보험산업은 대면 외야조직으로 운영되어 왔다. 대면 외야조직은 바로 판매조직이며 그 핵심은 보험회사 지점의 구성원이다. 방문 없이는 판매되지 않는 것이 보험의 특수성이기 때문에 잘 교육받은 많은 수의 설계사가 부단히 활동하여야만 신계약이 많이 창출된다. 이 신계약 창출이 계속보험료로 지속적으로 회사에 입금되어 회사의 수입보험료가 늘어나 외형이 성장하게 되어 회사가 발전을 하게 되는 것이다.

그러나 이러한 리크루팅의 필요성을 설계사들이 직접 자신의 이익으로 느끼지 않으면 좋은 효과를 기대하기 어렵다. 그러므로 지점관리자들은 리크루팅이 설계사들에게 주는 직접적인 이익을 강조하고 리크루팅 분위기를 만들어야 한다. 요즘에는 각 지점이나 영업소에 리크루팅을 전문으로 하는 RM(Recruiting Manager)이 있어 신인 리크루팅과 교육 등을 전담하고 있으나 과거에는 설계사들이 실적과 리크루팅을 동시에 담당하고 있었다. 따라서 설계사들로 하여금 실적에 따른 비례 수당만이 자기 소득이라는 생각을 버리고 리크루팅으로 받는 지점 및 영업소의 시상금도 크나큰 소득인 만큼 항시 리크루팅의 필요성을 명심해야 한다.

리크루팅을 하면 어떻게 달라지는가?

- 영업소와 팀의 업적이 향상된다.
- 대형 영업소로 점포가 성장하게 된다.
- 계속적인 리크루팅이 가능해진다.
- 자기발전을 가져온다.
- 점포내 조직 서로의 의욕과 활기를 불러일으킨다.
- 경쟁의식을 유발하여 서로의 발전을 가져온다.

리크루팅에 대한 역할 분담

리크루팅을 적극적으로 추진하기 위해서는 영업소 내의 리크루팅 체제를 확립하지 않으면 안 된다. 다시 말해서 SM, RM, 팀장, 설계사가 각각 역할 분담해서 리크루팅에 임해야 한다.

■ SM과 RM의 역할

SM과 RM은 리크루팅의 총괄 책임자로서 리크루팅의 전 단계를 관리해야 한다.

- 리크루팅 계획을 철저히 세운다.
- 설계사의 리크루팅 활동을 지도하고 지원한다.
- 정보를 수집하고 자료화하여 발굴, 배양한다.
- 후보자를 파악하고 관리한다.
- 후보자를 면담하고 설득하여 가족으로 모신다.

▣ 팀장과 설계사의 역할

팀장과 설계사는 리크루팅 후보자 발견의 원천이다. 처음부터 리크루팅 마인드를 가지고 리크루팅의 사소한 정보라도 수집하는 습관을 지녀야 한다.

- 영업소의 리크루팅 계획을 이해하고 SM과 RM의 지시에 따라 행동한다.
- 일상생활이나 판매활동 중에도 항상 정보망을 구축한다.
- 여러 방면에 소개를 부탁한다.
- 항상 인적 정보를 수집한다.
- 상사의 면접, 설득, 교육, 훈련, 육성에 협조한다.

이래서 신인 도입이 필요하다

우수한 대형 영업소는 출근인원도 많고 생산성도 높다. 따라서 설계사들의 소득도 높다. 그러나 부진영업소는 출근인원도 적고 생산성도 낮아 설계사의 소득도 자연히 낮다.

즉, 빈곤의 악순환과 풍요의 호순환이 차이를 낳는다.

- 빈곤의 악순환: 리크루팅저조 → 분위기 침체 → 활동량 부진 → 신계약 저조 → 부진 영업소 → 설계사 소득 감소.
- 풍요의 호순환: 리크루팅 활성화 → 분위기 활성화 → 활동량 증대 → 신계약 증대 → 우수 영업소 → 설계사 소득 신장

영업소의 형태를 결정하는 가장 기본요건은 출근 요건이다. 우수 대형 영업소는 신인 도입이 활발하고 도입된 신인의 활동량을 늘리고 소득을 신장하여 소속 설계사 전원이 풍요로운 삶을 누리고 이 책임은 모두에게 있는 것이다.

방문 없이는 판매되지 않는 것이 보험의 특성이며 많은 설계사가 많은 계약을 해야만 회사가 커지고 위상이 확고하게 좋아지게 된다. 설계사 수가 많아지고 회사가 발전하면 회사에 대한 고객의 지명도와 신뢰가 높아져 설계사의 활동여건이 더욱 좋아진다.

누구를 리크루팅해야 하나?

설계사 자신이 가장 좋아하고 가까이 있는 사람을 리크루팅을 하게 되면 자기 밥그릇이 빼앗긴다는 생각을 하는 것은 잘못된 생각이

다. 일반적으로 어떻게 리크루팅을 해왔냐고 물어보면 기존 계약자를 리크루팅하는 사례가 아주 많다. 가장 좋아하는 친구를 오래도록 내 곁에 두기 위해서라도 리크루팅을 해야 한다. 그리고 신용 있는 회사를 만들기 위해서는 평판이 좋은 주위의 이웃을 리크루팅 해야 한다.

수많은 고참 설계사들과 이야기를 나누어 보면 처음에는 그만둘까도 수없이 생각을 해왔으나 그때 그만 두지 않고 지금껏 버티어 온 것에 내하여 사기 스스로 대단하다고늘 말한다. 그리고 지금 속해 있는 회사에 대하여 진정으로 감사의 마음을 가지고 있었다. '정년도 없으며 가정을 꾸려 나가는 데 크나큰 부담도 없는 주부로서 매월 큰돈(가정주부로서는)을 벌게 되는 이만한 직업이 어디에 있겠느냐?'라고 자문하는 분들이 우리 주위에는 상당히 많다.

■ 발굴 배양 활동

고여 있는 물은 썩게 마련이고, 새로운 물이 유입되지 않으면 모두 증발하여 호수는 곧 고갈되어 버리고 만다. 보험회사의 리크루팅에 대한 필요성은 영업일선에서 뛰고 있는 사람들은 너무나 잘 알고 있다. 항상 강조하고 있지만 제대로 된 리크루팅 후보자를 찾는다는 것은 정말 어렵다. 아무나 리크루팅을 하였다가는 제대로 정착되지 않을 뿐더러 점포의 운영비만 낭비하는 결과를 초래하기 쉽다. 설계사들에게 일임했던 현재까지의 리크루팅은 설계사들에게 리크루팅에 대한 강박 관념, 압박감, 짜증 등을 유발해 비용 낭비를 초래할 뿐만 아니라 부실 등록 가능성 및 정착률의 저조 등의 부정적인 면이 많았다.

따라서 지점장 및 SM, RM이 합심하여 리크루팅 후보자를 확보한 후 배양하는 과정을 거쳐 직접 관리하여야 할 것이다. 일반적으로 신인 배양기간은 약 2개월 정도 소요되며 이후 면담을 해야 한다. 아주 잘 아는 사람을 직접 방문하거나 전화하여 리크루팅 후보자 카드를 작성한 후 배양 리크루팅을 하면 활동지원비는 다소 필요하나 총비용은 오히려 절감된다. 엄선하여 등록하기 때문에 정착률 또한 높을 수밖에 없다.

■ 발굴 배양 리크루팅의 효과

지속적인 리크루팅 없이는 영업소의 목표를 달성할 수 없으며 오히려 퇴보만 할 것이다. 기존 설계사만으로는 주어진 목표 달성이 어렵기 때문이다. 배양 리크루팅이야말로 여러 가지의 효과를 동시에 볼 수 있다.

첫째, 영업소 재정의 효율적인 사용이 가능하다.

즉석 리크루팅으로 응시 후 교육 수료시까지 면담판촉물, 중식비, 교통비 등등 적어도 1명을 유치시키는데 피유치자와 유치자에게 몇십만 원이 소요된다. 따라서 정착이 가능한 발굴 배양 리크루팅은 비용의 낭비를 줄일 수 있다.

둘째, 리크루팅에 쌓은 정성이 헛되지 않으며 투자의 가치가 있다.

많은 금액을 투자하여 합격을 시키고 교육을 했는데 정착되지 않으면 영업매니저, RM, 유치자 모두가 허탈해진다. 또한 기대했던 신인 도입 희망은 일시에 무너지고 영업 의욕도 상실한다. 그러나 발굴 배양 리크루팅은 투자된 비용과 정성이 헛되지 않다.

셋째, 최고 또는 최선의 방법을 강구할 수 있다.

적을 알고 싸우면 백전백승, 적을 모르고 싸우면 백전백패, 작성된 리크루팅 후보자 카드가 유치자와의 충분한 사전 정보 교환으로 완전 정착으로 이끌 수 있다. 피유치자의 주위 환경을 감안하여 밀착 교육을 함으로써 탈락을 사전에 방지할 수 있다.

넷째, 정착률이 높다.

당연히 배양 리크루팅 으로 허달해하지도 않고 두사한 만큼의 효과도 볼 수 있으며 정착률도 높일 수 있는 이점이 있다. 점포영업에서 정착률보다 더 중요한 것은 없기에 더더욱 발굴 배양 리크루팅을 점포의 기본 원칙으로 삼아야 할 것이다.

개척 리크루팅의 중요한 요소

대다수 지점장이나 영업매니저들은 실적증대에 쏟는 노력만큼 리크루팅에 혼신의 힘을 다해 정력을 쏟아 붓질 않는다. 실적의 증대를 기존 조직만으로는 기대하기가 어렵다. 그럼에도 불구하고 대다수의 영업 관리자들은 실적위주의 영업에만 매달리지 리크루팅은 일반적으로 등한시하고 있다.

결국 영업소가 성공하느냐, 실패하느냐는 영업매니저 자신이 얼마나 리크루팅에 관심을 갖고 있느냐에 달렸다. 영업 관리자의 관심이 설계사들의 마음을 움직이게 하고 신인을 유치하게 하는 유일한 무기이다.

대개 리크루팅에 거부감을 가지고 있는 설계사들을 보면 자기 기반약화를 가장 큰 요인으로 생각한다. 즉, 연고를 통한 리크루팅은 앞으로 연쇄적으로 체결될 새로운 계약의 맥을 차단당한다는 기분이 팽배해 있기 때문이다. 아무리 영업매니저가 설계사의 의식전환을 요구해도 웬만한 정신 가지고는 변화시키기가 어렵다.

계약을 위해 개척하는 것보다 리크루팅을 위하여 개척을 하면 오히려 리크루팅뿐만 아니라 업적증대에도 일조하는 일거양득의 효과를 누릴 수도 있다.

리크루팅 표준활동

점포 영업의 근본은 리크루팅에 있다고 필자는 자신한다. 리크루팅 활동은 철저한 계획에 따라 실천되고 검토되어가는 활동 패턴이 요구되며 월말이나 월초에 편중되어 활동해서는 성과를 기대하기 어렵다. 따라서 리크루팅 활동을 표준활동에 넣어야 한다. 물론 그동안의 영업활동이나 일상생활 속에서 또는 신계약 활동 속에서 리크루팅이 행해지고 있으므로 굳이 리크루팅까지 표준활동에 넣어야 하느냐고 의문을 제기할 수도 있다. 그러나 복잡하고 점점 어려워지는 리크루팅 시장을 공략할 수는 없다. 그래서 좀 더 과학적이고 체계적이며 적극적인 방법으로 리크루팅 활동을 하여야 한다.

우리가 신계약 활동을 꾸준히 실천하고 있는 것처럼 리크루팅은 유망 고객 확보를 위해 개척, 협력자, 연고자 등에 대한 지속적인 봉사활동을 하는 것처럼 대상자 발굴에서 배양, 시험응시, 정착노력에 이르기까지 합리적인 방법을 강구하지 않으면 안 된다.

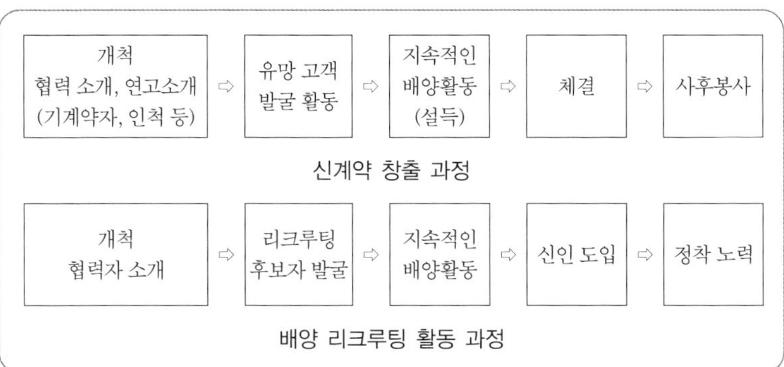

《설계사의 리크루팅 마인드》

• 리크루팅 후보자 카드를 항상 휴대하고 기록하자.

• 항상 자기의 소득명세서를 보여 주면서 "하면 이렇게 된다"는 의지와 의욕을 심어 줘라.

• 자기 스스로 설계사에 대한 자긍심을 가진 자만이 리크루팅을 자신 있게 할 수 있다. 고로 긍정적인 마인드로 적극성을 가져라.

• 내 이름은 잊어도 리크루팅만은 잊지 말자는 각오로 출근해서 귀소까지 리크루팅활동을 하는 것이 표준활동임을 잊지 말자.

• 일주일에 3회 이상은 꼭 리크루팅을 위한 개척 및 소개활동을 생활화하자.

• 리크루팅 대상으로 발굴되는 고객의 도입 여부에 세일즈맨으로서의 성패가 달렸다는 각오로 리크루팅 표준활동에 매진하자.

성공적인 리크루팅 전략

■ 리크루팅 분위기 조성

- 첫 방문을 하는 피유치자에게 깔끔하게 정돈된 영업소 분위기를 위한 환경을 정리한다.
- 영업매니저는 자신 있게 신인을 맞이할 수 있는 마음의 여유와 깨끗한 용모를 갖추고 정중한 말씨를 사용한다.
- 전직원은 밝게 인사하며, 신인을 한가족같이 진심으로 환영한다.
- 기존설계사들은 긍정적인 언행, 밝은 표정, 일에 몰두하는 열성과 자부심을 표출한다.
- "우리는 할 수 있다, 능력이 있다, 앞서 가는 영업소로 발전할 수 있다" 등의 말로 자신을 갖게 하고, 신인 여러분의 능력을 믿는다고 하면서 의욕적인 분위기를 만든다.
- 조직 간의 불화가 없도록 서로 이해하고 한국인의 정으로 서로가 협동하는 화합된 분위기를 만든다.

■ 교육 시행

- 자신감을 얻고 동기부여가 될 수 있도록 조회 준비를 철저히 하고 재미있고 즐거운 조회를 운영하여 출근하고 싶은 마음을 갖게 한다.
- 지속적인 리크루팅 조회를 한다.
- 팀 단위 리크루팅 대책을 위한 분임토의를 실시한다.
- 리크루팅 화법, 설득 포인트 및 자료 사용법에 대해 치밀하게 지

도한다.
- 기존설계사가 부정적인 언행으로 신인에게 좋지 않은 영향을 끼치지 않도록 언행 교육에 힘쓴다.
- 영업매니저와 RM은 도입된 신인은 반드시 육성시킨다는 것을 전 설계사들에게 인식시킨다.

■ 과정 관리
- 조회 시 고능률 설계사의 체험 경험담을 발표하여 "나도 할 수 있다"라는 자신감을 고취한다.
- 리크루팅 돌입 개척 성공사례 발표 시간을 갖는다.
- 리크루팅 후보자 카드에 의한 유치자, RM, 팀장, SM, 지점장이 합동 방문을 시행한다.
- 급여 보장, 영업소 및 지점 시책, 리크루팅 수당 등 수입과 관련된 교육을 철저하게 한다.
- 매월 리크루팅 진도 현황판을 이용해 진도 현황을 체크한다.
- 리크루팅을 하면 본인에게 이득이 된다는 신념을 주라.
- 귀소 시 항상 면담을 통하여 리크루팅 이야기를 수시로 강조하고 또 강조한다.
- 급여 관리를 철저히 하여 소득에 대한 보람과 만족을 느끼도록 하고 무리한 업적 강요로 회사에 대한 회의를 느끼지 않도록 하며, 항상 즐거운 영업소가 되도록 노력한다.
- 어떠한 사람을 리크루팅해 와도 차별하는 눈치를 보여서는 안 된다. 가뭄에 하늘에 있는 수많은 구름 중 어느 구름이 비를 내

리게 하는지 알 수 없기 때문이다.

- RM이나 팀장 중심의 리크루팅 활동 관리체계를 구축하여 실시한다.

신인후보자 정착을 위한 5가지 정신

- 전 직원이 영업소를 살리는 길은 리크루팅밖에 없다는 강한 믿음과 신념 그리고 강력한 희생정신.
- 유치자 뿐만 아니라 전 영업소 설계사들이 자신이 리크루팅했다는 마음가짐으로 신입 설계사에게 봉사하는 정신.
- 면담만 하고 모든 일이 해결된다는 무사안일하게 대응하는 마음가짐을 배제하는 정신.
- SM, RM, 팀장, 유치자 및 전 설계사가 리크루팅했다는 마음가짐으로 한마음 한뜻이 되어 신입 설계사를 정착시키겠다는 정신.
- 신입설계사는 언제나 불안하다. 언제 어느 때 탈락할지 모른다는 생각으로 심혈을 기울이는 정신.

미국 보험회사 지점의
리크루팅 성공사례

국내 보험사나 외국의 보험사들이나 마찬가지로 보험영업은 얼마큼 유능한 인적 자원을 많이 보유하느냐에 그 성공의 열쇠가 있다. 따라서 미국의 보험회사 지점 중에 리크루팅에 성공한 사례를 살펴보기로 한다.

> ## 〔사례 1〕"시장 위주의 리크루팅(Recruiting to Markets)"으로 성공한 오하이오 내셔널사
(Ohio National Financial Services)

오하이오 내셔널사 "케리 로윙Kerry Lawing" 지점장은 처음에는 지금처럼 엄격한 선별 리크루팅을 하지 않았다. 그 결과 처음 1년 반 동안 도입한 신인 중에 남아 있는 사람이 거의 없었으며 처음 3년 차 정착률은 불과 26%에 그쳤다. 그 이후 몇 년을 거치면서 3년 차 정착률이 50%를 웃도는 기록을 세웠다.

개소 첫해에는 선별 리크루팅을 하지 않고 리크루팅 규칙을 스스로 위배하여 마구잡이 리크루팅을 하였다. 예를 들면 시장기반이 있는지도 확인하지 않고 후보자를 도입하였고 심지어는 그들이 도입된 후 첫날부터 활동할 수 있는 지점 자체의 시장도 확보하지 못했던 것이다.

도입 신인에게
시장을 부여하라

이 점이 정착률을 좌우하는 가장 핵심적인 요소이다. 우리는 우리가 속해 있는 시장 내에서 리크루팅을 해야 한다. 우리 지점은 중소기업체 시장, 그중에서도 특히 건설업체와 호텔이 주축인 시장에 위치하고 있다. 우리는 이들 시장에 출입하며 고객을 대할 설계사를 찾고 있다. 또한 지점 자체의 가망 후보자 발굴 시스템을 갖고 있으며 이에는 모든 기존 설계사들이 참여하고 있다. 중소기업체에는 비디오를 통한 가망 후보자 확보 활동, 그리고 회계사나 변호사 등 전문직에게는 직접 프레젠테이션을 하고 있으며 이 시스템을 통해 가망 후보자를 발굴해 나갔다.

정착률이란 설계사들이 그들의 시장에 어떻게 기여하고 봉사하느냐에 크게 영향을 받는다. 예를 들면 우리 지점은 호텔 및 모텔업자 협회에 가입하였다. 일부 설계사들은 건설업 조합에 참여하고 있다. 이들 설계사는 당장 눈앞의 판매 기회를 찾기보다는 그 시장에서 유용한 활동을 하고 있었다. 당장의 판매보다는 그 시장을 장기적인 관점에서 개발하기 위하여 많은 시간과 노력을 투자하는 것이다.

연고시장에만
의존하지 말라

설계사의 연고시장 기반은 중요하지만 지점이 제공하는 시장만큼 중요하지 않다. 많은 지점이 종종 저지르는 실수는 친구나 친지 등 연고가 많은 사람을 데려올 뿐 영업에 정착하는 방법을 가르치지 않은 데 문제가 있다. 연고시장에만 의존하면 8~12개월 사이에 대부분 연고는 소진되고 만다. 연고가 바닥난 후에는 몇몇 제삼자를 소개 받을 수 있을지는 몰라도 기본 능력을 익히지 못한 사람은 곧 실패하게 된다. 우리 지점에서는 신인 도입 첫날부터 초기 단계에 신인 설계사의 연고시장에서 많은 계약을 하게 하지 않고 있다.

면접,
테스트 점수 및
과거 경력

높은 정착률을 위해서는 선별 채용이 절대적으로 중요하다. 우리 지점은 선발과정에서 세 가지 사항을 가장 중요시한다. 면접 시 인상, 선발 테스트 점수 및 과거 경력이 그것이다. 과거 경력이란 과거의 성공 경험을 말한다. 면접 시 인상은 내가 집에 가서 내 가족과 함께 저녁 식사를 하고 싶은 사람을 말한다. 그런 사람이 아니라면 아예 다음 과정에 들어가는 시간을 낭비하지 않는다.

또한, 윤리적이면서 가정을 사랑하는 스타일의 후보자를 좋아한다. 이러한 특성은 지점에도 그대로 영향을 미치기 때문이다. 왜냐하면 같이 일하고 있는 기존 설계사들을 보호해야 하며 그들의 생산적인 분위기를 바꾸어 놓을 수 있는 어떠한 위험요소도 원치 않기 때문이다.

그리고 우리 지점은 사업가 기질을 가진 사람을 원한다. 위험에 기꺼이 도전하는 사람Risk-Taker이 일을 잘할 수 있는 사람이라 생각하며 그들은 봉급쟁이가 아닌 생활에 더욱 편안함을 느낄 것이다.

**설계사와 함께
현장을 뛰어라** 　　우리 교육의 요체는 설계사와 함께하는 현장 실습이다. 우리는 절대 신인 설계사들이 혼자서 활동하도록 허용하지 않는다. 모두가 보험 영업에서 교육의 문제는 지나치게 급히 성과를 지향하는 경향이 있다. 어떤 업종도 보험처럼 급하게 사람들이 생산적이 되도록 몰아치는 사업은 없을 것이다.

그러나 우리 지점은 접근 방법이 다르다. 초기 신인들의 상품지식에 대해 크게 걱정하지 않는데 그 이유는 항상 경험 있는 설계사들이 신인들과 함께 활동하기 때문이다. 그것보다는 오히려 면담기법이나 가망고객 확보기법에 더욱 관심을 두는데 이 능력이야말로 비록 오늘은 상품을 팔지 못하더라도 이 직업에서 기반을 구축하는 데 가장 기본이 되는 것이기 때문이다.

실제로 나는 매년 위촉되는 인원수에는 관심이 없다. 내 관심은 위촉되는 사람이 얼마나 잘해 나가느냐에 달렸다. 너무 많은 지점이 인원 목표를 달성하기 위해 머릿수만 채우려는 리크루팅을 하고 있고 바로 이런 현실이 잘못된 설계사의 행태와 그 외 많은 문제점을 일으키고 있는 것이다.

모든 신인 설계사들은 초기 2년 차에서 4년까지 감독과 관리가 절실히 필요하다. 그들은 확실히 무엇을 해야 하는지 모르기 때문이다. 그러나 우리는 소위 "사후관리(After the Fact Management)"란 것을 실행하고 있는데 설계사가 무슨 일을 하기 전에 지도하는 것이 아니라 그들이 어떻게 해 나가고 있는가, 즉 상황이 일어난 후에 이를 보고하게 하는 것이다. 올바른 관리 감독을 위해서 우리는 신인들과 같이 현장에서 활동하면서 무엇을 해야 할지를 실제로 보여줄 필요가 있다.

강력한 보조

관리자(SM, RM)　　　우리 지점은 제2선 관리자(SM, RM)에게도 투자하고 있다. 전문적인 관리가 부족할 경우 지점이 지불할 대가는 설계사의 잘못된 영업 행태, 낮은 정착률, 그리고 불량한 유지율이다. 제2선 관리자 개발의 장기적 이익은 투자가치가 충분함을 보여줄 것이다. 우리는 자체 프로그램을 통해 의도한 만큼의 강한 제2선 관리진을 구축하였으며 이제 3년 정착률 60%를 목표로 하고 있다. 우리가 지급하는 가장 큰 비용은 위촉한 설계사가 탈락하는 것임을 잊어서는 안 된다.

〔사례 2〕모든 것은 선발 전에 시작된다(It begins before selection).”는 가디언 생명보험사 (Guardian Life Insurance)

가디언 생명보험사의 "얼 러트너Earl Lutner" 지점장은 조직의 4년 정착률이 75%를 웃돌아 회사 내에서 가장 높은 정착률을 기록하고 있다. 그가 지점장으로 부임했을 때 지점은 부실 조직 12명을 보유하고 있을 뿐이었다. 이 지점은 43명의 새로운 조직을 가진 점포가 되었으며 이 43명은 그가 부임한 후 위촉한 55명 중에서 정착된 인원이다.

높은 정착률을 좌우하는 가장 중요한 부분은 자신이 원하는 설계사의 유형과 이들을 리크루팅 하기 위한 올바른 소스를 파악하는 일이다. 이는 사실상 선발과정 이전에 시작하는 바이다. 탈락률이 높은 신인 설계사의 주원인은 그들이 첫 면접에서 바로 위촉된 사람들이라는 데에 있다. 따라서 낮은 정착률의 가장 큰 원인은 잘못된 사람을 급히 도입하는 일이다.

후보자의 정형(Profile): 자신감과 비전

우리는 자신감이 넘치는 후보자를 찾는다. 이러한 사람들은 스스로 힘으로 시작하려 하고 자신들이 가고 싶어 하는 방향에 대해 비전을 갖고 있다. 우리는 성공한 사람과 이야기하기를 두려워하지 않는 사람을 원한다. 좋은 첫인상과 영업을 해본 경험이 우리가 후보자에게서 원하는 추가 사항이다. 이 직업에서 성공하기 위해서는 사람들과의 관계를 장기적인 관계로 발전시키기를 좋아하는 사람이어야 한다. 우리 지점 후보자의 대부분은 기혼자로서 대학을 졸업하거나 그 이상의 학력을 가지고 있다. 현재 43명의 설계사 중 5명이 변호사이고, 5명이 공인회계사, 2명이 박사 학위를 갖고 있다.

나의 첫 번째 리크루팅 소스는 설계사, 고객 그리고 우리 지점을 잘 아는 친구들로부터의 소개이다. 우리 지점에만 들어오면 잘하게 된다고 믿는 우리 지점의 친구들이다. 그들이 우리 지점을 그렇게 알게 하기 위해서는 지점장부터 성공의 이미지를 그 지역사회에서 보일 수 있어야 한다. 즉, 지점장인 당신은 남들이 되고 싶어 하는 존재가 되어야 한다는 말이다.

자질Quality, 이것은 결코 타협할 수 없는 핵심적인 단어이다. 이 부분을 먼저 충분히 공부하고 나면 당신은 항상 우수한 설계사를 도입할 수 있다. 타 회사의 팀장과 7명의 설계사를 도입한 적이 있다. 현재 이들 중 1명만이 남아 있고 그 1명마저 겨우 기본만 하고 있을 뿐이다. 이것이 쉬운 길을 택해 보려고 했던 단 한 번의 시도였고 쉬운 길은 결코 성공할 수 없다. 이들 개개인을 기준으로 볼 때 이들 중 아무도 우리의 통상적인 도입 유형과 부합되지 않았던 것이다.

나는 결코 대량 리크루팅Mass Recruiting을 하지 않고 광고를 이용하지 않는다. 누구든 내게 와서 "존이란 친구는 아주 훌륭한 젊은이야, 내 생각엔 그 친구라면 당신 지점에서 잘해 나갈 녀석 같은데…, 한번 만나서 얘기해 보겠나?"라고 말해 줄 사람이 내겐 가장 좋은 리크루팅 소스이다.

일단 설계사가 도입되면 우리는 그들에게 적절한 도구를 제공해야 한다. 나는 보험영업에 입문한 사람이라면 누구나 "나폴레온 힐"의 〈생각하라! 그러면 부자가 되리라(Think and Grow Rich)〉라는 책을 읽고 이해해야 한다고 굳게 믿고 있다. 우리는 지속적으로 외부 전문강사나 본사의 전문가, 그리고 뛰어난 설계사들을 초빙해 강연을 해오고 있다.

보험 무無 경력
후보자를 도입하라　나는 보험영업이 처음인 후보자를 선호한다. 그 좋은 예가 새롭게 도입한 한 31세의 변호사인데 그는 보험영업은 처음이지만 인텔리이며 동기부여가 잘 되어 있어 빠른 출발을 보였다. 우리에게 그는 변호사가 아니다. 우리가 변호사를 발탁할 이유는 전혀 없기 때문이다.

우리 지점은 멘토링 제도를 시행하고 있다. 아무도 첫해부터 판매를 할 수 있다고 믿지 않는다. 나는 1년 차 신인들은 전문가인 고참 설계사들과 같이 활동하도록 하고 있다. 보험영업은 생각보다는 매우 복잡한 사업이다. 신인 설계사들의 주 임무는 고객과 면담 약속을 얻어내는 일이다. 지점에서 맨 처음 가르치는 것은 가망고객 확보와 면담 기법이다. 우리는 또 판매기법이 뛰어난 사람을 고용하여 지점 내에서 사례 교육 방법을 고안하였다. 동시에 신인들에게 그들이 사람을 만나는 일과 우수한 설계사가 되는 데 필요한 판매기법을 가르치고 있다.

〔사례 3〕 **"서두르지 말고 과정을 따르라(Slow down and Let the process work)."라는 스테이트 팜 보험사(State Farm Ins.)**

내근 지원의 발탁

지점 현장책임자(AFE: Agency Field Executive)란 「스테이트 팜 보험사」란 시스템을 재편하면서 새로 생긴 직책이다. 현재 이 회사의 설계사 후보는 회사 내부에서만 충원된다. 이 회사에 3년 이상 재직한 직원은 누구나 설계사로 응모할 수 있다. 여기에 소개하는 "체릴 가드너Cheryl Gardner"는 회사의 구조 개편으로 설계사로 7년, 지점장으로 6년을 근무하였다. "체릴 가드너"는 현재 각자 독립 사무실에서 근무하는 대리점식 독립계약직인 설계사 34명을 책임 관리하고 있다. 이 회사 전체 4년차 정착률은 87%에 달하고 있다.

생명보험 설계사와 손해보험이나 겸업 설계사 간의 정착률은 매우 큰 격차가 나타나고 있다. 모든 사람이 손해보험 상품은 거의 의무적으로 가입해야 한다. 많은 경우 가입이 법적 요건이기도 하다. 이런 이유로 손해보험의 판매는 생명보험보다 쉽고 따라서 설계사 정착률도 높을 수밖에 없다. 생명보험은 의무사항이 아니며 감정과 정서에 호소하는 판매이다. 생명보험의 판매는 가망고객의 마음을 흔들어 내재한 니즈를 끌어내는 것이다. 당신이 방문하는 모든 사람이 고객이 될 가능성이 있는 것이며 이것이 생명보험의 이점이다.

「스테이트 팜」의 위촉 과정이 긴 것은 바로 높은 정착률과 깊은 관련이 있다. 즉, 정착률 개선을 위한 가장 큰 요인은 "선발과정을 천천히 진행하라"는 것이다. 사실 이것은 어려운 일이다. 특히 소수 후보자들을 갖고 선발을 시작하고 싶을 때나 완벽한 후보자처럼 보이는 사람을 만났을 때 더더욱 그렇다.

그러나 우리는 선발 과정을 항상 길고 철저히 진행하였다. 유명한 잡지 「Fortune」지가 우리의 설계사 선발 과정을 배우자 선발에 비유한 적도 있었다. 우리의 선발 과정은 때에 따라 6개월 또는 그 이상 걸리기도 하였다.

엄격한 선발과정

회사의 구조개편 이전에도 선발과정은 매우 엄격하였다. 어떤 사람을 위촉하기 위해서 나는 우리가 원하는 기준에 맞는 후보자를 최소한 25명은 만나 보았다. 후보자 중 대학을 졸업하고 성공의 배경이 있는 우수한 후보자 25명 중에서 1차로 12명, 2차로 6명을 추려내고 위촉 3개월 전까지는 3~5명의 최종 후보자로 압축하였다.

선발은 우선 배경과 경력 위주로 후보자를 골라내는 일부터 시작한다. 그다음엔 후보자 면접이 시작된다. 면접 후에는 후보자의 가정을 방문하여 후보자와 가족을 만나 본다. 나는 후보자에게 내가 보는 앞에서 모르는 사람에게 면담신청 전화Cold Call를 해보게도 했다. 이를 통해 그가 전화 공포증이 있는가? 혹은 모르는 사람과도 편하게 얘기하는 편인가를 관찰하기도 한다.

　　나는 한 번도 단지 직업을 필요로 하는 사람이나 현재 자신의 일에 불만을 품고 있는 사람을 리크루팅 한 적이 없다. 나는 성공지향적인 사람을 찾아 다른 직업을 생각해 보도록 마음을 흔들어 놓는 방식을 택하여 왔다.

성공의 성취감을 마음껏 누리자!

승부욕을 길러라!

역사를 움직이는 진정한 힘은 무엇일까? 어떤 사람은 총칼이 역사를 움직인다고 한다. 다른 사람은 카리스마를 가진 지도자가 움직인다고 한다. 그러나 가만히 보면 역사를 움직이는 진정한 힘은 총칼도, 카리스마도 아니다. 그것은 "생각"이다. 사람이 가진 생각이 역사를 움직인다. 생각해 보라!

100여 년 전 홍선대원군의 머리 속에 있던 몇 가지 생각이 100년의 한국 역사를 상당 부분 결정지었다고 해도 과언이 아니다. 인류가 야만인에서 이렇게 발전된 문명을 갖게 된 것도 사실 "몽테스키외", "존 로크" 같은 몇몇 사람이 머릿속에 어떤 생각을 했고 그 "생각", 즉 "인권 존중"이라는 생각이 세상에 퍼지면서 이루어진 일이었다.

20세기 대변혁을 가져왔던 3가지 사건을 살펴보면, 인류의 삶을 움직이는 큰 생각을 우리는 "이념"이라고 부른다. 되돌아보면 인류의 역사는 항상 이념의 변화를 몰고 왔다. 20세기에 들어와서 이렇게 이념이 요동친 사건이 3번 있었다.

1917년 일어난 소련의 볼세비키 혁명은 역사적으로 이념이 만들어 낸 가장 큰 사건이었다. 이것은 몇천 년 계속된 사유재산제도를 근본적으로 뒤흔들면서 지구 상 가장 크고 급격한 정치적, 사회적 변화를 가져왔다.

두 번째는 1929년의 대공황이있다. 이것은 "애덤 스미스" 이래 300여 년 지속된 "자유주의"라는 이념을 뿌리째 뒤흔들어 놓은 사건이었다. 이 사건 이래로 정부가 더 이상 도둑이나 잡는 야경국가에 머물지 않고 사회·경제적 문제에 적극적으로 개입하는 소위 "Big Government"의 시대로 들어가게 된다.

마지막으로는 1989년 베를린 장벽이 무너진 사건이었다. 이것은 그때까지 세계를 풍미하던 공산주의라는 이념을 뿌리째 뽑아 버렸을 뿐 아니라 1929년 대공황 발발 이후 역사의 뒤안길을 헤매고 있던 "자유주의"라는 이념을 화려하게 부활시키는 대변화를 가져왔다. 이렇듯 사람의 생각이 개인뿐만 아니라 사회와 정치에 막대한 영향을 가져왔다.

삶은 때로는 가혹하다. 삶은 어렵고, 힘든 싸움이다. 그리고 삶에는 많은 숙제가 주어진다. 살아가다가 보면 순풍보다는 역풍을 만날 때가 많다. 이를 극복하기 위해서는 스스로의 강한 의지, 남에게 지지 않는 승부욕이 필요하다.

"로널드 레이건"이 공화당 대통령 후보전에서 패배한 다음 "나는 상처를 입었을지 모릅니다. 그러나 나는 죽지 않았습니다. 누워서 휴식을 취한 다음 우리 다시 싸워 봅시다."라고 말했다. 얼마나 승부욕이 강한가. 그는 결국 후보전에 승리하여 미국 대통령이 되지 않았는가.

따라서 필자는 생각 없이 사는 사람들을 별로 좋아하지 않는다. 누구나 주어진 여건하에서 5년 후의 나, 10년 후의 나, 20년 후의 나를 상상하면서 개인의 5개년 계획, 10개년 계획 등 확실한 목표의식을 가지고 매사에 더 열심히 노력하면 반드시 좋은 결실을 보게 될 것이다.

도전정신과 승부욕

서울에서 지점장 시절에 있었던 이야기이다. 회사 내에 31개 지점이 있었고 지점을 대상으로 분기별, 연도별 시책이 있었던바 월도 마감은 그런대로 잘 마감이 되어가던 중 분기 말 전국 지점 경쟁에서 전사 1위가 어려운 적이 있었다.

영업소장 12명과 업무과장, 교육역 그리고 나, 15명이 말일 오후 6시에 집합하여 마감회의를 시작하였다. 일선에서 영업을 하기 때문에 모든 영업 전략회의는 업무시간 이전인 오전 7시나 이후인 오후 6시에 소집하는 것을 철칙으로 삼았다. 항상 전국 1위와 2위 싸움에서 지지 않으려고 서로가 눈치를 보면서 경쟁하였는데 그달 따라 마감이 상당히 어려움이 따르고 월중의 활동이 미진했던지라 1위 고수가 난감하였다.

고민에 고민을 거듭하다 보니 오후 6시에 소집한 대책회의가 10시가 넘어가고 있었다. 모두가 커피 한잔에 애꿎은 담배만 축내고(당시엔 매일 담배를 한 갑 이상 피웠으며 2000년 4월에 완전히 금연하였음) 나와 영업소장들은 실적 마감을 위하여 씨름에 씨름을 거듭하였다. 여기저기에서 "꼬르륵꼬르륵" 하는 소리가 들리고 마감은 어려움을 더해 갔다.

업적 회의를 하다가 나는 지점장실에서 어떻게 하면 분기대상을 거머쥘 수 있을까? 연구하고 영업소장들은 영업소장 대표와 회의실에서 계속하여 토론하였다. 분기대상을 차지하여야 연도대상도 차지할 수 있기에 그달의 마감은 힘이 들지만, 밤을 새워야 할 정도로 아주 중요한 분기 말 마감이었다.

당시엔 업적 달성률이 아무리 높아도 수금률과 유지율이 나쁘면 시상 대상에서 제외되는지라 마구잡이식 작성계약을 할 수도 없는 상황이었다. 나는 영업소장들과 "도전의식이 없네.", "승부욕이 없네."라고 하면서 호통 치기도 하고 밀고 당기는 이야기가 계속되는 마라톤 회의를 장장 6시간 40분을 하였다. 산고 끝에 소정의 목표대로 마감을 가까스로 마치니 이미 시계는 밤 12시가 훌쩍 넘은 0시 40분을 가리키고 있었다.

회의를 마치고 나오니 모든 음식점은 문을 닫았고 길에도 인적이 드문 시간이었다. 지점의 위치가 마침 남대문 시장 근처라 그런대로 사람들의 왕래가 있었으며 우리는 주린 배를 채우기 위하여 새벽시장 상인들을 상대로 음식을 팔고 있는 분식집에 들어갔다. 새벽 한 시가 넘은 시각에 라면 15명분을 시켜 놓고 우리가 오늘 한 일에 대하여 모두가 한마디씩 하였다. "이렇게 노력하였는데도 분기 시책에 1등을 못하면 어찌하느냐? 이렇게 밥도 먹지 못하고 계속해서 회의를 꼭 해야만 하느냐?" 등등 많은 이야기가 나왔다.

그 당시에는 영업소장만 해도 자가용을 가지고 출퇴근하는 사람이 거의 없었고 나 또한 회사에서 제공한 구식 대우 르망을 타고 영업하던 시절이었다. 라면 한 그릇을 비우고 각자 택시를 타고 집으로 향하는 영업소장들을 보면서 "오늘의 회의가 어려움 속에서 식사도 제대로 못한 채 이루어졌지만 우리들의 단합된 힘을 보여 주었고 도전정신과 승부욕이 불타올라 기필코 분기 대상을 놓치지 않을 거라고."고 마음속으로 기도하였다. 만약에 분기 대상을 타게 된다면 모든 것을 오늘 회의에 참석한 여러분들에게 환원하겠노라고 혼자 다짐하였다.

두어 달 후 정산 결과 우리 지점은 드디어 분기 대상을 놓치지 않았고, 거액의 상금을 손에 넣게 되었다.

전 영업소장과 그들의 부인들까지 초대하여 30명의 대 인원이 최신콘도를 예약하여 2박3일의 제주도 여행을 하게 되었다.

내가 깜짝 놀란 것은 그때까지만 해도 몇몇 영업소장과 부인들께서 "비행기를 난생 처음 타게 되었다."고 어젯밤에는 잠을 설쳤다며 초등학생 마냥 마음이 들떠 나의 손을 잡고 정말 고맙다고 인사하였던 것이다. 그래서 나는 이 모든 게 내조를 열심히 해준 사모님들 덕분이라며 우리 부부도 덕분에 오랜만에 제주도 구혼 여행을 하게 되었다고 한바탕 웃었던 일화도 있다. 그때의 영업소장들 모두 현역을 떠나 각자의 생업에 열중하고 있지만 이렇게 같이 고생을 했기 때문인지 지금도 분기별로 만나서 소주잔을 기울이며 지나간 옛 추억을 더듬으며 인간적인 유대를 지속하고 있다.

이 사례의 의미는 불가능하다고 생각하는 것을 이루게 하는 모든 것이 마음먹기에 달렸다는 것이다. 우리는 하고자 하는 도전 정신과 승부욕이 있으면 웬만한 어려움은 극복하고 목표를 성취하는 사례를 많이 보아 왔다. 올바른 생각을 하는 정신이 살아 있는, 혼이 살아 있는 자가 이 사회의 리더가 되고 승리자가 된다는 것은 자명한 사실이다.

왜, 인간은 승부에 집착할까?

인산은 먹을 것과 번식 생활공간에 관한 이점에 상관없이 오직 일등이 되는 명예를 얻기 위해 경쟁을 벌인다. 더 잘 생존하기 위한 것과는 하등의 관계없이 그저 일등, 가장 잘하는 자, 가장 멋있는 자, 가장 위대한 자가 되고자 하는 욕망은 지구 상 모든 생명체를 통틀어 오직 인간에게만 발견할 수 있는 특징이다. 우리는 단지 승부를 가리는 경쟁에 매료되고 스포츠에 열광한다.

왜? 인간은 승부에 집착할까?

그것은 승부욕이 성공한 "진화 전략"이었기 때문이라고 한다. 그 중에서도 달리기 시합은 인간의 진화 과정과 승리의 의지가 가장 잘 맞아떨어지는 스포츠라고 주장하는 사람도 있다.

'경쟁'이라는 두 글자의 깊은 의미를 되새길 수 있는 인물에 세계적인 기업 GE의 최고 경영자였던 "잭 웰치"를 빼놓을 수 없다. 그는 1981년 CEO에 취임하자마자 회사 직원들에게 "경쟁의 가치"를 주입하고 일을 열심히 한 직원들에게는 대가로 성과급과 스톡옵션(자사 주식을 일정 가격에 살 수 있는 권리)이라는 "승리의 기쁨"을, 뒤떨어진 직원들에게는 해고라는 "채찍"을 휘둘렀다.

"잭 웰치"의 어머니는 항상 그에게 친구나 동료보다 뛰어나야 한다는 것을 강조했다. 그녀는 아들이 남보다 뛰어나기 위해서는 우선 "승리의 기쁨"을 알아야 한다고 생각했다. 그래서 아들의 승부욕을 불러일으키기 위해 카드 게임을 즐겨 했다.

"잭 웰치"는 초등학교 1학년 때부터 어머니와 카드 게임을 했다. "잭 웰치"가 다니는 학교는 걸어서 다닐 정도의 거리에 있었는데, 아침에 어머니와 카드 게임에서 지면 "잭 웰치"는 점심시간에도 어머니와 카드 게임을 하려고 달려왔다. 어머니와의 카드 게임을 통하여 승부욕을 키운 그는 나중에 야구, 아이스하키, 골프 그리고 비즈니스에서도 승부욕이 발휘되었다고 회고하였다.

그는 어머니에게서 배운 승부욕과 경쟁심을 토대로 사업을 펼쳤고, 직원들에게도 그런 도전 정신을 요구했다. "잭 웰치"의 어머니는 경쟁에서 실패를 인정하는 것의 중요성도 가르쳤다. "잭 웰치"가 세일럼고등학교 시절 아이스하키 팀 주장이었던 때의 일이다. 세일럼 고등학교는 베벌리 고등학교와의 경기에서 6전 6패를 기록하고 있었다. 이웃 도시에 있는 베벌리 고등학교는 세일럼고등학교의 영원한 맞수였는데 6연패 후 일곱 번째 붙은 게임에서 "잭 웰치"가 먼저 두 골을 넣었다. 그는 "이번에는 이길 수 있겠구나." 하고 생각했다. 하지만 곧 베벌리 고등학교 선수들은 두 골을 만회했고, 잠시 후 다시 한 골을 넣어 "잭 웰치"의 세일럼을 7연패에 빠트렸다. 분에 겨운 "잭 웰치"는 씩씩거리며 경기장에 아이스하키 스틱을 내던지고 라커룸으로 들어갔다. 라커룸에는 어머니가 있었다. 어머니는 동료 선수들 앞에서 "지는 법을 알아야 이길 수도 있는 거야, 이런 사실도 모른다면 너는 운동할 자격이 없어."라고 큰 소리로 말했다. "잭 웰치"는 나이가 들어서도 그 경험을 잊을 수 없었다고 한다.

"잭 웰치"가 비즈니스에서 항상 승승장구한 것은 아니다. 그도 여러 번 실패했었다. 1990년대에는 아이빌리지, 로모선닷컴 등 닷컴 기업에 투자했다가 투자금의 90%를 날렸고, 퇴임한 해인 2001년에는 항공기 부품 기업 하니웰 인수에 실패하기도 했다. 그러나 실패의 나락에 빠질 때마다 고등학교 시절 라커룸에 울리던 어머니의 목소리를 기억했고 그때마다 "잭 웰치"는 오뚝이처럼 일어섰다.

그는 질 때와 이길 때를 아는 진정한 승부사였던 것이다!

경쟁을 두려워하지 말자

"힐러리 로댐 클린턴"도 미국의 상당한 부자 중 한 명이다. 미국 잡지 「머니」에 따르면 클린턴 부부의 재산은 빚을 제외하고 3,490만 달러(약 420억 원)다. 2006년에 벌어들인 수입만도 121만 달러나 되었다.

클린턴 부부는 강연과 저술로 돈을 벌어서 주식과 채권에 투자해 부자가 됐다. 남편 "빌 클린턴" 전 미 대통령은 한번 강연을 나가면 적어도 15만 달러를 받는다. 인세 또한 적지 않아 2003년에 출간된 "힐러리 클린턴"의 회고록 《살아 있는 역사Living History》는 2007년 말에 1,500만 달러를 기록하였다.

오늘날 힐러리가 있기까지는 딸이 세상의 경쟁에서 승리하도록 강하게 키운 부모의 노력이 바탕에 있었다. 어머니 "도로시 로댐"은 2004년 "오프라 윈프리 쇼"에 나와 다음과 같은 일화를 공개했다.

힐러리가 네 살 때의 일이다. 힐러리 가족은 시카고 시내에 살다가 교외 동네로 이사했는데 원래 살던 아이들과 어울리기는 그리 쉽지 않았다. 힐러리는 건너편에 사는 수지라는 아이가 자기만 보면 떠민다고 울면서 돌아오기 일쑤였다. 따라서 밖에 나가는 것도 싫어했으며 하루는 힐러리가 도망치듯 울면서 집으로 돌아오자 어머니가 문 앞에서 막아섰다. "힐러리, 너 스스로 어려움과 싸워야 해. 가서 네가 두려워하지 않는다는 걸 보여주렴."

그 이후 어머니는 커튼 뒤에 숨어서 힐러리가 어깨를 펴고 당당하게 건너편으로 가는 걸 숨어서 지켜보았다. 수지와 당당하게 맞선 후 돌아온 힐러리는 "엄마, 이젠 남자아이들과도 놀 수 있어, 그리고 수지와 친구가 될 거야."라고 말했다고 한다.

힐러리의 어머니는 아이들이 경쟁하는 걸 두려워하지 않도록 가르쳤다. 남에게 기대지 않고 스스로 생각할 수 있는 능력도 키워 주었으며 뭐든 할 수 있다는 생각도 심어주었다. 한편 힐러리의 아버지는 힐러리에게 남자아이들이 즐기는 야구와 미식축구를 손수 가르쳤고 힐러리가 아무리 좋은 성적을 받아와도 더 잘하지 못한 것을 나무라기도 했다. 현재에 만족하지 않고 목표를 높게 잡아야 한다는 것을 가르치기 위해서였다고 한다.

힐러리는 회고록에서 "나는 내 일을 하면서 생계를 꾸려 나갈 작정이었고, 내가 선택하는 길이 제한돼 있다는 생각을 전혀 하지 않았다. 부모님은 나에게 '여자는 이런 일을 해서는 안 돼'라는 말을 한 적이 없다."고 적었다. 부모는 힐러리에게 항상 당당하게 의견을 말하고 망설임 없이 목표를 추구해 나가라고 가르쳤으며 그 결과 힐러리는 변호사로, 영부인으로, 상원의원으로 경쟁을 두려워하지 않고 목표를 향해 달려나갔다.

중국의 태행산과 왕옥산은 둘레가 7백 리나 되고 높이가 만 길이다. 두 산을 앞에 두고 우공寓公이라는 노인이 살고 있었다. 높은 산을 집 앞에 두고 살자니 답답하기가 이루 말할 수 없었다. 어느 날 우공은 자식들에게 산을 옮겨 평지를 만들자고 말했다.

주변의 사람들이 우공의 어리석음을 비웃었지만, 우공은 아랑곳하지 않았다. 지금 당장은 어렵겠지만, 하루 종일 한 삽, 한 삽씩 퍼 나른다면, 언젠가는 원하는 것을 얻을 수 있을 것이라고 우공은 생각하였다. 마침내 우공의 정성에 감복한 천신天神이 두 산을 멀리 옮겨주었고, 우공은 소원을 이루었다. 이것이 우리가 익히 알고 있는 바로 "우공이산寓公移山"의 고사이다.

어리석어 보여도 조금씩 흙을 옮기면 산을 옮길 수 있고, 소걸음이 느려도 만 리를 간다는(우보만리: 牛步萬里) 것처럼 사는 것이 어떨까?

이런 마음으로 살아가려면 다음과 같은 세 가지를 지켜야 할 것이다.

첫째, 자연의 섭리에 몸을 맡겨야 한다. 봄, 여름, 가을, 겨울에 철 따라 맞는 옷을 입듯이 철보다 앞서지 말고 환경에 몸을 맡길 것이다.

둘째, 디딤돌을 튼튼히 하는 것이다. 지금까지 눈에 보이는 실적에 치중한 나머지 지금 내가 서 있는 자리가 반석인지, 부실한 모래 위에 서 있는지를 점검하고 내공을 길러야 한다. 그래야 다시 뛸 수 있다.

셋째, 혼자 앞서려 하지 말고 같이 가라. 많은 이가 앞서 가려고 하지만 결국은 사람들과 같이 가는 숨 고르기가 우리의 삶을 넉넉하게 한다.

사람들은 항상 기회를 엿보고 있지만, 기회는 기다리는 사람에게
는 잡히지 않는다. 우리는 기회를 기다리기 전에 기회를 잡을 수 있는
실력을 갖추어야 한다. 기회를 잡기 위해서는 경쟁력, 즉 실력이 필수
적이다. 보험영업의 치열한 경쟁 속에서 많은 고객을 확보하기 위해서
는 자기의 경쟁력을 확보하는 것이 최우선이다. 경쟁력은 스스로 만들
어 가야 한다. 개인의 지속적인 혁신을 통해 경쟁력을 지속적으로 업
그레이드해야 한다. 치열한 경쟁에서 승부욕을 가지고 기필코 해내고
야 말겠다는 의지를 갖추고 도전해야 최후의 승리자가 될 것이다.

하늘은 스스로 돕는 자를 돕는다

나는 한때 우리 집의 가훈을 "하늘은 스스로 돕는 자를 돕는다(Heaven helps those who help themselves)."라고 삼은 적이 있었다. 이는 하늘은 스스로 노력하는 사람을 성공하게 만든다는 뜻으로, 어떤 일을 이루기 위해서는 자신의 노력이 중요함을 교훈적으로 이르는 말이다.

이는 19세기에 살았던 「자조론」의 저자 "새뮤얼 스마일즈"가 한 말로 그는 스스로 돕는 자만이 부와 성공, 행복을 얻을 수 있다고 주장했다. 그는 자신의 저서를 통해 불굴의 의지, 근면이라는 미덕으로 가난과 역경을 이겨내고 성공에 이른 노동자, 과학자, 정치가, 예술가 등 다양한 계층의 수많은 사람이 자신의 운명을 개척한 이야기를 들려주면서 신분의 한계, 능력을 뛰어넘는 의지의 힘을 증명해 보여준다.

자신이 자수성가한 유명인사이기도 한 주인공으로서 근면, 성실, 인내로 정의되는 삶의 원칙을 성실하게 실천했던 그는 이 원칙을 믿고 따른다면 누구나 자신이 원하는 미래를 만들 수 있다고 확신했다. 100년 전과 다름없이 오늘날에도 사람들은 여전히 부와 성공을 위해서 자신을 '돌볼 잠시의 여유도 없이 시간에 쫓기고 있다. 이러한 세태를 향해 "스마일즈"는 기본의 중요성을 반복해서 강조하고 있다. 즉, 부와 성공을 이르는 유일하게 안전한 길은 바로 근면, 검약, 절제, 정직의 실천이라는 것이다.

"스마일즈"는 이러한 미덕을 실천해 개인적인 성공뿐만 아니라 인류 역사의 발전에 기여한 수많은 사람의 삶을 증거로 제시하고 있다. 삶이란 자신을 망치려고 하는 것과 싸우는 것이라고 한다. "스마일즈"와 같이 자신과의 싸움에서 이기는 사람, 자신을 스스로 돕는 사람이 되기를 기원한다.

캐나다의 유명한 경제학자이자 칼럼니스트인 "스티븐 리콕"은 운에 대해 이렇게 말한다. "나는 운을 철석같이 믿는다. 그리고 열심히 일하면 할수록 더 많은 운을 갖게 된다는 사실도 깨달았다. 노력하지 않는 자에게는 행운도 찾아오지 않고 하늘도 돕지 않는다."라는 것이다.

우리는 새해 신년이 되면 나름대로 자신과 여러 가지 자신과 약속을 한다. 금연하겠다는 약속, 운동하겠다는 약속, 작은 돈이라도 예금하겠다는 약속, 금주하겠다는 약속 등 많은 신년 설계를 한다. 그러나 연말이 되면 거의 90%가 자신과의 약속을 저버리고 다시 새해를 맞아 또 다른 약속을 하곤 한다. 그러나 자신을 망치는 여러 가지 것들을 50%라도 실천으로 옮긴다면 반은 성공을 한 사람이다.

게으름은 개인의 삶을 타락시키고 국력을 약화시킨다. 지금까지 게으른 자가 사회적으로 명성을 얻은 경우는 없었으며, 앞으로도 없을 것이다. 게으른 자는 언덕을 오른 적도, 시련을 극복한 적도 없으니 말이다.

인간은 일을 통해 자제심과 집중력, 적응력, 인내심 등을 키우고 단련시킨다. 노동을 통해 목표에 필요한 전문기술을 향상시키고 재능을 기를 수 있을 뿐만 아니라 이상에서 부딪치는 어려움을 해결할 수 있는 응용력도 익히게 된다. 일은 생존의 법칙이다. 누구든 살아가기 위해 일을 해야만 한다. 또한 삶을 즐기고 싶다면 어떤 방법으로든 일을 해야만 한다.

일한다는 것은 어떤 면에서 괴로운 일이고 형벌처럼 느낄지 모른다. 그러나 동시에 자랑이기도 하고 명예이기도 하다. 일하지 않고서는 어떠한 목표도 성취할 수 없을 뿐만 아니라 일이 없다는 것은 오히려 더 고통스럽고 비참한 형벌이다. 인간이 이루어낸 위대한 것들은 모두 노동을 통해 비로소 완성되었으며 문명은 노동의 산실이다.

일하지 않는다면 모든 인간은 한순간에 타락하고 말 것이다. 게으름은 재난과도 같다. 아무리 강력한 쇳덩어리라도 방치해두면 녹에 부식되는 것처럼 태만은 한 사람의 생애를 좀먹고 나아가 국가를 좀먹는다. 페르시아를 정복한 뒤 그들의 생활을 목격하게 된 알렉산더 대왕은 페르시아인들이 쾌락을 추구하는 생활만큼 천한 삶이 없고 일에 몰두하는 생활만큼 고귀한 삶이 없다는 것을 잘 알고 있는 것 같다고 말했다.

가끔 산중의 사찰에 들리게 되면 오랜 세월 동안 졸졸 흐르는 물줄기에 연마되어 반들반들해진 우물가의 돌을 보게 된다. 약한 물줄기가 강한 돌을 연마하는 그 힘은, 일확천금을 노리는 한순간의 꿈이 아니라 꾸준히 쉬지 않고 흐르는 성실함에서 비롯된 것이고, 우리의 삶과 다를 게 없는 모습이다.

지극한 정성과 하루하루 꾸준히 노력하는 성실한 마음이라면 세상에 못 이룰 게 뭐가 있겠는가? 지금 이 순간을 살아가는 나의 마음가짐이 하루, 한 달, 일 년 그리고 평생을 결정한다고 생각해 보라. 헛되이 시간을 낭비하지 못할 테니까.

영국이 로마의 속국이었을 때 로마황제 "세베루스"는 요크서 주에 있는 언덕에 올라 삶의 최후를 맞이했다. 그는 부하들에게 다음과 같은 최후의 말을 남겼다.

"게으름은 죄악이다."

로마군 지휘관이 권위를 유지하고 확장시킬 수 있었던 것은 쉬지 않고 일하는 모습을 보여 주었기 때문이다. 당시 로마 국민은 농촌에서의 평범한 노동이 고위관리의 일만큼이나 중요하다고 생각하고 있었다. 장군이라고 할지라도 자신의 손으로 직접 땅을 갈지 않으면 안 되었다. 자신들의 손길로 비옥해지는 대지를 보면서 얼마나 기뻤을까?

이렇듯 보험세일즈도 농촌에서 일하는 농민의 농사일과 똑같다. 봄에 논밭을 갈아 씨 뿌리고 여름에 비료를 주어 정성스럽게 키워야 가을에 풍성히 수확할 수 있다. 보험세일즈 역시 이달에 부단히 노력해야만 다음 달에 신규 보험 계약이 이루어짐은 자명한 일이다.

"로마는 하루아침에 이루어지지 않았다."는 말이 그냥 나온 것은 아니다. 사람의 마음은 맷돌과 같다. 밀을 넣고 맷돌을 돌리면 밀가루가 나온다. 그러나 밀을 넣지 않고 맷돌을 돌리면 맷돌만 망가진다.

영업사원은 고객의 컨설턴트가 되어야 한다

설계사의 정의와 특징

우리가 보험설계사라고 하는 말 자체가 고객의 인생을 설계해 주는 아주 중요한 임무를 부여했기 때문이다. 최근에 FP 또는 FC라는 용어가 급속도로 보급됐는데 FP라는 말은 Financial Planner, FC는 Financial Consultant의 약자이다.

일반적으로 회사에서 보험설계사는 개인의 생활목표나 기업의 경영목표를 실현하기 위하여 자산운용, 자금조달이나 부동산 활용, 세무대책 등의 조언을 하는 전문가의 하는 일을 말한다. 좀 더 구체적으로 설명하면 "고객의 수입, 자산, 부채 등에 관한 모든 자료를 수집하여 그것을 분석한 다음에 필요에 따라 변호사, 공인 회계사 등의 전문가의 협력을 받으면서 저축계획, 보험, 투자 계획, 세무대책을 포괄적으로 life-plan으로 입안하여 그것을 실행해가기 위하여 도움을 주는 전문가"를 말한다.

보험설계사들의 업무는 구체적으로 크게 "재무상담", "생활설계", "대출상담" 등으로 구분할 수 있다. "재무상담"은 고객의 절세 방법과 재산증식을 위한 효율적인 투자방법 및 보험 상품에 대해 상담해 주는 것을 말한다. "생활설계"는 고객의 인생주기에 따라 가정에 필요한 목돈 마련과 보장대책 등의 필요자금을 설계해 주는 것이다. "대출상담"은 기업자금이나 서민의 가계 자금대출, 신용대출, 담보대출, 주택마련 대출 등을 상담해 주는 것을 말한다.

최근에는 보험설계사들에게 휴대형 개인 정보단말기(PDA)를 지급하는 회사가 늘고 있다. 주민등록번호나 이름, 전화번호만 입력하면 현재 가입한 보험 상품 내역을 비롯한 고객과 관련된 상세한 내용이 모두 나타날 뿐만 아니라 서비스나 상품에 관한 고객의 문의에 대해 바로 답변해 줄 수 있다는 장점 때문에 활용도가 높아질 전망이다.

고객의 "Life-Plan"상의 목표를 달성한 다음에 고객의 신뢰를 얻는 것이 보험설계사에게 가장 중요한 것이지만, 그것을 위해서는 금융상품, 주식, 보험, 부동산, 연금, 세금 등에 관한 지식은 물론 우선 먼저 경제 금융동향에 관한 폭넓은 지식이 요구된다.

인구 10명당 생명보험가입자 7명, 수입보험료 기준 세계 7위라는 화려한 수식어에 걸맞게 한국의 보험 산업은 외형적으로는 크게 성장했다. 그러나 내용적인 면에서 국내 보험시장은 선진국보다 많이 낙후된 것이 현실이다. 아직도 생활설계사라고 하면 사람들을 끈질기게 쫓아다니는 사람 정도로 인식하고 있다.

그러나 선진 보험시스템이 정착되면 전문가로서의 생활설계사 위상이 더욱 높아질 것으로 보인다. 각종 금융상품과 정보, 경제 및 시사 전반에 관한 해박한 지식을 갖추고 이를 적극적으로 활용하는 고학력 전문 설계사들의 고용은 증가하는 반면에 단순히 보험상품만을 판매하는 생활설계사는 줄어들 것이다.

설계사의 표준활동

■ 표준활동이란?

세일즈맨은 정해진 시간이 없으므로 스스로 자기 관리를 반드시 하여야 한다. 따라서 자제심이 강하고 확실하게 목표를 세워서 꾸준히 노력하는 사람만이 실적을 올린다. 소극적인 사고로 자기 관리를 못하면 실적이 줄어들게 마련이다. 그러므로 자기를 잘 관리하느냐 못하느냐가 성공의 관건이며, 이러한 자기 관리를 표준적으로 행하는 것을 표준활동이라고 한다.

이러한 표준활동이라 함은,

- 하루의 활동시간을 시간대별로 분배하고 계획해서 판매기반을 닦고, 설계판매 화법을 중심으로 판매활동을 표준화시키는 것이다.
- 자기 관리를 효율적으로 실행하여 습관화함으로써 소득을 증대시키는 것이다.
- 표준이라는 말은 「성공한 많은 사람이 평소에 실천했던 자기 관

리를 정형화」한 활동방식이다.

- 영업에 필수적인 K.A.S.H.(지식 Knowledge, 태도 Attitude, 기술 Skill, 습관 Habit)를 배양하기 위한 활동이다.

▣ 표준활동 방식

한 마디로 계획하고(Plan), 계획에 따라 실천하고(Do), 실천결과를 검토(See)하는 것의 반복활동이다.

▣ 활동준비

- 1주일에 며칠을 활동할 것인가?
- 하루에 몇 시간을 활동할 것인가?
- 하루에 몇 군데를 방문할 것인가?
- 방문 내용은 어떻게 할 것인가?
  예) 신규 ( )곳, 재방문 ( )곳, 협력의뢰 ( )곳, 사고 상담 ( )곳 등

▣ 유의사항

- 방문시간은 고객위주로 결정하되 약속은 본인이 해야 한다.
- 고객과의 면담은 고객에 따라 차등을 두어라. ― 시간, 횟수 등
- 매일 계획(Plan) ― 실행(Do) ― 검토(See)를 습관이 될 때까지 계속하여 반복하라.

◼ 표준활동의 요령

── 표준활동의 내용

- 가망고객의 발굴과 배양.

- 계약체결 활동.

- 계속보험료 수금활동.

- 계약관리, 위험관리, 사고처리, 등 애프터서비스 활동.

── 시간관리

시간은 최대의 재산이다. 시간을 헛되이 낭비하는 것은 돈을 물같이 낭비하는 것과 같다. 그러므로 시간을 유용하게 사용해야 한다. 시간을 유용하게 사용하려면 기다리는 시간이나 이동하는 시간을 잘 조절하여야 하고 계획을 세워서 판매자료를 활용해야 한다.

── 자신을 정리하는 시간을 가져라

덮어놓고 방문만 하는 영업활동은 효율적이지 못하다. 일주일 동안 일하는 시간을 전부 방문하는 데만 허비하지 말고 반드시 자신을 정리하는 시간을 가져라.

◼ 귀소의 필요성

- 귀소는 보험설계사의 자기 관리다.

- 귀소는 그날 활동에 대한 반성이다.

- 귀소는 내일을 위한 알찬 준비다.

- 귀소는 하루의 산뜻한 마무리다.

■ 활동계획 수립

• 계획수립의 순서

영업은 방문계획 없이는 이루어지지 않는다.

〔현상파악〕→〔목표설정〕→〔목표달성방법 결정〕

어떻게 고객을 방문하고, 어떤 말을 할 것이며, 또 무엇을 준비해 갈 것인가 등의 활동계획을 미리 준비하여 가는 것이 좋다. 계획은 장기계획을 세우고 기간계획, 월간계획, 주간계획, 일일계획 순으로 세워서 그 결과를 체크하는 식으로 활동량을 조절해 나가야 효과적이다.

■ 활동 요령

• 고객에게 나 자신을 확실하게 인식시킨다.

명함, 인사장 등 자기소개서 또는 자기 프로필을 전달하면서 자신을 소개하고 방문 목적을 간략히 설명한다.

〔친근감 조성〕 〔주위의 관심유도〕
↓   ↓
〔자기소개 + 방문목적〕

• 앙케트 활용.
  – 방문계획에 따라 앙케트 투여 및 회수.
  – 성명, 직업, 전화번호, 이메일, 주민등록번호, 주소, 필요한 전산자료 외 문자 보내기.
  – 하루 10곳 이상 방문.

– 앙케트 하루 5매 확보 및 전산입력.

• 부재자인 경우

부재 고객에게 본인의 방문을 알릴 수 있게 명함, 자기소개 프로필 등을 책상 위에 놓고 별도로 방문 흔적을 문자로 보낸다.

■ 철저한 접근화법의 준비

판매활동 딘계에서 가장 어려운 단계가 접근단계라 할 수 있다. 이는 고객에 대한 충분한 정보를 파악하지 못한 단계이며 고객이 일언지하에 거절한 경우 어떻게 대응하여 대화를 이어가야 할지에 대한 충분한 사전 준비가 안 되어 있기 때문이다. 실제에서 고객은 처음으로 접근할 때 일반적으로 경계심을 가지거나 귀찮은 생각으로 "필요 없어요." "됐어요." "무엇 때문에 그러세요, 이미 가입했어요." "이미 많이 다녀갔어요, 귀찮아요." 등으로 대화를 이어갈 틈을 주지 않고 일언지하에 거절하는 경우가 아주 많다.

이런 경우에는,

안녕하세요? 저는 ○○생명 △△지점 □□□입니다. 우리 회사에서는 고객 만족 서비스를 높이기 위하여 보험 인식도를 조사하고 있습니다. 바쁘시겠지만 잠시만 시간을 내주시겠습니까?

안녕하세요? △△화재 □□지점 ○○○입니다. 이 지역을 담당하여 보험 홍보 및 안내는 물론 고객의 불만 처리를 맡게 되었습니다. 선생님의 많은 지도를 부탁합니다. 제 명함을 드리겠습니다. 혹시 생활에 필요한 자동차보험을 비롯하여 보험 전반에 관한 문의가 있으시

면 성의껏 안내해 드리겠습니다. 죄송하지만, 선생님 명함 좀 주시겠
습니까?

■ 접근 시 분위기 조성법
• 첫 인상을 좋게 하기 위한 접근 단계의 마음가짐
 – 이익과 행복의 보장을 전달한다는 신념을 지닐 것.
 – 자신 있는 태도로 판매에 성공할 수 있다는 확신을 할 것.
 – 방문을 주저하거나 두려워 말고 당당하게 임할 것.
 – 거절은 당연한 것으로 생각할 것.
 – 거절과 냉대가 있더라도 화내지 말고 명랑할 것.
  ☞ 재방문의 가능성을 열어둘 것.
 – 복장, 예의, 태도 등에 유의할 것.
• 부담 없는 자연스러운 접근.
 – 방문처의 대문, 정문, 사무실 또는 집의 구조, 자녀, 직원, 정리
   정돈 상태 등을 관찰하여 칭찬화법의 소재로 사용한다.
 – 깨끗하고 단정한 복장과 용모로 고객에게 상쾌한 기분과 신뢰
   감을 갖게 한다.

■ 접근 시 유의사항
• 지구도에 표시된 지역을 요일별로 빠짐없이 방문한다.
• 1일 방문 횟수 목표를 설정하여 규칙적으로 방문하는 것이 무엇
   보다도 중요하다.
• 초기 접근 시 거절에 겁을 내면 3~5차 방문 시 방문할 곳이 없

게 된다.

- 현장 활동 내용(대화 내용, 전달할 판촉물, 고객의 특성 등)을 표준 활동 일지에 기록하고 향후 활동에 대해 준비를 한다.
- 회수된 앙케트는 요일별로 정리한다.
- 고객에게 전달할 친숙자료를 준비한다.
- 고객의 거절 내용을 파악하고 차후 방문에 대비한다.
- 고객의 빈용, 성격, 기타 정보 사항은 항상 현장에서 메모하고 다음 방문 시 참고한다.

설계사의 개척활동

[개척 7단계]

제1단계	시장 조사 단계	◦ 시장특성 파악 및 활동지역 작성
	⇩	◦ 정보 수집
제2단계	접 근 단 계	◦ 명함, 인사장, 자기소개(프로필)
	⇩	◦ 앙케트 활용, 고객카드 작성
		◦ 정보이용 영업
제3단계	친 숙 단 계	◦ 고객유형별 특성파악 및 정보수집
	⇩	◦ 판촉 자료 활용
		◦ DM, TM활용
제4단계	니즈 환기단계	◦ 문제 제기, 생활설계
	⇩	◦ 사고사례, 위험통보
		◦ 가정경제 상담

제5단계	가입설계 및 제시	○고객설득, 거절처리
제6단계	계 약 체 결	○가입설계서 ○계약체결 마무리
제7단계	사 후 봉 사	○보험증권, 감사장 및 부담이 가지 않는 선물 전달 ○협력자 확보와 소개 의뢰

설계사의 세일즈 기법

누구나 부자가 되기를 꿈꾸며 살아가고 있다. 어떻게 하면 부자가 되는지를 알면서도 부자가 되지 못하는 이유는 어디에 있는가?

1979년 하버드 경영대학원에서 흥미로운 조사를 했다. 졸업생을 대상으로 "명확한 장래 목표를 설정하고 기록한 다음, 그것을 성취하기 위한 계획을 세웠는가?"라는 질문을 던졌는데, 졸업생의 84%(A그룹)는 "졸업 후에 여행을 간다."와 같은 간단한 목표 외에 명확한 목표가 없었다. 13%(B그룹)는 목표는 세웠으나, 문서화하지 않았고, 3%(C그룹)만 목표를 문서화해서 가지고 있었다.

10년 후인 1989년에 이 졸업생들의 소득을 분석해 보니, A그룹보다 B그룹의 소득이 2배 이상 높았고, C그룹은 A그룹과 B그룹의 평균보다 10배 이상 소득이 높았다. 동일하게 사회에 출발했지만, 어떠한 수준의 목표를 세웠느냐가 그 사람의 자산 수준을 결정한다는 놀라운 결과가 아닐 수 없다. 부자가 되고 싶으면 지금 당장 목표를 세워라.

그리고 이를 문서화하여 눈에 잘 띄는 곳에 붙여놓고, 끊임없이 되새김질하라. 거기서 "부자"가 되는 마법이 시작된다.

　이렇듯 모든 설계사가 부자가 되어 가족과 행복하게 살기 위해서 불철주야 노력하고 있다. 따라서 설계사의 기본인 세일즈 기법에 대하여 알아보려고 한다.

　세일즈 기법은 누구에게나 독특한 방법이 있으나 그 기법에 따라서 성공도 할 수 있고 그렇지 못할 수도 있다.

　첫째, 개인 생활을 항상 본인의 업무와 연장선상인 의미 있는 비즈니스 활동으로 보내라. 의미 있는 비즈니스 활동이란 시간이나 비용에서 최소의 투자로 최고의 효과를 얻어내는 비즈니스 활동을 말한다. 이를 위해서는 자신에게 맞는 업무프로세스를 개발해야 한다. 다시 말해, 시간별로 해야 할 일을 나누고 매일같이 반복하라는 것이다. 기본적인 프로세스 없이 성공적인 비즈니스를 한다는 것은 거의 불가능하다. 한 영업 달인이 "나는 40년간 하루 3명의 고객을 만나는 약속을 매일 잡았다. 많은 약속을 잡고, 또 이를 지키면 나머지는 따라오게 되어 있다."는 메시지를 기억하자.

　둘째, 고객 상담 시 Agenda(의제)는 필수이다. 목적 없고 목표 없는 고객과의 미팅은 사교 모임일 뿐, 비즈니스 미팅이라고 할 수 없다. 고객 상담 전에는 항상 의제를 미리 정해야 한다. 하지만 설계사 본인이 정한 의제가 고객의 의견과 다를 수 있으므로 상담 전 고객에게 그의 니즈가 무엇인지 먼저 물어보아야 한다. 대부분의 고객들은 "나는 이번 미팅을 따로 준비하지 않았다. 당신이 준비한 이야기를 듣고 싶다"라고 답할 것이다. 이때 자신이 준비한 이야기를 꺼내 놓으면 되는 것이다. 이 밖에 미팅 소요 시간도 미리 고지하는 것은 기본이다.

셋째, 고객의 이야기를 적극적으로 경청하라. 잘 듣는 것은 잘 말하는 것보다 훨씬 중요하다. 올바른 질문을 하고, 많이 듣는 과정을 거쳐야 고객의 의중을 알고, 더 많이 배울 수 있다. 더 나아가 고객과의 친밀도 향상에도 도움이 된다.

넷째, "잘하는 일"만 하고 나머지는 위임하라. 본인의 세일즈가 어느 정도 자리잡히고 할일이 많아진다면, 본인이 잘할 수 있는 일에만 집중하고 나머지는 타인에게 위임하는 것이 효과적이다. 훌륭한 가수는 피아노를 나르지 않는다. 작업의 효율성을 위해서는 일에 우선순위를 매기는 것이 중요하다. 컴퓨터에서 스팸메일이 도착했다는 소리가 수시로 당신의 일을 방해한다면 당장 꺼버려라. 스팸메일을 읽는 시간은 당신이 일하는 시간이다.

다섯째, 전문가가 되라. 틈새시장이나 내가 열정을 쏟을 수 있는 분야가 있는지를 생각하라. 그리고 그 분야에서 자타가 공인하는 최고의 전문가가 되어라. 대개, 제너럴리스트보다는 스페셜리스트가 고소득을 가져간다.

여섯째, 보험시장에서 자신이 최고의 전문가라는 이미지를 포지셔닝하라. 그러기 위해서는 자신이 보험 상품을 비롯한 모든 분야에서 정통한 진정한 전문가이어야 한다. 실제로 남이 인정하는 전문가일 때 그에 맞는 이미지도 가꿔진다. 고객이 나를 선택하는 이유는 내가 남과 다르기 때문이다.

일곱째, 항상 신뢰와 정직을 증명하라. 고객이 나를 신뢰할 수 있도록 해야 오래도록 나의 고객으로 남는다. 고객은 떠날 준비가 항상 되어 있다고 말한 보험 영업의 달인도 있음을 명심하라.

여덟째, 고객은 적이 아닌 파트너이다. 과거의 세일즈 기법에서 고객은 네트 건너편에 있는 사람(테니스에서 내가 이겨야만 하는 상대방)이라고 했다. 그러나 이는 옳지 않다. 고객과 나는 파트너이며 네트의 건너편에 있는 것은 문제점일 뿐이다. 즉, 고객과 함께 문제점을 풀어가는 것이 현대사회가 원하는 세일즈이다.

아홉째, 고객에게 완벽하게 투명해야 한다. 고객이 셀러와의 거래를 끊는 대부분의 이유는 기대에 못 미쳐서다. 따라서 나의 능력과 지위 등을 정확하게 공개해야 한다. 고객과 회사의 중간 입장에서 처음부터 내놓고 이야기하는 것이 좋다. 계약으로 인해 받는 보수까지도 밝히도록 법으로 규정된 나라도 있고, 앞으로 한국도 그렇게 될 수도 있다고 보는 사람들이 많다. 오히려 모든 사람이 모든 면에서 투명한 것이 좋다고 생각하기 때문이다.

열 번째, "Thank you"라고 말하는 것을 잊지 말자. 만약 당신이 어떤 파티에 참석하고 난 후 며칠 후, 주최측으로부터 참석해주셔서 감사하다는 카드를 받았을 때 기분은 어떨까? 그런 기분을 선물하라는 것이다. 하지만 중요한 것은 수익이다. 고객은 내게 "Thank you" 카드보다는 더 높고 안정적인 수익을 요구한다.

성공 판매의 9단계

제1단계: 신규시장이든, 기존시장이든 혹은 소개든, 가망고객 발굴에 적극적으로 나선다.

제2단계: 고객과 일단 만나기 위해 사전 접근 등의 방법을 통해 방문을 약속받는다.

제3단계: 첫 면담에서는 고객의 정보수집에 초점을 맞춘다.

제4단계: 고객의 수요를 유발해 니즈를 환기시키고, 고객의 맞춤 재정안정설계서를 설명한다.

제5단계: 고객에게 맞춤상품을 제시하면서 가입을 본격 권유한다.

제6단계: 고객과 충분히 논의, 완전 판매를 하되 클로징은 단호히 곧 계약에 들어간다.

제7단계: 계약체결 후 즉시, 보험 증권을 전달하면서 다시 한 번 약관을 확인시킨다.

제8단계: 정직, 성실로서 신뢰를 확보하고 유지 관리에 최선을 다한다.

제9단계: 소개마케팅에 돌입, 협력자 소개 및 추가적 판매와 리크루팅에 나선다.

정년이 없는 직업 — 설계사, 대리점

어제 오전에 올해 90세인 할머니로부터 오랜만에 반가운 전화 한 통을 받았다. 몇 개월 전에 다른 몇몇 분과 함께 점심대접을 해드렸었는데 오랜만에 목소리라도 들어보고 싶다고 먼저 전화를 주신 것이다. 지금도 설계사로서 활동하고 있는 그분은 지금 현재 보험업계의 최고령자일 것으로 추정된다.

첫 번째 부임한 지점이 회사에서 가장 먼저 생긴 오래된 지점이었

다. 그로 인해 그 지점의 설계사와 대리점주들이 노령층으로만 구성되
어 있기 때문에 효율과 업적 평가에서도 거의 최하위에 맴돌아 한동안
정체된 그런 지점이었다. 젊고 참신한 신인을 유치하더라도 거의 시어
머니 뻘 되는 조직원들과 호흡하자니 자연히 리크루팅도 어렵고 정착
률도 떨어지는 악순환이 계속되었다.

그 중 가장 연세가 높으신 한 분이 계셨는데 모든 지점 운영 및 영
입소의 분위기가 그분의 의중대로 뇌는 게 다반사였다. 영업소의 수임
으로 계시는 평양이 고향인 그분은 평양고녀를 졸업한 엘리트였다. 따
라서 아는 것도 많고 지점 운영이나 다른 영업소까지 간섭하는 등 동
네 통반장 역할을 톡톡히 하셨다. 그분을 비롯한 고령의 설계사가 여
러분 있었는데 회사에서는 신인 유치에 어려움이 수반되니 60세 이상
은 해촉하라는 공문이 내려오기도 하였다.

그러나 이분들이 우리 지점의 초석이 되셨고 한편 열심히 일하는
모습과 일로 인해 그분들이 건강하게 생활할 수 있다는 생각으로 높은
연령층만으로 구성된 영업소를 따로 구성하여 한 명의 해촉도 없이 운
영을 시도하였다. 나는 처음 부임해서는 '노인네가 자기 일만 하시고
뒤에서 가만히 보고만 있으시지 왜 앞에 자꾸 나서는지'라며 이해가
되질 않고 의아해했었다.

그 시절엔 지점 체육대회나 소풍을 봄, 가을로 가곤 했는데 그분은
모든 것을 본인이 해야만 직성이 풀리는 분이었다. 지점의 모든 행사
는 스스로 앞장을 서서 준비위원장이 되어 전혀 빈틈없이 관장하여 행
사를 아주 훌륭하게 치를 수 있었다. 그뿐만 아니라 본인의 월도 목표
는 어찌하든 매월 25일 이전에 달성하고 영업소에서 큰 계약이 체결되

면 떡을 해온다든지 아주 맛난 것을 푸짐하게 손수 직접 해오셔서 지점 회식을 주도하시는 엄하신 가운데 인정이 많으신 분이었다.

90세임에도 불구하고 아직도 월요일 하루는 꼭 사무실에 출근하시면서 만기 된 자동차보험을 챙기시고 장기보험의 수금을 직접 관리하시는 등 왕성한 활동을 하고 계신다.

요즈음 그분을 생각하면 몇 해 전에 돌아가신 우리 어머니가 생각나기도 하고 노령 실업자가 많은 현실에 얼마나 다행인가 하는 마음이다.

지점장 시절에 이미 70세가 넘으신 그분에게 나는 90세까지 활동하시라고 권하였다. 그런 그분이 90세가 되셨으니 만감이 교차한다. 항상 "우리 같은 노인네들에게 어디서 이런 월급을 주느냐."면서 설계사로서의 긍지와 자부심과 애사심으로 뭉쳐 있어 마음 한구석 흐뭇하기도 하였다.

이렇듯 설계사와 대리점대표라는 직업은 가정생활에 전혀 지장을 주지 않는 범위 내에서 고소득을 올릴 수 있는 자유로운 직업임에 틀림없다. 생활력이 강한 남녀노소 그 누구나 정년이 없는 자유업인 보험세일즈에 도전하여 영원한 사회인으로서 삶을 힘차게 살아가고 있는 프로들을 주변에서 많이 만날 수 있다.

영업 관리자의 역할

　　영업 관리자의 역할에 대하여 알아보기에 앞서 영업본부장 시절에 지점장과 영업소장(오늘날의 영업매니저, SM)과의 생활 중 일희일비한 일들이 있었기에 여기서 잠시 언급을 해보기로 한다. 당시 나는 서울에서 3개 지점의 지점장을 거친 후 영업본부장 발령을 받아 방대한 조직을 어떻게 조화롭게 이끌어 갈 것인가를 심사숙고하게 되었다.

　　서울의 강남구, 영등포구, 구로구지역과 인천광역시, 경기도 남부지역, 충청북도 그리고 강원도가 나의 관할 지역이었다. 당시 내가 근무하던 회사에서는 지역 본부장 제도를 도입하여 서울사업본부, 경인사업본부, 중부사업본부, 영남사업본부 등 4개의 본부가 있었다.

　　지금도 그렇겠지만, 당시 손해보험회사는 자동차보험의 영업으로면 단위 지역까지 영업소나 주재반이 있어 영업하는 사람들의 활동범위가 아주 넓었다. 본부장은 한 달이면 2/3는 각 지역을 순회하는 데

거의 모든 시간을 할애하였다.

나의 점포 관리 철학은 일선 설계사나 대리점대표님들에게는 앞에서는 언급한 한국 특유의 정情으로 대하고, 지점장이나 영업소장에게는 당근과 채찍을 시의적절하게 철저히 적용하였다. 우리가 흔히 부하직원을 관리할 때, 당근과 채찍을 동시에 사용하여야 한다고 말은 하지만 이를 시의적절하게 사용하기는 사실 참으로 어렵다. 실적에만 매달리는 영업 관리자는 실패하지만, 리크루팅에 총력을 기울이는 영업 관리자는 시일은 조금 걸리겠으나 반드시 성공하게 되어 있다.

경험으로 보아 갑자기 점포를 성장시키기는 어렵다고 본다. 설사 갑자기 성공한다 하더라도 이는 오래가지 못하고 반드시 무너지고 만다. 보험 영업은 한 계단, 한 계단씩을 올라가는 계단식 영업을 하여야 다져지고 진정한 나의 점포로 성장할 수 있다는 것이 나의 지론이다.

주로 지점이나 영업소를 순시할 때 그달의 리크루팅 카드를 몇 매나 소지하였는지를 점검하는 것이 순시의 초점이었다. 당시 십여 개의 지점에 백 개가 넘는 영업소를 올바르게 지도하고 평가하기 위해서 리크루팅에 모든 역점을 두고 효율을 보완하여 시책을 펴게 되었다. 주로 설계사 자격시험 전 교육을 거쳐서 시험 합격 후 회사에서 실시하는 입문과정을 수료한 뒤 그달에 가동이 되면 피유치자와 유치자 시책을 타 본부와 다르게 크게 내걸었다. 그리고 리크루팅에 우수한 점포장에게는 거금의 특별 시상금 외에 일반인들이 자기 돈으로는 쉽사리 갈 수 없는 유명 오페라 또는 뮤지컬과 유명 호텔에서의 만찬에 초대하곤 하였다.

반면에 리크루팅이 부진한 점포장(가장 부진한 꼴찌 3명의 지점장과

20명의 영업소장을 다 함께)에게는 엄중한 채찍을 가하는 영업 전략을 줄곧 실시하였다. 그 중 하나가 리크루팅 부진 점포장들을 엄동설한의 한겨울 새벽 5시에 63빌딩 앞 한강 둔치에 집합하고 그 다음 달은 남산의 도서관 앞에 집합하게 번갈아 가면서 실시하였다.

부진 점포장들을 2개조로 나누어 앞줄은 "조직"을 크게 외치면 뒷줄은 "증원"을 크게 외치면서 약 2시간 정신 훈련을 지속하여 실시하였다. 교육을 마칠 즈음엔 다음 달의 리크루딩 목표 세획을 반드시 받아 이를 꼭 이행하도록 독려하였다.

이땐 속초나 동해, 강릉, 태백 그리고 단양, 청주, 평택, 오산, 청주, 충주 등 지방의 부진점포장들은 회사에서 주는 지원금 한 푼 없이 자비로 서울에 오는 교통비와 숙식을 해결하게 하였다. 당연히 아침 일찍 정신 교육에 참가하기 위해서는 교육 전날에 서울에 도착하여 숙박한 후 새벽에 2시간의 정신 교육을 받은 뒤 4,000원짜리 해장국 한 그릇을 먹고는 바로 자신의 점포로 돌아가 아침 조회를 하게끔 하였다. 당연히 본부장인 나도 추위에 떨면서 똑같이 훈련에 동참하여 "정신일도 하사불성(精神一到 何事不成)"의 마음으로 뛰고 또 뛰었다.

약 3개월 연속으로 모든 경비를 자신이 부담하여 부진 점포 교육을 받은 점포장들은 다시는 이런 교육은 참가치 않겠다고 서로가 혈안이 되어 리크루팅의 중요성을 피부로 경험하게 하였다.

필자는 평소에 직장인들이 자기 발전을 위해서는 약간의 긴장이 필요하다고 생각한다. 목표의식이 희미하고 도전의식이 없는, 즉 "혼"이 없는 사람은 자신과 회사의 발전을 저해한다.

그 시절 나와 본부 소속 직원들은 불시로 영업소를 방문하여 조직들의 정시 출근 체크 및 조회 실시 여부를 점검하여 기강을 바로잡기도 하였다. 왜냐하면 아무리 우수한 조직이라도 출근 없이는 교육 및 활동이 없으며, 활동이 없이는 업적이 있을 수 없다는 지론이 있었기 때문이다.

불시에 출근 점검을 하는 것도 영업 관리자들로 하여금 긴장의 끈을 놓게하지 않으려는 의도이다. 어떤 때는 출근 부진의 이유가 고객을 먼저 만나기 위하여 현장에 다녀와야하므로 늦게 사무실에 온다고 한다. 그러나 그것도 한두 번이지 매번 이른 아침에 고객을 만난다는 것은 어불성설이다.

이렇듯 부진한 점포를 우수한 점포로 만들기 위해서는 이런 고리타분한 방법도 점포장들의 정신 상태를 올바르게 잡는 계기가 되기도 했다. 사실 오래된 과거의 영업 전략이지만, 그 시절 그 전략을 오늘날에도 펼치면 요즘 점포장들은 어떻게 받아들일까? 하면서 입가에 미소를 지어 보기도 한다.

보험회사의 점포는 살아 움직이는 생물과 같다고 생각한다. 점포장의 정신이 살아 있어야 설계사들의 정신이 살아있게 마련이다. 재적 인원이 비록 몇 명 되지 않더라도 점포장을 중심으로 한번 해보자는 의지로 모든 조직이 움직이면 몇 개월 이내로 크게 일으켜 세울 수 있다. 하지만 내가 아니라도 남들이 알아서 하겠지 하는 순간 점포는 순식간에 망가지게 마련이다.

지점장과 영업매니저(SM, RM)의 역할은 무엇인가?

지점장과 영업매니저는 지점과 영업소의 관리 업무를 통해서 회사 이익을 높일 업무를 부여받은 보험회사의 최일선 단위 책임자이다. 지점의 경영을 통해 지점장과 영업매니저는 회사, 팀장, 설계사, 계약자의 최선의 이익을 위한 역할과 책임을 수행하는데 수익성 있는 점포 운영만이 이들 3자 모두에게 최선의 이익을 보장하기 때문이다.

점포 운영이 이익을 창출하지 못하면 최선의 교육, 최고의 시설, 최고의 지원은 불가능하며 이 경우 설계사의 육성, 고객의 만족 및 이를 통한 3자 공유의 최선의 이익은 달성될 수 없기 때문이다. 나는 여기서 지점장과 영업매니저를 묶어 편의상 보험회사의 영업 관리자 또는 점포장이라고 칭하겠다.

지점의 수익성을 높이기 위한 기본적인 요건으로는 다음의 5가지를 들 수 있다.

1) 우수한 자질의 후보자를 도입하여 고능률 설계사로 육성

가능성이 큰 후보자를 선별 도입하고 체계적이고 헌신적으로 육성하는 노력을 초기에 집중해야만 고능률 설계사를 양성할 수 있는 확률이 높아지며 그만큼 불필요한 리크루팅과 교육의 비용과 시간이 절약된다.

최근에는 생·손보협회에서 "우수인증설계사" 자격제도를 시행하고 있다. 우수인증설계사제도는 생·손보협회가 설계사들의 이직을 줄이고 건전한 영업문화를 정착시키고자, 지난 2008년 5월부터 시행하고 있는 인증제도이다.

이 자격을 받으려면,

☆ 한 회사 3년 이상 장기근무

☆ 13차월 계약유지율 90% 이상

☆ 1년간 불완전판매 등으로 민원이 없을 것

☆ 3년 이내에 금융감독 당국의 처분 받은 일이 없을 것

☆ 월납 초회보험료 모집 실적이 월평균 80만원 이상(생명보험)

☆ 연도 소득이 월평균 500만원 이상(손해보험)

등의 요건이 있어 양호한 실적도 뒷받침되어야 한다.

생명보험협회에 따르면 지난 2010년도에 인증된 설계사는 8,442명으로 전년대비 34.1%(2,146명) 증가했으며, 우수 인증설계사는 일반 설계사보다 훨씬 우수한 모집효율을 나타냈다. 우수 인증설계사들의 13회차 유지율은 96.8%로 전체평균 71.3% 대비 무려 25.5%나 높았고, 25회차 유지율 역시 89.8%로 전체 생명보험 설계사 평균 62.3% 대비 27.5%나 높은 것으로 나타났다. 연간 소득액도 7,497만원으로 전체 설계사 평균 3,576만원보다 2배를 훌쩍 넘어선 고소득을 올리고 있다.

따라서 영업 관리자는 고능률의 설계사 확보를 최우선 정책으로 점포의 재적인원 대비 30% 이상의 "우수 인증설계사"를 목표로 삼아야 할 것이다.

2) 설계사 정착률의 향상

1인당 리크루팅 및 육성 비용은 점점 증가하고 있는 반면 정착률이 개선되지 않는다면 정착된 1명에게 투입되는 비용은 이중으로 증가하기 때문에 점포는 비례적으로 손해를 보게 된다.

3) 설계사 생산성의 제고

설계사 1인당 투자된 비용의 회수기간은 설계사의 생산성이 높을수록 단축되며 정착률도 인당 생산성이 높을수록 몇 배로 향상된다. 설계사의 생산성은 바꾸어 말하면 설계사의 소득이기 때문이다. 즉, 일정 수준의 소득을 넘기기만 하면 설계사의 정착 가능성은 그 이전보다 몇 배로 증대된다는 이치이다.

4) 계약유지율의 제고

계약유지율은 바꾸어 말하면 회사 재산을 관리하는 능력과 고객 서비스 수준의 척도이다. 계약유지율이 높다는 것은 같은 신계약 실적으로도 더 많은 보유계약을 늘릴 수 있다는 뜻이다. 바꾸어 말하면 적은 신계약이라도 유지율이 높아 같은 보유계약을 달성할 수 있기 때문에 그만큼 신계약비의 낭비를 줄일 수 있는 경제적인 영업이 가능하다는 것이다.

한편, 유지율이 좋다는 것은 그만큼 판매 단계에서 완전판매를 위한 과정 이행이 철저했다는 점과 실효 해약으로 인한 고객의 피해를 그만큼 줄일 수 있다는 점에서 좋은 고객 서비스를 반증하는 것이다.

5) 유능한 중간 관리자(SM, RM)의 육성

수익성 있는 규모와 수준이 높은 지점을 만들려면 능력과 뜻이 통하는 중간 관리층을 확보하거나 육성하여야 한다. 특히 지점장의 관리 업무는 영역이 넓고 대상 인원이 많기 때문에 올바르고 유능한 영업매니저와 팀장이 세분된 관리를 해 주지 않는 한 높은 질적 수준의 대형 점포를 만든다는 것은 불가능하다.

결국 영업 관리자의 임무는 단위 점포 경영을 통한 이익 실현이며 이를 위해 5가지의 기본 전제를 반드시 실현하는 구체적인 계획과 관리가 따라야 한다.

영업 관리란 어떤 업무활동을 말하는가?

단위 경영자로서 점포장의 임무를 수행하기 위한 구체적이고 상시적인 업무를 영업 관리라 하며 이를 계획, 실행하는 지점장과 영업 매니저를 영업 관리자라 한다. 지점장과 영업소장의 기본임무 활동인 영업 관리는 아래와 같이 크게 7가지로 나눌 수 있다.

1) 리크루팅

설계사에게 가장 중요한 일이 지속적인 가망고객 확보인 것처럼 영업 관리자에게 가장 중요한 일도 리크루팅 후보자 발굴이다. 영업 관리자의 최우선 과제는 양질의 리크루팅이며 이것은 대형 점포라도 마찬가지다. 영업조직은 매년 많은 인원이 이탈하게 마련이므로 대형 점포라도 조직을 유지하기 위해서는 상당수의 신인을 지속적으로 확보해야 한다.

리크루팅은 후보자의 발굴과 선별의 과정을 말하며 관리자에게 요구되는 것은 선별능력이다. 지점 인력의 충원은 관리를 보좌해 줄 유능한 팀장을 찾는 일부터 시작되며 올바른 한 사람의 리크루팅이 지점 전체의 모습을 바꾸어 놓는 결과는 보험영업에서는 종종 있는 일이다.

점포의 성공을 위해서는 리크루팅의 필요성과 당위성을 매일 조회 시 강조하어 설계사들로 하여금 리크루팅이 생활화되도록 유도를 해야 한다. 예를 들면 기존 설계사들에게 올해 1년만 리크루팅에 최선을 다하여 매월 1명의 신인 도입을 요청한 후 정착에 대한 관리는 지점장이 책임을 지겠다고 약속하라. 그런 다음 1년 후 절대 리크루팅에 대한 심적인 부담을 주지 않고 실적에만 전념하라고 하면 거의가 협조하게 된다. 1년 후부터는 새로 도입된 조직들에게 똑같은 방법으로 주지시켜 점포를 운영하면 신인은 리크루팅, 기존은 실적에 전념케 하는 이원화된 점포운영도 바람직하다. 신인은 실적에 매달리기보다는 리크루팅에 전력을 투입하는 대신, 실적보다는 리크루팅에 대한 지점 운영비 지출 비율을 높여야 할 것이다. 피유치자보다는 유치자에게 시상금을 더 많이 주어지게 하여 리크루팅에 대한 애착을 두게끔 운영하면 신인은 물론 기존설계사들도 이에 자발적으로 동참하게 된다.

2) 교육

신인 설계사들은 상품의 기초지식은 물론 판매기법, 건전한 활동습관, 회사의 규정 등을 배워야 한다. 능력과 경험을 겸비한 트레이너 없이 설계사 혼자 성공하는 예는 드물다. 미국 보험협회가 18개월 이

내에 탈락한 설계사들을 대상으로 조사한 결과, 가망고객 확보 및 판매 기법에 대한 교육이 부실하였거나 아예 교육 자체가 없고 부실한 것이 가장 큰 이유로 꼽혔다. 설계사가 기법을 확실히 체득하는 데는 반복 교육과 실습이 가장 중요하다. R.P(역할 연기)도 지식과 적용 능력의 갭을 메우는 좋은 교육 방법이다. 교육은 신인에게만 필요한 것은 아니다. 팀장이나 기존 설계사들도 지속적 동기 부여와 발전을 위해 교육하여야 한다. 관리자란 조직의 모든 사람의 성공에 가장 큰 책임을 지고 있는 사람이다.

3) 실적 관리

설계사에게는 자신의 활동결과인 영업실적이 가장 큰 관심사일 수밖에 없다. 영업 관리자의 주 관심사는 만족할 만한 수준의 지속적인 신계약 판매 규모와 보유계약의 안정적 유지이다. 업적관리를 위한 계획의 수립은 설계사의 계획 수립과 방법이 같다. 즉, 현재의 여건을 고려하고 과거의 실적을 검토하여 미래의 계획을 세우는 것이다. 이어 계획을 달성하기 위한 전략과 방법을 결정하고 실제 판매 실적이나 소득의 변화를 보고 계획과 목표를 달성하였는지 판단해야 한다. 그러나 영업 관리자의 계획은 설계사 개인의 계획 수립과 달리 지점 내 모든 설계사의 총량에 대한 목표를 수립하는 일이므로 훨씬 복잡하고 힘이 든다. 전 조직이나 구성원 개개인에 대한 구체적인 목표를 설정하는 일은 개인의 실적 능력과 영업 관리자의 지원 및 관리의지를 결합하는 것이다. 영업 관리자는 현재 상황을 분석하는 능력과 미래를 예측하는 능력을 동시에 갖추고 있어야 한다.

실적관리란 다음과 같은 과정과 업무를 포함한다.

- 과거의 실적 평가.
- 구성원 개개인의 강점과 약점 파악.
- 개인의 목표 설정에 공동 참여.
- 목표 대비 진척도 점검.
- 실적 향상에 도움이 되는 피드백(Feedback) 제공.
- 개인 실저 관리상의 문제짐 해결 시원.
- 좋은 실적에 대한 인정 및 포상.
- 비능률적인 중간 관리자(RM, SM)의 해촉 및 관리 개선.

사람들은 대개 자신이 인식하고 있는 것보다 큰 잠재력을 갖고 있다. 그렇다고 해서 모든 사람이 자신의 잠재 능력을 최대한 발휘할 수 있는 추진력을 갖고 있는 것은 아니다. 영업 관리자는 조직 구성원 중 누가 더 향상될 수 있고 누가 이미 잠재력의 정점에 도달한 상태인지를 파악하고 있어야 한다.

4) 판매 지원 활동

성공적인 영업 관리자는 예외 없이 능률적인 코치이다. 판매관리 업무의 중요한 부분은 다음과 같다.

- 회사가 새로 개발한 상품과 서비스에 대한 적시 교육 실시.
- 특정 고객과 관련된 문제에 대해 설계사와 면담 및 자문.
- 지속적으로 고객의 니즈를 해결할 수 있는 정보 제공.
- 전문적인 판매 방법에 대한 최신 정보와 기술 제공.

• 특정 고객, 상품 및 개념별로 시장을 구분.

실적이 좋고 성공한 설계사는 대부분 시장이나 고객, 상품, 서비스 부문에서 전문화 내지 특화되어 있다. 그러나 영업 관리자는 모든 시장, 고객, 상품을 총괄적으로 지원할 수 있어야 한다. 만약 설계사가 가망고객과의 면담을 위해 내일 아침 필요한 설명 자료를 작성하기 위해 도움을 요청할 때 본인의 능력 부족으로 그 요청을 거절하게 된다면 안 된다. 영업 관리자는 지금까지 설계사에게 들인 시간과 비용은 물론 그 설계사가 장래 지점에 기여하게 될 실적을 모두 포기하는 결과를 초래하며 설계사의 이탈에 직면하게 될지도 모른다.

5) 손익 관리

심화되는 경쟁과 수익률의 저하는 지점의 건전한 재무관리의 필요성을 더욱 강조하고 있는 현실이다. 경비를 적절히 통제할 줄 아는 영업 관리자만이 수익성 있는 지점을 운영하고 최대의 이익을 실현할 수 있다. 손익관리에는 판매 활동의 효율성을 제고하거나 유지하기 위한 비용 분석이 요구된다. 설계사에 대한 초기 정착수당 등 재정지원이 일정수준 이상의 판매 실적을 기초로 한 것인 이상 기준에 미달된 설계사는 해촉할 것인가 말 것인가 하는 냉철한 결정이 필요하다.

지점을 관리하는 데는 판매관리뿐만 아니라 업무관리도 필요하다. 우선 지점은 적정한 면적과 시설을 유지하는 것이 중요하다. 지점의 면적이 크면 클수록 임차비용의 증가는 물론 더 많은 관리상의 문제가 야기되며 더 많은 인력이 필요해지기 때문이다.

홀륭한 영업 관리자는 설계사의 정착률과 영업의 수익성 상관관계를 인식해야 한다. 육성·정착된 설계사는 반복 판매가 가능하며 지속적인 영업 기반을 축적한다. 점점 큰 계약을 체결하는 능력을 갖추고 전문화되므로 목표 달성이 가능하고 정착된 설계사는 부가적인 비용이 추가로 들지 않기 때문에 영업 관리자는 설계사의 육성과 정착에 전력투구해야 한다.

6) 지점 성장계획

영업 관리자는 점포를 이끌어 갈 미래의 그림과 이를 실현하기 위한 확고하고 구체적인 장기계획이 있어야 한다. 지점의 성공은 세심하고도 합리적인 계획과 해내고야 말겠다는 의지의 결과이다. 점포의 발전을 위해 영업 관리자가 나갈 장기적인 계획은 아래와 같다.

- 지점의 성장을 리드해 나갈 장기적 사업계획 수립.
- 목표 달성을 위한 조직 구조의 결정.
- 고객과 대중에게 지점과 설계사의 좋은 이미지를 전달.
- 이를 위한 인력·자금 등 자원 니즈(needs) 결정 및 계획.
- 설계사와 함께 "해내고야 말겠다"는 합심된 의지.

7) 일반 관리

지점의 정책이나 방향을 확고히 관리해 나가고 타사와의 경쟁에 항상 대비하여 회사의 정책이나 규정 등을 설계사에게 긍정적으로 주지시켜야 한다. 아울러 회사에 대한 자부심을 갖게 하면서 제반 관리 사항을 시행해 나갈 수 있는 리더십과 능력이 영업 관리자에게 필요하다. 점포장은 매일 출근 관리를 해야 하고 아침조회는 빠짐없이 실시하여 각종 상품지식뿐만 아니라 공지사항과 회사의 각종 규제 등을 교육하여야 한다. 현대 사회에서 일본식 조회가 무슨 소용이 있겠느냐고 반문할지 몰라도 일본의 것도 좋은 것은 다시 운용하여 더 좋은 방향으로 개발해 나가면 될 것이다. 대고객 화법도 교육해야 하며 가끔은 그때그때의 국내외 이슈에 대하여 전문가를 모시고 조회를 하면 의외의 효과를 거둘 수 있다.

성공적인 영업 관리자의 유형

설계사 정착률의 가장 핵심적인 요소를 하나만 들라고 한다면 공히 본사나 영업 현장 영업 관리자의 자질(Quality of Field Leadership)을 말한다. 우수한 정착률을 보이고 있는 회사는 어떤 판매채널이든 그들의 영업 관리자를 가장 중요한 요소로 꼽고 있다. 예를 들면, 우수한 점포장은 설계사와 계약 체결을 위하여 필요시 동반 출장을 가는 경우가 많이 있다. 이런 경우를 대비하여 점포장은 항상 상품에 대한 지식뿐만 아니라 고객의 성향을 파악하여 가입설계서를 면밀히 검토하는 등 만반의 준비를 하여야 할 것이다. 가입설계서는 1안), 2안), 3안)으로 구분하여 가입을 할 경우엔 보험료도 절감되고 사고 시 가장 적절하게 보상금이 지급됨을 세세히 알려 주어야 한다. 보장성 보험료와 저축성 보험료를 균형 있게 배분하여 가입함으로써 중도환급금이나 만기환급금이 가장 많이 나올 수 있는 가입설계서를 만들어 가입을 권유하여야 할 것이다.

고객의 재산이 곧 나의 재산이라는 신념으로 적정한 보험료로 최대의 효과를 가져올 수 있게끔 안내하면 애초 가입하고자 하는 금액보다 설사 많더라도 대체로 가입하게 된다. 왜냐하면 지금껏 여러 해 동안 보험에 가입해 왔으나 대부분의 영업사원이나 점포장들은 가입을 유도하기에만 바빠 사고 시를 대비하여 자세한 안내를 해주는 경우가 많지 않았는데 사고 시 보험금과 환급금에 대하여 상세히 안내하면 고객이 감동하여 신뢰하고 가입하게 된다. 그렇게 되면 동반한 설계사도 점포장에게 감동하게 되고 점포장의 영업 방침에 적극적으로 동참하여 점포 발전에 이바지하게 된다.

그렇다면 이러한 우수 영업 관리자들의 특성은 무엇인가?

■ 활동 방법이 매우 특별하다.

그들은 어려운 상황에서도 초점과 집중력을 잃지 않는다. 자신의 목표를 잘 알고 이를 달성하는 계획을 수립한다. 즉, 할 일을 제대로 계획하고 계획에 따라 일을 수행하는 것이다. 이 점은 그들이 사무실에 들어서기만 해도 금방 알 수 있다. 태도에서 느끼는 책임감, 악수할 때 느껴지는 기운, 눈에서 나는 광채를 통해 이들의 특징을 알 수 있다.

■ 책임감이 강하다.

이들은 도전을 극복하는 방법을 찾아내는 데 자신의 에너지를 집중한다. 팀을 구축하고 목적의식을 부여하는 비상한 능력이 있다. 목표를 세운 뒤 그 목표 달성을 위하여 세부 계획을 매번 점검하고 기필코 해내고야 말겠다는 책임감이 남다르다.

■ 교육 훈련과 지원 활동에 중점을 둔다.

그들은 오늘 투자하는 시간, 돈, 그리고 노력이 내일의 이익이라는 점을 확실히 인식하고 있다. 따라서 교육의 중요성을 인식하고 조직의 교육 훈련에 온 힘을 쏟고 동반 지원 활동에 아낌없이 투자한다.

■ 열정과 낙관적인 지점 분위기를 조성한다.

설계사들과 사무직원들이 자신의 일에 활력을 갖고 있으며 사기가 높다. 감정 이입과 전파 능력이 탁월하기도 하다. "하면 된다"라는 신념으로 조직으로 하여금 능동적으로 움직이게 하며 주기적인 레크리에이션을 통해 지점 내의 분위기 쇄신에 항상 노력을 기울인다.

■ 지점 내 관리팀원들과 함께 일한다.

그들은 자신이 내일의 관리자를 키우고 있다는 사실을 자각하고 있다. 자기 조직원들의 성공과 성취에 자부심을 가지고 한배를 타고 항해하고 있다는 동료 의식을 강조하여 일체감을 조성한다.

■ 모든 일에 영향을 미친다.

모든 일에 대해 추진 수준과 속도를 정한다. 자기 조직의 성공적인 운영에 책임을 지며 목표에 미달하면 필요한 만회 대책과 조치를 취한다. 본인의 의지에 따라 조직의 승패가 달린 만큼 매사에 신중하게 대처한다.

업적부진 설계사의 관리

영업 관리자는 능력이 다른 설계사들과 일하면서 각자의 니즈에 맞게 활동을 조정해 주는 역할을 해야 한다. 설계사 각자의 강점을 더욱 개발하고 약점을 극복할 수 있도록 지원하는 분위기를 조성하여야 한다. 활동관리의 과정은 우수 설계사의 활동을 지원할 때는 즐거운 일이겠지만 지속적인 지원에도 불구하고 실패하는 설계사를 해촉하게 될 때엔 무척 괴로운 일이다. 설계사의 부진원인은 두 가지밖에 없다. 즉, 능력 부족과 의지 부족 중의 하나이며 영업 관리자는 그 원인을 빨리 파악하여 다음과 같이 대처하여야 할 것이다.

첫째, 생계를 영업에 의존하면서도 제대로 실적을 올리지 못하고 있는 사람은 대부분 능력 부족이며 이 경우 필요한 것은 교육이다. 그들은 아마 판매기법을 제대로 습득하지 못했거나 기법을 익혔어도 이를 사용하지 못했거나 잘못 사용함으로써 사실상 이를 잃어버린 상태에 있다.

둘째, 판매기법을 갖고 있으면서도 이를 활용하지 않은 사람에게는 다른 방식의 도전이 필요하다. 영업 관리자는 이들이 만족스러운 생산성을 올릴 수 있도록 독려하는 방법을 찾아내고 그 결과를 점검하고 평가해 주어야 한다.

영업 관리자는 개별 설계사의 업적을 분석하여 이를 향상할 수 있는 방법을 제시해 주어야 한다. 이 경우 평가는 반드시 실적에 국한되어야지 사람을 평가해서는 안 된다. 영업 관리자의 임무는 일에 관련된 행동을 관리하는 것이지 사람을 변화시키는 것이 아니기 때문이다.

설계사 열 명 중 한 명 정도는 지점장이나 영업소장 지도가 없이도 판매지식과 능력을 습득할 수 있는 사람이 있다. 한두 명 정도는 처음부터 자기관리를 스스로 해나갈 수 있는 사람이 있으며, 그 나머지는 성공할 때까지 지속적으로 도움이 필요하다. 영업 관리자의 점검 평가는 다음의 3단계로 이루어진다.

1단계: 설계사의 활동 실적을 표준활동 및 성과의 기준치와 비교하여 평가한다.

2단계: 기준 이하의 활동을 하게 된 원인을 파악하고 연구한다.

3단계: 구체적인 개선 요망사항을 제시하고 개선하게 한다.

결국 영업 관리자의 점검 평가 기능은 교육 과정의 연속이다.

점포의 기둥, 팀장의 관리

하루 24시간 중 가장 시간을 바쁘게 보내는 사람은 팀장이다. 팀장과 RM, SM은 영업소의 중추라고 해도 과언이 아니다. 따라서 점포의 성공은 팀장에게 달렸다고 해도 과언이 아니다. 그러므로 팀장들을 매일 관찰하여 팀장들이 다음과 같은 상황에 처했을 때 바로 잡아주는 역할을 성실히 수행하여야 성공한 영업 관리자가 될 것이다.

1) "자아 왜소증" 팀장

팀장 중에는 자신의 능력과 위상에 비해 스스로 왜소하게 보는 사람이 있다. 이른바 "자아 왜소증" 팀장이다. 이들은 자신의 능력을 스스로 폄하하면서 너무 신중하게 처신하므로 성공하기 어렵다. 역설적이게도 이 부류의 사람들은 어느 정도 자리가 높아지면 증상이 더 심해진다. 이런 팀장에게는 자신감을 갖고 무엇이든 도전케 하는 멘탈 트레이닝mental training이 중요하다.

2) 타협 없는 맹목적 집착성을 가진 팀장

융통성이 결여된 팀장도 있다. 이들은 대개 객관적 수치, 통계에 집착한다. 객관성과 정확성도 중요하지만, 비즈니스는 타협으로 이루어진다는 점을 인식시켜 대인관계에서 더욱 융통성 있고 유연성이 있게 지도해야 할 것이다.

3) 불균형적 유아독존의 일 처리를 하는 팀장

모든 일을 혼자 처리해 그 공을 독차지해야 직성이 풀리는 팀장으로 소위 "소영웅주의자"다. 그러다 보면 자신을 혹사하게 마련이다. 이런 팀장은 균형 있는 자세를 견지할 필요가 있다. 그래야 소영웅으로 끝나지 않고 진정한 영웅으로 거듭날 수 있다.

4) 충돌 회피, 무조건 평화주의 팀장

매사 상대와의 충돌을 회피하는 사람이다. 심지어 일도 회피한다. "그냥 좋은 게 좋다"라는 식으로 문제가 있다 싶으면 사람관계든 업무관계든 회피한다. 충돌을 회피하는 이런 성향은 자신감의 결여에서 나온다. 그러나 진정한 평화를 위해선 싸울 줄도 알아야 한다. 이런 사람

은 자신감을 갖도록 하는 훈련, 예컨대 충돌 이후 상대와 갈등을 해소
하는 방법을 익히면 쉽게 해결될 수도 있다.

5) 매사 승패 관점의 불도저형

매사를 승패의 관점에서 보는 팀장도 있다. 내가 살기 위해 무조
건 상대를 무찔러야 하는 불도저형이다. 그러다 보니 스스로 고단한
삶을 살다가 지치게 마련이다. 이런 팀장은 마음속 적대감을 마인드
컨트롤로 조절할 필요가 있다.

6) 명분만 찾는 반항형

실리가 있더라도 명분 없는 일은 거부하는 타입이다. 그러면서 스
스로 정의롭다고 생각한다. 실리 있는 명분이라면 몰라도 실리가 없다
면 명분은 잠시 뒤로 하고 지혜와 슬기도 필요한 시대에 살고 있음을
인정시켜야 한다. 비즈니스 세계의 핵심 허브로서 가급적 명분이야 찾
되 실리를 앞세워야 한다.

7) 한탕주의 홈런추구형

고액계약, 대박 리쿠르팅에만 열을 올리는 자들이다. 이 한탕주의
에 빠진 팀장들은 정상적인 일과에 회의를 느껴, 일 자체에 대한 흥미
까지 잃어 간다. 또 이들 중 상당수는 실시간 주가 그래프를 쳐다보는
데 업무시간의 상당 부분을 허비한다. 그러나 홈런만 노리다가 삼진아
웃 당하는 예도 있음을 명심해야 한다.

8) 입이 가벼워 못 견디는 경박형

이런저런 주변의 일에 일일이 참견하면서 자질구레한 정보를 말하지 못해 항상 입을 간지러워하는 부류다. 팀장 중에도 이런 사람이 종종 있다. 이런 유형은 다른 조직원에게 믿음을 주지 못한다. 그리고 결국에는 조직에도 손해를 끼치게 된다. 치유법은 자신도 노력을 해야겠지만, 옆에서 쓸데없이 선을 넘는 성 싶으면 자제시키든지 교체하여 팀장에서 내려 앉혀야 힌다.

9) 매사에 부정적인 근심형

영업이란 본래 도전적이고 긍정적이며 창조적인데 매사 부정적인 근심형의 사람이 팀장으로 있는 점포에는 미래가 없다. 이러한 부정적 시각은 필시 조직 팀원들 사이에 퍼져 암울한 분위기가 지배하게 된다. 따라서 적극적이고 공격적인 마음을 갖도록 지속적으로 훈련하여야 한다.

10) 변화를 두려워하는 게으름뱅이

"나도 할 수 있었는데…." 식으로 말하는 사람이 있다. 그런 사람의 십중팔구는 게으름뱅이임이 틀림없다. 그저 변화를 두려워하면서 도무지 액션을 취하려 하질 않는다. 자신의 삶이 완벽하기를 원하면서도 실제로는 아무것도 시도하지 않는 경우이다.

11) 감정 표현이 무딘 목석형

목석형 사람은 감정이 있기에 만물의 영장이라는 인간의 본질을 일탈했다고 할 수 있다. 문제는 그런 사람은 자신뿐 아니라 다른 사람의 감정도 알아채지 못한다. 따라서 협상가나 리더로 성공하기는 애당초 어렵다. 칭찬도 부정도 안 하기 때문에 남에게 어떠한 인상도 주지 못한다.

12) "NO IDEA, NO VISION."

아이디어가 없으면 비전도 없다. 주위에서는 동기와 영감이 고갈된 듯한 이도 있다. 도대체 아무런 아이디어도 없이 그저 멍청하게 있는 사람이 있다. 그런 사람은 무력감과 권태감에 빠져 헤어나지 못한다. 만일 팀장 중에 노-아이디어(No idea)와 노-비전(No vision)의 경우라면 점포 발전의 적신호다. 이땐 경고등을 켜고 비상 나팔을 불어야 한다. 면담을 통해 즉각 시정 작업에 들어가라는 신호이다.

설계사들이 좋아하는 점포장

어떤 점포장이 바람직한 모델인가? 각자 처한 위치에서 점포장을 바라볼 때 그에 따른 점포장의 기준 또한 다르게 나타날 것이다. 점포장과 가장 가까운 거리에 있거나 또는 항상 점포장을 눈여겨보는 제삼자의 시선에서 갈파한 바람직한 점포장에 대하여 알아본다.

첫째, 보험 상품, 의무규정, 금융상식 등 실무지식에 밝은 똑똑하고 실력 있는 점포장.
둘째, 매사에 적극적이고 긍정적이며, 정직하고 진솔한 점포장.

셋째, 설계사가 힘들어 할 때, 마음을 헤아려 격려하고 위로해 줄
줄 아는 다정한 점포장.

넷째, 제때 스트레스를 풀어주면서 편애하지 않고 골고루 신경을
써주는 점포장.

다섯째, 인정이 많고 이해심이 깊으며, 마음이 넓고 예의범절이 바
른 점포장.

여섯째, 리크루팅 해온 신인들을 정착할 때까지 잘 챙겨주는 점
포장.

일곱째, 설계사의 업무는 물론 개인 신상과 가정사까지도 털어놓
고 애기할 수 있는 상담형 점포장.

여덟째, 조회를 간단명료하고 유익하게 하고 중요한 사항만 이해
하기 쉽게 전달하는 점포장.

아홉째, 유머 있고, 항상 명랑하게 웃으며, 밝고 활기찬 스마일 점
포장.

열 번째, 약속을 잘 지키며, 적절하게 시책을 많이 전개하는 점포장.

열한 번째, 신계약 동반 활동뿐만 아니라, 수금 동반도 스스럼없이
하는 점포장.

열두 번째, 신인이 들어오면, 활동지역을 마련해 성장할 때까지 보
살펴 주는 점포장.

부진 점포장이 되는 원인

232년의 역사를 가진 유서 깊은 영국의 「베어링스 은행BARINGS

BANK」은 악마의 손이라고 불리는 "닉 리슨"이라는 직원 한 명 때문에 1995년에 파산하여 네덜란드 ING그룹에 단돈 1달러에 매각되었다. 그는 불법으로 금융 파생상품에 거액을 투자하여 발생한 손실을 비밀계좌에 숨겨 왔었다. 본사 감사팀에 이런 비리가 들켰을 때는 이미 손실액이 13억 달러를 넘었다. 모든 기업에서 이런 고의적 행동에 의한 것이 스킬 부족으로 인한 손실액보다 훨씬 큰 손실을 준다. 그러나 이러한 대형 사고를 저질렀는데도 불구하고 아이로니컬하게도 "닉 리슨"은 회사에서 잘린 후 미국 모회사에 거액의 연봉을 받고 스카우트되었다. 우리가 흔히 말하는 "실패의 성공학"에 자주 인용되는 인물이기도 하다. 우리가 점포를 운영할 때 가끔 "부진 점포"에서도 배울 것이 있다. 역설적이지만 부진 점포가 된 원인을 알면 그것을 반면교사로 삼을 수 있기 때문이다. 다음과 같이 하면 "부진 점포"로 가는 길임을 명심하여야 할 것이다.

- 설계사를 대할 때 불공정함이 눈에 자주 띈다.
- 설계사와 대화가 부족해 불신을 사고 있다.
- 꾸짖어야 할 때 꾸짖지도 못한다.
- 결단력, 문제 해결 능력이 결여돼 있다.
- 업무상 지식이 애매하여 실수가 잦다.
- 약속을 지키지 않거나 변명이 많다.
- 팀장과의 사이가 좋지 않다.
- 매사 민주적이지 않고 독재성이 짙다.
- 명확하지 않은 태도와 행동을 보인다.
- 설계사 정착을 위한 활동을 하지 않는다.

- 업무의 진행 순위를 종잡을 수 없다.
- 실적에만 매달리고 부진할 때 화부터 낸다.
- 승급 등 인사 원칙이 없다.
- 충동적이고 발언에 일관성이 없다.
- 진심으로 설계사 소득 향상에 나서지 않는다.
- 적극적으로 지원하려 하지 않는다.
- 점포 이외 위사들과 교류라고는 없다.
- 실적이 좋으면 자신의 공덕인양 치부한다.
- 매사에 명령조로 점포장 행세나 하려 한다.
- 매사에 적당주의다.
- 대화 부족으로 의사소통이 원활하지 못하다.
- 불평불만을 토로하는 설계사와는 아예 대화 자체를 하지 않는 편 협성을 보인다.
- 특정 설계사나 RM, SM, 팀장, 심지어 동료 및 상급 점포장을 자주 험담한다.
- 경비를 너무 깎아 짠돌이로 통한다.
- 매사 부정적인 어두운 성격을 드러낸다.

상기와 같이 25가지의 부정적인 징후의 점포장 사례를 들었으나 이것을 반면교사로 삼아야 실패하지 않을 것이다. 1912년에 일어난 타이타닉호 침몰 사건을 모두가 기억할 것이다. 선장이 과거 많은 실수를 경험했고, 과속 운행에 해상 무자격자를 전방 주시 인물로 근무하게 하는 등 감독을 소홀히 하였다. 수없이 많은 이상 징후가 있었으며 조그만 빙하와 충돌하였고 21번의 충돌 경고를 무시하여 인류 역사에 기록될 막대한 인명 피해를 불러일으켰다. 실패는 사소한 징후에서부터 비롯된다.

"하인리히 법칙(HEINRICH'S LAW)"에서도 하나(1)의 치명적인 실패는 300여 회 이상의 이상 징후를 보인 뒤 29번의 경고성의 작은 실패 뒤에 비롯된다고 했다. 우리는 실패란 단순히 원인과 결과로 나타난다고 알고 있다. 그러나 실패는 원인, 제도적 결함, 결과 이렇게 3단계를 거쳐 발생하는 구조로 되어 있다. 우리는 실패에 대해 항상 예방하고 창조적 개선을 해야 할 것이다. 이를 위해 실패를 숨기지 말고 드러내고 기억하여 이를 역으로 잘 이용하면 실패는 성공의 어머니가 될 것이다.

신화적인 홈런왕 "베이브 루스"는 1,300여 개의 삼진을 당하였기에 역사상 깨지지 않는 714개의 홈런을 기록할 수 있었다. 「혼다」의 창업주 "혼다 소이치로"는 "실수를 저지르지 않는 사람은 그저 위에서 시키는 대로 일하는 사람이다. 그런 사람은 혼다에 필요하지 않다. 백 번의 실패를 해도 한 번의 성공만 하면 된다."라고 말했다. 「혼다」에는 "올해의 실패왕" 제도가 있어 한 해 동안 가장 많은 실패를 한 직원에게 100만 엔을 지급하기도 했다.

점포장들이여, 절대 실패를 두려워 말고 생각하고, 또 생각하여 소신껏 행동하라. 성공이 눈앞에 펼쳐질 것이다.

감동이 있는 점포를 만들어라

"ET, 인디애나 존스, 쥐라기 공원, 쉰들러 리스트, 라이언 일병 구하기" 등의 공통점은 무엇인가? 바로 "스티븐 스필버그" 감독의 작품이란 점이다. 그가 메가폰을 잡은 영화는 반드시 흥행한다는 말이 돌 정도로, 그의 영화는 감동을 주며 대중을 사로잡고 있다. 점포장들도 그처럼 명연출가가 되어야 한다. 예컨대 설계사들의 목표달성을 위한 과정에서, 짜릿한 스릴감과 콧등 시큰한 인간애를 느낄 수 있는 감동 드라마를 연출하라는 것이다. 감동 있는 점포를 연출하기 위한 점포장의 생활수칙을 살펴보기로 힌다.

■ 내가 먼저 실천한다.

어려운 일이든, 쉬운 일이든 제일 먼저 행동으로 보이는 것이 가장 좋은 방법이다. 예컨대 동반활동 지원계획을 세웠다 하자. 하지만 계획은 예정대로 되지 않는 경우가 많다. 이를테면, "지점장님, 고객에게 전화했는데 오늘은 외출을 한다고 합니다" 등의 경우다. 이때, "부재 중이라도 일단 가보자"고 잘라 말하는 강력함이 필요하다. 계획 초기 부터 다음으로 미루다 보면 지속적으로 늦어지게 되기 때문이다.

■ "야단, 해촉"은 좋은 결과가 안 나온다.

리더의 행동에 반대하는 구성원이 존재할수록, 점포는 침체의 늪에서 헤어나기 어렵다. 따라서 설계사들에게 불안감을 조성하는 언행을 삼가야 한다. 잡초도 사랑해주면 뿌리를 깊게 내리는 법이다. 다시 말해, 리더라면 점포 분위기를 파악, 전체회식, 등산, 공연관람 등을 통해 앙금을 떨쳐낼 자리를 마련해주는 것이 좋다. 점포는 설계사들에게 동기부여를 불러일으키는 장소가 되어야 하고 활기를 불어넣는 휴식의 공간이 되어야 한다. 이러한 소중한 공간인 만큼, 점포장은 설계사들에게 "야단"과 "해촉"이 아닌 따뜻한 격려의 한 마디를 전함으로써 내일을 기대할 수 있도록 해야 한다.

■ 편애는 설계사 탈락의 지름길이다.

설계사들의 연령층도 다양하고 성격도 각양각색인 점포는 갈등이 생기게 마련이다. 이에 대해 한 대형점포 관계자는 "점포 내의 갈등은 대부분 지점장의 편애에서 비롯된다고 해도 과언이 아니다"라고 말했다. 즉, 점포장은 행동에서 누구도 차별하지 않는 공정한 태도를 보여야 한다. 또 갈등의 기미를 발견했다면, 그 즉시 해결의 실마리를 찾아 화합무드를 조성해야 할 것이다. 대화가 그 답이며, 한 사람 한 사람이 점포장의 신뢰를 받고 있다는 것을 전달하는 것이 가장 효과적일 것이다.

■ 설계사의 사기는 면담횟수에 비례한다.

성격이 어둡고 임기응변이 능숙하지 못한 설계사라 할지라도 점포장의 적극적인 면담지도가 따른다면 점포 내 유망주로 거듭날 수 있다.

명심할 것은, 점포장의 관심과 지도는 부진한 설계사들뿐만 아니라 점포 내 모든 설계사에게 필요하다는 것이다.

■ 설계사를 존중하라.

점포장은 설계사를 존중하는 마음을 가져야 한다. 그들이 있어 본인도 밥벌이할 수 있다는 사실을 잊지 말자. 간혹, 점포장이나 팀장들

가운데는 설계사들에게 차마 입에 담지 못할 욕설을 내뱉거나, 인격을
비하하는 말들을 서슴지 않고 하는 사람들이 있다고 한다. 새로운 계
약, 리크루팅과 관련해서 기대에 미치지 못한다는 이유 때문이다.

점포장들은 설계사가 점포 밖에서 고객들로부터 깊은 상처를 입
고, 자신도 실적압박에 힘들어한다는 사실을 알고 있다. 그런데도 충
고와 조언의 범위를 벗어난 말들을 내뱉는 것은 상처부위에 소금을 뿌
리는 것과 다름없다. 이런 일이 반복되다 보면 결국 설계사로서 탈락
하게 되고 갈등만 깊어진다.

■ 리크루팅은 하루아침에 이루어지지 않는다.

마감기간에 쫓기어 급하게 리크루팅에 매달리는 것은 설계사도
지치고 중도탈락자도 많아지게 된다. 리크루팅은 한 달, 몇 개월, 일
년을 앞서 목표를 세우고 추진하여야 한다.

■ 지적사항은 그때그때 말하라.

부부싸움에 기름을 붓는다는 말이 있다. 예컨대 "그동안 참았는
데… 그때 당신이 그랬잖아, 왜 그랬어?"라고 지난 일을 끄집어내는 것
이다. 이미 지나간 일들을 말할 때 자신은 서운한 점을 토로한다고 생
각하지만, 듣는 입장에서는 "왜 이제 와서"란 책망밖에 할 말이 없다.
지적사항이 있다면 그때그때 말하는 편이 좋다.

■ 고참 설계사를 배려하고 대우해 줘라.

무조건 신인설계사에게만 관심이 있는가? 이제 오래된 설계사에

게 눈을 돌려야 한다. 고참 설계사들이 제대로 된 모습을 갖춰야, 옆에서 보고 배우는 신인설계사들도 바르게 성장할 수 있다. 고참 설계사는 점포의 머릿돌과 같다. 이것만으로도 고참 설계사를 존중해야 할 충분한 이유가 된다.

■ 잘되거나 안 될 때에도 평정심을 유지하라.

승자는 누가 뭐라고 하던 남의 스피드가 어떻든 자기의 페이스를 유지하지만, 패자는 자기 장단뿐만 아니라 남의 장단에도 춤을 춘다. 즉, 자신감을 상실해 가는 것이다.

■ 항상 연구하라.

설계사들은 얼굴 생김새 차이만큼이나 다양한 학력, 연령, 성격, 가정환경 등의 차이를 나타내는 집단이다. 따라서 흥미 있고 효과적인 교육을 계획하고 실시해야 한다. 교육 수준의 정도를 평균적 수준으로 낮추는 것이 눈높이 교육이다. 이를 위해서 항상 교육 계획을 세우고, 정보수집, 언어사용 등에서의 연구 활동이 필요하다.

■ "사람 좋다"는 이야기를 자주 듣지 마라.

설계사와 어떤 관계를 갖는 것이 가장 좋을까? 벽이 있으면 딱딱해 보이고, 그렇다고 아예 허물이 없는 관계도 바람직하지는 않다. 적당한 거리를 유지해야 할 것이다. 특히 동반자적 입장이라는 것을 내세워 그저 사람 좋은 것처럼 행동하는 것도 점포와 설계사들을 위한 행동이라고 할 수 없다. 적당히 풀어 주고, 또 적당히 몰아갈 줄도 알아야 한다.

■ 한번 잃은 고객은 돌아오지 않는다.

점포장 자신부터 고객에게 신뢰를 받는 판매활동을 실천해야 한다. 계약자 제일주의, 고객에게 불리한 보험판매는 절대로 하지 않는 것을 원칙으로 한다.

■ 귀소시간을 소중하게 만들어라.

귀소시간은 하루의 일과를 끝내고 귀소한 설계사와 활동내용을 분석하고 반성하며 검토하는 시간이다. 또 다음날의 계획과 활동지침을 삼는 소중한 시간이다. 따라서 귀소시간에는 오늘 만난 유망고객 전체에 대한 평가와 고객봉사 등의 평가도 실행해야 한다.

■ 자존심을 주의하라.

자존심이 있기 때문에 일에 책임감도, 타인과의 협력도 생기게 된다. 따라서 점포장은 설계사들의 존재가치를 높이는 데 노력을 기울여야 할 것이다.

■ 팀장의 능력을 키워라.

팀장은 점포의 중간 관리자이다. 자기관리를 못 하는 사람일지라도 팀장의 지도로 팀과 함께 활동하게 되면 여러 가지를 체득하게 된다. 점포장 자신이 힘을 덜 들이고 점포를 대형화하는 방법은 조직 내의 사소한 일은 팀장에게 일임해야 함을 유념하여야 한다.

■ 독서를 통해 지식을 넓힌다.

매월 최소 10권 이상의 책을 읽는다. 점포장은 점포경영에 관해서라면 다양한 분야의 정보를 습득해야 한다. 예컨대, 세일즈, 마케팅, 보험전문지, 경제지, 스포츠, 고전문학, 부동산 등을 섭렵해야 한다. 이렇게 습득한 정보는 팀장들과 교류하고 이를 설계사들에게 전달되도록 한다. 점포장은 새로운 시각의 정보를 캐낸다는 사명감으로 책을 읽어야 할 것이다.

■ 점포 밖으로 나가라.

점포 밖의 사람들과 교제를 넓힘으로써 인간관계의 안목을 키워야 한다. 청년회의소, 조기축구회, 산악회, 헬스클럽, 댄스교습, 로타리 클럽 등 다양한 지역모임에 참여하면 좋다. 또 금융권 관계자 및 타사 관리자와 교제를 넓히는 것도 점포 운영에 있어서 매우 중요하다. 점포장의 다양한 인맥은 곧 점포의 인맥이 될 수 있음을 명심하자.

■ 조직에 새로운 활력을 부여한다.

보다 큰 대형점포를 만들기 위해서는 부임한 점포에 새로운 활력을 불어넣어야 한다. 이를 위해 다양하고 기발한 시책과 팀을 중심으로 한 조직 구축, 신인을 위한 별도 조회 등의 활동을 펼쳐야 한다.

■ 세계 1위를 꿈꿔라.

꿈은 크게 가질수록 좋다. 이왕 보험영업에 발을 담갔다면, 세계 1위를 목표로 하라. 업계 점유율 최고를 노리는 것이다. 또 회사에서 가장 소득이 많은 점포장, 대형점포를 만드는 것이다. 이를 위해선 설계사들의 소득을 지속적으로 증대시키는 것이 선결과제이다. 때문에 보험영업에 대한 이해 및 실천교육을 충실히 해야 한다. 무엇보다도 점포장은 목표달성에 집념을 불태우며 전진해야 한다. 점포경영에 성공하려면 "전진만 있을 뿐, 절대로 후회는 없다"는 각오를 가져라. 항상 검토, 반성을 통하여 계획을 실행해 나가는 추진력이 필요하다.

■ 건강한 육체와 정신은 기본이다.

성공한 점포장들은 자기계발 의욕이 강하다. 바쁜 스케줄 가운데 관련지식을 갖추기 위해 독서를 게을리하지 않고 조직원들과의 관계개선 노력, 분기별 비교통계 등 온통 자신의 에너지를 점포 대형화에 쏟아 붓는다. 그러나 모든 목표는 건강한 신체가 있어야 한다. 대형점포를 만들려는 정신무장이 완결됐다면, 육체와 정신의 건강도 동반되어야 한다.

보험영업, 성취감을 만끽하라

십수 년 전 지점장 시절에는 각 영업소에서 떡 파티가 가끔 열리곤 했다. 설계사가 수개월에 걸쳐서 노력하고 공을 들인 끝에 자기가 바라던 아주 큰 고액계약을 성사시키면 자축하는 의미에서 영업소 회식을 하곤 하였다. 정말이지 설계사와 동반 활동을 나가서 계약이 성사되었을 때의 기쁨은 말할 수 없이 기쁘다. 설계사 본인은 물론이거니와 지점장이었던 나와 그 해당 영업소 전원이 크게 손뼉을 치면서 자기들이 계약한 것처럼 아주 좋아들 하였다.

그래서 보험영업은 성취감 때문에 한다. 노력한 결과 계약이 성사되면 이 세상을 다 얻은 듯한 기분으로 하늘을 날 것 같은 마음은 보험설계사를 해본 사람이면 누구나 느꼈을 것이다.

빙벽 등반은 암벽 등반과 비슷하면서도 많은 부분이 다르다. 우선 기구를 사용한다는 점이 다르다. 암벽 등반은 손을 활용해 돌이나 홀드를 잡고 이동하지만 빙벽 등반은 피켈을 사용해 얼음을 찍으면서 움직인다. 이러한 방식의 차이는 사용하는 근육의 차이로 연결된다. 암벽 등반이 확보할 돌이나 홀드에 접근하기 위해 세심한 움직임이 필요하다면 빙벽 등반은 상대적으로 크고 순간적인 움직임을 요한다. 폭발적인 힘이 있어야 피켈을 깊이 찍을 수 있기 때문이다. 자연스럽게 순간적으로 강한 힘을 내는 능력을 키울 수 있고 잔 근육보다는 큰 근육군을 단련할 수 있다. 또한 고도의 집중력을 키울 수 있다. 잠깐이라도 한눈을 팔면 루트를 이탈해 큰 부상을 당할 수 있어 이를 방지하기 위한 강한 집중력과 빠른 상황 판단 능력이 필수다.

하지만 빙벽 등반을 하는 가장 큰 이유는 무엇보다도 성취감 때문이다. 빙벽 등반은 과정이 힘들지만 성취감을 주는 스포츠 중 최고봉이다.

일을 즐겨라

일을 즐길 줄 아는 사람은 업무 몰입도가 높고, 도전 정신이 강해 성취감을 느낄 수 있으며 일에서도 탁월한 성과를 내게 된다. 기업마다 직원을 뽑는 기준은 다르며 시대에 따라 변해 왔다. 2000년 이전만 해도 조직적응능력과 협업능력, 장기근속 가능성을 많이 따졌다. 그러나 최근에는 또 하나의 강력한 선발기준이 등장했다. 바로 "일을 즐기고 있는지?"의 여부다. 일을 즐길 줄 아는 사람이 성공하게 된다. 업무 몰입도가 높고, 도전정신이 강하며 일에 성취감을 느낄 수 있어야 탁월한 성과를 내게 된다. 일과 삶을 구분하지 않고 일 자체에 흥미를 느껴 일에 몰두하는 사람이 성공하는 시대이다.

최근 웨저Weisure시대란 말이 쓰이고 있다. 웨저란 "일Work과 레저 Leisure를 합성한 신조어"로서 "돌턴 콘리" 뉴욕대 사회학과 교수가 최근 발표한 저서 「미국 어디에서나Elsewhere U.S.A」에서 처음 언급하였다.

"돌턴 콘리" 교수는 웨저 시대엔 매일 오전 9시부터 오후 5시까지 사무실로 출근해 일하는 기존 현대인의 업무와 생활방식이 획기적으로 바뀔 것으로 전망했다. 무선기술이 발달해 노트북 하나로 집은 물론 전 세계 어디에 있든 곧바로 일할 수 있기 때문이다. 이에 따라 일과 휴식의 경계가 모호해져 업무의 효율이 떨어질 것이라는 우려를 제기하는 사람들도 있지만 웨저 시대에는 일과 여가 두 가지를 조화롭게 다루는 능력이 중요해진다.

이와 같은 웨저 시대에 꼭 맞는 직업이 보험설계사란 생각이 들게 된다. 매일 아침 일찍 출근하여 조회를 끝내고 그날의 할 일을 간추려 고객 방문을 한 뒤 영업소에 귀소하여 정리하면서 다음날의 계획을 다시 점검해 보는 일이 모든 설계사의 일상이다.

모든 일은 즐거움을 느끼면서 해야 능률도 오르는 법이다. 그래야만 출근길도 가볍고 조회사도 머리에 쏙쏙 들어오고 고객을 만나도 신이 나게 상담을 할 수 있게 된다.

학생들에게 공부하는 것이 즐거운 일이냐고 물으면 대부분의 학생들은 주저 없이 즐겁지 않다고 대답한다. 공부에 즐거움을 느끼게 하려면 우리의 두뇌를 즐겁게 하여야 한다. 우리의 두뇌는 재미있는 행위를 반복하려는 속성이 있다. 공부도 마찬가지다. 공부에서 즐거움을 발견하는 순간 두뇌는 공부를 계속하기를 요구하게 된다.

그러므로 일단 공부에 관심을 두어야 한다. 공부의 가치를 깨닫고 흥미를 느끼는 것이 최선이다. 공부해야 하는 이유를 인정하면 된다. 공부가 왜 중요하고 유용한지는 학생에 따라 다르다. 결정적인 것은 공부를 통해 느끼는 성취감이다. 열심히 공부한 결과 성적이 오르면 즐거움을 느끼고 이를 통해 기쁨을 느끼면 성취감을 여러 차례 경험하여 자신감도 높아지게 마련이다.

자동차 경주에서 50회 이상 그랑프리를 차지한 "미하엘 슈마허"를 보면 그가 주로 화제로 삼는 내용은 '쾌속질주에 대한 기쁨'이다. 바로 이러한 기쁨 때문에 그는 자동차 경주를 하는 것이라고 말한다. "나는 전설적인 인물이 아니다. 나는 그저 내가 재미있어하는 일을 통해 행복을 느끼는 그런 사람일 뿐이다."라고 한다. 이보다 더 느긋하고 마음 편한 자세가 또 있을까? 이것이야말로 진정한 마음의 평정이다. 이러한 태도가 다른 도전자들에게 어떤 인상을 주는지 확연하다. 그들은 앞으로도 자신이 당연히 일등을 차지할 수 없을 거라고 체념에 빠질 것이다.

경쟁을 이겨내야 성취감을 맛본다

부산 노보텔(구 메리어트)호텔에 지난 2006년에 재직했던 김선희 님은 열정적인 에너자이저를 연상케 했다. 그녀는 "일을 할수록 에너지가 생긴다. 세일즈 업무가 몸에 딱 맞는 옷 같다"며 호텔 영업에 대한 믿음과 확신에 차 있었다. "Sunny Kim"이라는 이름표를 단 그녀는 호텔업계에서 여성으로서는 드물게 세일즈와 마케팅에 도전장을 던진 주인공이다.

그녀가 주로 만나는 고객은 다국적 기업인들이어서 외국어는 기본이고 기업에 대한 정보가 승부를 좌우했다. 그래서 그녀는 부산에 상주하는 외국기업들의 정보를 꿰고 있다.

호텔에서는 사내 세일즈맨들에게 매일 5개, 한 달에 100개 회사를 방문할 것을 규정하고 있다. "사실 이런 규정을 지키지 않았다고 회사가 일일이 감시하는 것은 아니다. 양심껏 지키면 실적이 말을 해주고 고객들을 많이 만날수록 고객들이 전해주는 정보도 무시할 수 없다"고 말한다. 그녀의 세일즈 기법은 "흔적 남기기"다. 회사를 방문할 때마다 사람들과 인사를 나누고 스테이플러, 포스트잇 같은 작은 호텔 기념품이라도 꼭 두고 온다. "오지 말라"고 하는 회사도 있었지만 용기를 잃지 않았다. 반응이 없어도 지속적으로 방문하다 보니 결국은 알아주더라는 것이다. 다른 호텔을 10년 넘게 이용해온 고객을 끌어온 적이 있었는데, 그런 성취감이 일에 대한 욕심을 갖게 하는 것 같다고 웃었다.

그렇다면 그의 실적은 얼마나 될까? 그녀의 한 달 세일즈 목표액은 자그마치 1억 원이었다. 그녀는 이런 부담스러운 목표도 즐기면서 일을 하면 달성된다고 한다. 그렇다고 성과급이나 특별 보상도 없는데 왜 그렇게 열심히 하느냐고 물어보면 "성취감" 때문이라고 한다.

그녀는 성취감이라는 단어를 몰랐다면 여기까지 올 수 없었으리라고 하면서 다른 호텔과 경쟁이 붙었을 때 이런 성취감은 더욱 강하게 느껴진다고 했다.

그녀는 고객에게 진실해야 한다는 신조를 지니고 있다. 진심 어린 감정이 나와야 고객에게 좋은 서비스를 전할 수 있기 때문이다.

성취감으로 흘린 눈물은 보석보다 아름답다

전 세계인의 이목이 집중된 2010년 밴쿠버 동계올림픽에서 자랑스러운 대한의 딸, 김연아 선수가 여자 싱글 피겨스케이팅에서 금메달을 획득하며 올림픽 챔피언으로 등극하였다. 쇼트 스케이팅의 세계 신기록(78.50점)에 이어 마지막 프리스케이팅도 모두가 경악하는 세계신기록(150.06점)으로 합계 228.56점의 세계신기록을 경신하며 세상을 놀라게 했다. 환상적인 연기를 마치고 하염없이 흘리는 눈물은 참고 참았던 14년의 세월 속에서 각고의 노력을 기울이며 꿈꿔왔던 올림픽이 이제야 끝을 맺었다는 회한감과 드디어 쟁취한 세계 챔피언에 등극한 성취감이요, 자신을 이겨낸 보석보다 아름다운 눈물이었다.

한국인들뿐만 아니라 전 세계인들의 기대 속에 나 홀로 외롭게 연습에 연습을 거듭한 끝에 얻은 성취감과 회한의 눈물은 보석보다 더 아름다웠다. 이번 우승으로 수십조 원이 넘는 코리아 브랜드의 상승효과를 가져왔으며, 이를 통한 국격 상승과 해냈다는 우리 안의 자신감과 자긍심이 무엇과도 바꿀 수 없는 역동적인 에너지로 우리를 채워주었다.

2009년 국제빙상경기연맹(ISU) 세계선수권대회 챔피언, 2009 ISU 4대륙선수권대회 챔피언, ISU 시니어그랑프리 파이널 3차례 우승(2006년, 2007년, 2009년), ISU 시니어 그랑프리 시리즈 총 7차례 우승까지 김연아는 쉼 없는 우승 행진을 해왔다.

이번 동계올림픽 우승으로 그녀는 그랜드 슬램을 달성하였다. 동양적인 얼굴에 명품 몸매, 성숙한 표현력과 탁월한 기술, 남이 가지지 못한 강철심장 등의 찬사 속에서 거듭된 부상을 이겨내고 세계 정상에 우뚝 선 것이다.

세계 정상의 선수가 되기 위해서는 천부적인 소질을 타고나야 하지만 이 소질을 잘 연마하고 경쟁에서 이겨낼 수 있다는 강한 의지가 있어야 한다. 얼마나 끈질기게 버틸 수 있는가? 최고가 되기 위하여 얼마나 피나는 노력을 하고 있는가? 김연아 선수는 소질도 뛰어나고 피나는 노력에 의지가 강한 선수이기에 가능하였던 것이다.

김연아 선수는 세계 최고가 되기 위해 피나는 노력을 하면서도 항상 따뜻한 시선으로 주변을 돌아봤다. 2008년에는 환경재단이 뽑은 "세상을 밝게 만든 100인"에 선정돼 주목을 받았다. 이후로도 소외된 이웃에게 항상 관심을 기울였다. 기회가 있을 때마다 자선아이스쇼를 열었고 특A급 상업광고 모델로 자리를 잡으면서 얻은 수익금 중 일부를 장학금으로 쾌척하며 우리 사회에 "희망 바이러스"를 전파하기도 했다.

우리도 이러한 성취감과 뜨거운 눈물을 쏟아 내는 그날을 위해 자신의 나태함과 불성실을 이겨내고 인생의 아름다운 승리자가 되기 위한 가치 있는 노력으로 도전하자!

보험회사 영업소 경영이론(형설출판사, 손순형 지음)

  P. 167/8, 173, 176/7, 187/8, 223, 228/9, 244, 249

대리점 이렇게 키워라(청맥, 김경욱 지음)

  P. 35, 40/45, 56/7

소개마케팅(다산북스, 김동범 지음)

세일즈에도 블루오션 전략이 있다(호이테북스, 이성동 지음)

  P.343

진심(盡心) 마음을 다하라(더숲, 이고운영 지음)

영업의 달인에게는 특별한 비법이 있다(거름, 한스 우베 퀼러)

보험이야기

보험신보

한국금융

한국보험신문

연합뉴스

서울파이낸스

금융보험통신

보험매일